張文治編

國學治要

第一編

經傳治要

中華書局印行

國學治要總綱

右國學治要總綱七編。通計爲篇約近三千。爲字百有餘萬其編纂之旨趣略曰吾國開明

最古學術廣博然其大要載之簡册統於四部是書分編卽依四部之名稍加離析所采諸書亦皆四部名著考之公論百世不朽大凡於經史諸子皆以著述爲主而存其舉舉近古者各若干種於理學詩文皆以作者爲綱而舉其初祖大宗名實相符者各若干家每家每種之中則溯本窮源以定取舍如諸子理學本以立意爲宗故惟取其述學之名篇史書多錄大事而兼存原書之體例經傳則事理俱富約包子史兩編古文詩詞雖以詞章爲重而浮靡無物之作概不收及書目一編兼總諸學既可辨識古今學術之流別且關後學讀書之門徑故以殿焉至於歷代賢哲之作其立言雖不專家而舒文載實名貴一世多有助於學問者若經傳等書之序論與歷代各家論學論文之篇或敍述源流或辨別是非或補苴缺漏或參加考訂今並博選精擇分隸各編總期吾國歷代之學術文章藉此以進窺堂奧繁而不蕪簡而不陋以便好學之士依類講求旁推昔吾先正有言曰守約以施博又曰溫故而知新此是書所由作也雖然删述之事夫何易言古今文章總集如蕭選姚纂之傳世者彪炳一時而論者猶有微詞況是書囊括四部提要鈎玄編者孤陋寡聞草創手定其不被人指摘者幾希惟冀當代鴻博不吝示教俾異日次第修正則拜賜多矣

　再案此書之名治要凡幾經更改其後讀唐魏徵之羣書治要見其采擷經傳子史之文。

　　　丁卯年秋月編者謹識

略存菁華，以便誦讀。合以此書體例頗爲相近，於是其名遂定。惟魏氏之書，乃奉敕編撰，專備人君乙夜所披覽，關係治道政教者固爲詳盡，而於一國學術之大體、斯文之精粹，以今時學者之所求斷之，仍多缺憾。故此書特擴充其範圍，選四部名著，斟酌繁簡，定爲七編，庶足爲現今高級中學教本之用，（近閱某君論文一篇，略謂中等學校國文科宜編本課程所定分量以上，在教授者既可以取材，不妨超出以供學者自修。此書分七編，計其字數百有餘萬，自非有相當中高中三年國文課程中所能容納，然若據某君之言而推斷之，則此書之取材過多，則可界與學者以便利，而勝於他本。遵照課程編纂者之執一也。）及一般有志國學者研讀之資。

每編之中，又各析爲數類，大抵其第一類所選皆爲國學之本質，必須熟讀深思，（古文詩詞兩編中之書目則全非是，然亦祇言其大概，如此非可截然割分也。第二類並省國學之本質，其餘各篇中之各類間亦有之，惟其餘各類則多屬指導門徑）之作，學者亦宜考覽，籍以輾轉推尋，升堂入室，其爲助尤不少，爲特編者自惟不敏，嘗謂學問之道無窮無盡，人之所見各有不同，即一人之見，前後往往歧異。如此書草創於庚申之初，八載以來，隨時搜集復承三益之助，屢加修正，今始獲告竣，然實未敢自信。他日如續有所得，或更有未安，仍當重行增訂，及別爲補編。（當代人文字，關係國學，便於討論者，不乏佳構，而此編一律未收，以他日亦當別爲專編故也。）至於書中所選經史各文，其辭義奧衍，典實繁富，初學讀之，諒多以尋討檢查爲苦，暇日亦當從事此役，題日附參以資輔行，雖知瑣屑鈔謄，無益於高深，然其勤其勞癖病所存，猶私冀有愚者之一得，大雅君子儻不我鄙棄與。

經傳治要卷一　序　　國學治要一

經傳十種

昔司馬氏爲孔子世家贊曰中國言六藝者折中於夫子注者曰六藝卽易書詩禮樂春秋。一稱六經蓋孔子憫道之不行斯文將喪乃退與弟子講貫刪定舊典以期垂敎無窮故其書永爲我國簡冊之冠厥後漢劉向父子因校理羣書而作七略卽首列六藝復以論語孝經爾雅數種附之隋唐以後諸史志皆易七略爲四部因更名六藝略爲經部宋代特升孟子於經而禮與春秋儒者又各析之爲三傳之今日遂有十三經十四經之名惟章實齋襲定庵二子則著論非之謂孔子所刪定者乃周官之舊典其數僅六書案樂不見成非孔子自名曰經他書不得以肱增加而今書所謂經者大半本子史傳記之書强名曰經殊違正名之義其言信辨然吾謂天下之事不可以一端盡苟變而得宜則亦不妨從衆如今經部中之三傳禮記孝經諸種稽其微言大義多足與六經相爲表裏縱使不名曰經而已有經之實爲後世治經者所不能廢故是編仍一體與孔子之六經同加采錄時亦參取章襲之意題其編曰經傳治要者釋經之作輔經而行是以編內所錄不限於孔子之六經而亦不出於後世論定諸經之外共計經傳十種其不錄者若爾雅一書以其訓詁繁碎不便誦讀論

語孟子合禮記中之大學中庸二篇。自宋以來。通稱四書其言簡括宏深。為經傳之錧鎋百家之權衡者。又以其書家藏戶有。人多誦習不容刪節以免掛一漏萬徒占篇幅耳。

案經傳授受至漢諸儒皆以通經世用。種種授受傳經。西漢之末。劉歆奏立古文經於學官。如古文尚書、毛詩、周官、左氏春秋。王莽受命改制。罷諸經博士。自立古文學官。鄭玄注諸經。以通世用。古文尚晚出之書。後之儒猶以其傳皆習已久。不能遽廢。況古文羣經耶。故本編深采究提存。東漢時古書多古文。今文之爭頗盛。漢博士多遺非常。皆古文書。書成偏旁。梗概可辨。怪迫有晚出書。清中葉張三世通治三經。如毛詩、周官、左氏諸經所述。確否未定之論。其倡西序等蝌蚪之文。皆不敢輕從。特附其說於此。

經傳十種

年　滅項僖公十七年　王札子殺召伯毛伯宣公十五年　楚子蔡侯陳侯許男頓子沈子淮夷

伐吳執齊慶封殺之昭公四年　夏五月戊辰許世子弒其君買昭公十九年　冬葬許悼公昭公十九

公會齊侯于頰谷公至自頰谷定公十年

孝經一章

經傳治要卷二序

經傳序論

學者之治經貴通大義辨源流知塗徑故略讀經傳之後於先儒序論名貴之作尤不可不

悉心考覽案梁昭明太子文選載卜孔二序為經序之最古者世多以為依託然其淵源甚

遠理無可廢劉書王說於經傳之流別論述頗詳六藝論雖輯自散逸而多存古說亦為後

儒所珍視蓋嘗論之周孔之經傳不幸阨於秦火漢與搜殘補缺置博士講習及至東都鄭

君網羅百家徧注羣經微言大義煥乎復明魏晉之際儒者如王肅王弼等皆喜出新意與

鄭君立異然亦時有所獲逮南北分朝好尚不同唐初孔賈等先後奉敕纂修七經正義義

疏折衷各家異說垂為定制傳至現代凡考論經傳之古義者莫不賴之取材中古以還傳

注充斥門戶各別約而言之宋儒注經多發揮義理清人一變獨提倡訓詁其道相反而實

相成善夫阮伯元之序儒林傳也謂周官師儒立教相助為功漢宋二家各得其一譬之門

徑堂室未可偏廢焦陳諸君之言亦多所發明因知辦生末學由來無取江方二氏素以博

雅自給乃各左袒著書內鬨不已豈非門戶之見未融而其說自不免蔽與故今彙錄先儒

之經傳序論於二家之作一律博觀約取絕無偏阿即其互相攻駁之言不盡中肯而可以

考見當時學派之情實者。亦間加采錄。蓋欲學者於此合觀互考以袪蔽而求本則經傳之

源流既辨塗徑已知而大義亦不難通矣。

經傳治要卷二目錄

經傳治要卷三序

小學著述序論

周官小學致之六藝故禮樂射御書數皆謂之小學漢以後始專以文字之學當之蓋文字者羣書之本亦卽學人之始步也惟古人入學讀書皆以窮經爲主小學之書亦以訓釋經義者爲多故編錄羣書者相承附諸經部間嘗推言之文字孳乳之精蘊具於六書其大端可分爲三曰形體曰聲音曰意義但意義一端先儒皆謂之訓詁實則訓詁乃謂之謂先儒必須注釋始明而不知凡字之形體與聲音亦莫不然故竊謂訓詁一語可兼包三端不知凡字之形體與能與形體聲音二者爲類而並言學者宜羣參之。　周秦以前著述無徵漢志載爾雅小學書十餘家今據其殘剩者推考原書其存若亡皆不見關係重要獨東京時許君作說文解字十五篇溯源古篆包舉諸端至今論者莫不推爲文字之統宗羣書之津梁非特上邁蒼雅發明經訓而已也魏晉以還知味者希文字日荒北朝江式有志復古而卒未成其後陸法言作切韻略存聲音之故二徐校注說文頗建推行之功中歷元明小學更晦清儒深懲前代講學者空疏之敝提倡樸學於時研經之士多上攀兩漢然考其所以致此者實由小學先通逐得就文字各端之正變以推究經傳之本義吾觀亭林竹汀之言音韻王氏父子之爲訓詁校勘戴段朱王諸君之注釋說文並卓絕一代殆無不兼長經學者近人因稱淸

代為小學復興之世。然此特見小學應用已效之一事。而不知其為羣書之本者。固尚有待

於後人之開拓而無窮也。小學其事與經傳同理。今此卷以篇幅有限不能多考古篆而

窺文字之全體特采自說文以下各書序引及歷代討論小學之名著總為一類附於經傳

編後蓋不獨有關於經傳焉耳學者宜勉旃。

經傳治要卷三目錄

小學著述序論

經傳十種

易

亦名周易舊說本卜筮之書夏曰連山殷曰歸藏今其書皆亡存者曰周易乃文王周公所作因伏羲所畫八卦重之為六十四卦三百八十四爻而繫之辭孔子讀而善之作傳十篇是謂易翼及秦焚書周易獨以卜筮得存故其書於諸經中最為完善或曰案孔子易傳之言有君子之道四辭變象占各觀所尚參伍錯綜以極萬物之情而通天下之故蓋易不獨為卜筮之用故又為後世言形而上者之所本也

繫辭上

天尊地卑乾坤定矣卑高以陳貴賤位矣動靜有常剛柔斷矣方以類聚物以羣分吉凶生矣在天成象在地成形變化見矣是故剛柔相摩八卦相盪鼓之以雷霆潤之以風雨日月運行一寒一暑乾道成男坤道成女乾知大始坤作成物乾以易知坤以簡能易則易知簡則易從易知則有親易從則有功有親則可久有功則可大可久則賢人之德可大則賢人之業易簡而天下之理得矣天下之理得而成位乎其中矣
聖人設卦觀象繫辭焉而明吉凶剛柔相推而生變化是故吉凶者失得之象也悔吝者憂虞之象也變化者進退之象也剛柔者晝夜之象也六爻之動三極之道也是故君子所居

而安者易之序也所樂而玩者爻之辭也是故君子居則觀其象而玩其辭動則觀其變而

玩其占是以自天祐之吉无不利。

象者言乎象者也爻者言乎變者也吉凶者言乎其失得也悔吝者言乎其小疵也无咎者

善補過也是故列貴賤者存乎位齊小大者存乎卦辯吉凶者存乎辭憂悔吝者存乎介震

无咎者存乎悔是故卦有小大辭有險易辭也者各指其所之

易與天地準故能彌綸天地之道仰以觀於天文俯以察於地理是故知幽明之故原始反

終故知死生之說精氣爲物遊魂爲變是故知鬼神之情狀與天地相似故不違知周乎萬

物而道濟天下故不過旁行而不流樂天知命故不憂安土敦乎仁故能愛範圍天地之化

而不過曲成萬物而不遺通乎晝夜之道而知故神无方而易无體一陰一陽之謂道繼之

者善也成之者性也仁者見之謂之仁知者見之謂之知百姓日用而不知故君子之道鮮

矣。

顯諸仁藏諸用鼓萬物而不與聖人同憂盛德大業至矣哉富有之謂大業日新之謂盛德

生生之謂易成象之謂乾效法之謂坤極數知來之謂占通變之謂事陰陽不測之謂神夫

易廣矣大矣以言乎遠則不禦以言乎邇則靜而正以言乎天地之間則備矣夫乾其靜也

專其動也直是以大生焉夫坤其靜也翕其動也闢是以廣生焉廣大配天地變通配四時

陰陽之義配日月易簡之善配至德子曰易其至矣乎夫易聖人所以崇德而廣業也知崇

禮卑崇效天卑法地天地設位而易行乎其中矣成性存存道義之門。

聖人有以見天下之賾而擬諸其形容象其物宜是故謂之象聖人有以見天下之動而觀

其會通以行其典禮繫辭焉以斷其吉凶是故謂之爻言天下之至賾而不可惡也言天下

之至動而不可亂也擬之而後言議之而後動擬議以成其變化。

鳴鶴在陰其子和之我有好爵吾與爾靡之子曰君子居其室出其言善則千里之外應之

況其邇者乎居其室出其言不善則千里之外違之況其邇者乎言出乎身加乎民行發乎

邇見乎遠言行君子之樞機樞機之發榮辱之主也言行君子之所以動天地也可不慎乎

同人先號咷而後笑子曰君子之道或出或處或默或語二人同心其利斷金同心之言其

臭如蘭初六藉用白茅无咎子曰苟錯諸地而可矣藉之用茅何咎之有慎之至也夫茅之

爲物薄而用可重也慎斯術也以往其无所失矣勞謙君子有終吉子曰勞而不伐有功而

不德厚之至也語以其功下人者也德言盛禮言恭謙也者致恭以存其位者也亢龍有悔

子曰貴而无位高而无民賢人在下位而无輔是以動而有悔也不出戶庭无咎子曰亂之

所生也則言語以為階君不密則失臣臣不密則失身幾事不密則害成是以君子慎密而

不出也子曰作易者其知盜乎易曰負且乘致寇至負也者小人之事也乘也者君子之器

也。小人而乘君子之器盜思奪之矣。上慢下暴盜思伐之矣。慢藏誨盜冶容誨淫。易曰負且乘。致寇至。盜之招也。

大衍之數五十。其用四十有九。分而爲二以象兩。掛一以象三。揲之以四以象四時。歸奇於扐以象閏。五歲再閏。故再扐而後掛。天數五。地數五。五位相得而各有合。天數二十有五。地數三十。凡天地之數五十有五。此所以成變化而行鬼神也。乾之策二百一十有六。坤之策百四十有四。凡三百有六十。當期之日。二篇之策萬有一千五百二十。當萬物之數也。是故四營而成易。十有八變而成卦。八卦而小成。引而伸之。觸類而長之。天下之能事畢矣。顯道神德行。是故可與酬酢可與祐神矣。

子曰知變化之道者。其知神之所爲乎易有聖人之道四焉。以言者尙其辭。以動者尙其變。以制器者尙其象。以卜筮者尙其占。是以君子將有爲也。將有行也。問焉而以言。其受命也如響。无有遠近幽深。遂知來物。非天下之至精。其孰能與於此參伍以變。錯綜其數通其變。遂成天下之文。極其數。遂定天下之象。非天下之至變。其孰能與於此。易无思也。无爲也。寂然不動。感而遂通天下之故。非天下之至神。其孰能與於此。夫易聖人之所以極深而研幾也。唯深也。故能通天下之志。唯幾也。故能成天下之務。唯神也。故不疾而速。不行而至。子曰易有聖人之道四焉者此之謂也。

天一地二天三地四天五地六天七地八天九地十子曰夫易何爲者也夫易開物成務冒
天下之道如斯而已者也是故聖人以通天下之志以定天下之業以斷天下之疑是故蓍
之德圓而神卦之德方以知六爻之義易以貢聖人以此洗心退藏於密吉凶與民同患神
以知來知以藏往其孰能與此哉古之聰明叡知神武而不殺者夫是以明於天之道而察
於民之故是興神物以前民用聖人以此齊戒以神明其德夫是故闔戶謂之坤闢戶謂之
乾一闔一闢謂之變往來不窮謂之通見乃謂之象形乃謂之器制而用之謂之法利用出
入民咸用之謂之神
是故易有太極是生兩儀兩儀生四象四象生八卦八卦定吉凶吉凶生大業是故法象莫
大乎天地變通莫大乎四時縣象著明莫大乎日月崇高莫大乎富貴備物致用立成器以
爲天下利莫大乎聖人探賾索隱鈎深致遠以定天下之吉凶成天下之亹亹者莫大乎
龜是故天生神物聖人則之天地變化聖人效之天垂象見吉凶聖人象之河出圖洛出書
聖人則之易有四象所以示也繫辭焉所以告也定之以吉凶所以斷也易曰自天祐之吉
无不利子曰祐者助也天之所助者順也人之所助者信也履信思乎順又以尚賢也是以
自天祐之吉无不利也
子曰書不盡言言不盡意然則聖人之意其不可見乎子曰聖人立象以盡意設卦以盡情

僞繫辭以盡其言變而通之以盡利鼓之舞之以盡神乾坤其易之緼邪乾坤成列而易立

乎其中矣乾坤毀則无以見易易不可見則乾坤或幾乎息矣是故形而上者謂之道形而

下者謂之器化而裁之謂之變推而行之謂之通舉而錯之天下之民謂之事業是故夫象

聖人有以見天下之蹟而擬諸其形容象其物宜是故謂之象聖人有以見天下之動而觀

其會通以行其典禮繫辭焉以斷其吉凶是故謂之爻極天下之蹟者存乎卦鼓天下之動

者存乎辭化而裁之存乎變推而行之存乎通神而明之存乎其人默而成之不言而信存

乎德行

繫辭下

八卦成列象在其中矣因而重之爻在其中矣剛柔相推變在其中矣繫辭焉而命之動在

其中矣吉凶悔吝者生乎動者也剛柔者立本者也變通者趣時者也吉凶者貞勝者也天

地之道貞觀者也日月之道貞明者也天下之動貞夫一者也夫乾確然示人易矣夫坤隤

然示人簡矣爻也者效此者也象也者像此者也爻象動乎內吉凶見乎外功業見乎變聖

人之情見乎辭天地之大德曰生聖人之大寶曰位何以守位曰仁何以聚人曰財理財正

辭禁民爲非曰義

古者包犧氏之王天下也仰則觀象於天俯則觀法於地觀鳥獸之文與地之宜近取諸身

遠取諸物於是始作八卦以通神明之德以類萬物之情作結繩而爲罔罟以佃以漁蓋取諸離。包犧氏沒神農氏作斲木爲耜揉木爲耒耒耨之利以敎天下蓋取諸噬嗑神農氏沒黃帝堯舜氏作通其變使民不倦神而化之使民宜之易窮則變變則通通則久是以自天祐之吉无不利黃帝堯舜垂衣裳而天下治蓋取諸乾坤刳木爲舟剡木爲楫舟楫之利以濟不通致遠以利天下蓋取諸渙服牛乘馬引重致遠以利天下蓋取諸隨重門擊柝以待暴客蓋取諸豫斷木爲杵掘地爲臼臼杵之利萬民以濟蓋取諸小過弦木爲弧剡木爲矢弧矢之利以威天下蓋取諸睽上古穴居而野處後世聖人易之以宮室上棟下宇以待風雨蓋取諸大壯古之葬者厚衣之以薪葬之中野不封不樹喪期无數後世聖人易之以棺椁蓋取諸大過上古結繩而治後世聖人易之以書契百官以治萬民以察蓋取諸夬

是故易者象也象也者像也彖者材也爻也者效天下之動者也是故吉凶生而悔吝著也陽卦多陰陰卦多陽其故何也陽卦奇陰卦耦其德行何也陽一君而二民君子之道也陰二君而一民小人之道也易曰憧憧往來朋從爾思子曰天下何思何慮天下同歸而殊塗一致而百慮天下何思何慮日往則月來月往則日來日月相推而明生焉寒往則暑來暑往則寒來寒暑相推而歲成焉往者屈也來者信也屈信相感而利生焉尺蠖之屈以求信

也。龍蛇之蟄以存身也。精義入神以致用也。利用安身以崇德也。過此以往。未之或知也。窮

神知化德之盛也

易曰困于石據于蒺藜入于其宮不見其妻凶子曰非所困而困焉名必辱非所據而據焉

身必危既辱且危死期將至妻其可得見耶易曰公用射隼于高墉之上獲之无不利子曰

隼者禽也弓矢者器也射之者人也君子藏器於身待時而動何不利之有動而不括是以

出而有獲語成器而動者也子曰小人不恥不仁不畏不義不見利不勸不威不懲小懲而

大誠此小人之福也易曰履校滅趾无咎此之謂也善不積不足以成名惡不積不足以滅

身小人以小善為无益而弗為也以小惡為无傷而弗去也故惡積而不可掩罪大而不可

解易曰何校滅耳凶子曰危者安其位者也亡者保其存者也亂者有其治者也是故君子

安而不忘危存而不忘亡治而不忘亂是以身安而國家可保也易曰其亡其亡繫于苞桑

子曰德薄而位尊知小而謀大力小而任重鮮不及矣易曰鼎折足覆公餗其形渥凶言不

勝其任也子曰知幾其神乎君子上交不諂下交不瀆其知幾乎幾者動之微吉之先見者

也君子見幾而作不俟終日易曰介于石不終日貞吉介如石焉寧用終日斷可識矣君子

知微知彰知柔知剛萬夫之望子曰顏氏之子其殆庶幾乎有不善未嘗不知知之未嘗復

行也易曰不遠復无祇悔元吉天地絪縕萬物化醇男女構精萬物化生易曰三人行則損

一人一人行則得其友言致一也子曰君子安其身而後動易其心而後語定其交而後求。

君子脩此三者故全也危以動則民不與也懼以語則民不應也无交而求則民不與也莫

之與則傷之者至矣易曰莫益之或擊之立心勿恆凶

子曰乾坤其易之門邪乾陽物也坤陰物也陰陽合德而剛柔有體以體天地之撰以通神

明之德其稱名也雜而不越於稽其類其衰世之意邪夫易彰往而察來而微顯闡幽開而

當名辨物正言斷辭則備矣其稱名也小其取類也大其旨遠其辭文其言曲而中其事肆

而隱因貳以濟民行以明失得之報

易之興也其於中古乎作易者其有憂患乎是故履德之基也謙德之柄也復德之本也恆

德之固也損德之脩也益德之裕也困德之辨也井德之地也巽德之制也履和而至謙尊

而光復小而辨於物恆雜而不厭損先難而後易益長裕而不設困窮而通井居其所而遷

巽稱而隱履以和行謙以制禮復以自知恆以一德損以遠害益以興利困以寡怨井以辯

義巽以行權

易之為書也不可遠為道也屢遷變動不居周流六虛上下无常剛柔相易不可為典要唯

變所適其出入以度外內使知懼又明於憂患與故无有師保如臨父母初率其辭而揆其

方既有典常苟非其人道不虛行易之為書也原始要終以為質也六爻相雜唯其時物也

其初難知其上易知本末也初辭擬之卒成之終若夫雜物撰德辨是與非則非其中爻不

備噫亦要存亡吉凶則居可知矣知者觀其彖辭則思過半矣

二與四同功而異位其善不同二多譽四多懼近也柔之爲道不利遠者其要无咎其用柔

中也三與五同功而異位三多凶五多功貴賤之等也其柔危其剛勝邪易之爲書也廣大

悉備有天道焉有人道焉有地道焉兼三材而兩之故六六者非它也三材之道也道有變

動故曰爻爻有等故曰物物相雜故曰文文不當故吉凶生焉易之興也其當殷之末世周

之盛德邪當文王與紂之事邪是故其辭危者使平易者使傾其道甚大百物不廢懼以

終始其要无咎此之謂易之道也

夫乾天下之至健也德行恆易以知險夫坤天下之至順也德行恆簡以知阻能說諸心能

研諸侯之慮定天下之吉凶成天下之亹亹者是故變化云爲吉事有祥象事知器占事知

來天地設位聖人成能人謀鬼謀百姓與能八卦以象告爻彖以情言剛柔雜居而吉凶可

見矣變動以利言吉凶以情遷是故愛惡相攻而吉凶生遠近相取而悔吝生情僞相感而

利害生凡易之情近而不相得則凶或害之悔且吝將叛者其辭慙中心疑者其辭枝吉人

之辭寡躁人之辭多誣善之人其辭游失其守者其辭屈

文言

元者善之長也亨者嘉之會也利者義之和也貞者事之幹也君子體仁足以長人嘉會足

以合禮利物足以和義貞固足以幹事君子行此四德者故曰乾元亨利貞初九曰潛龍勿

用何謂也子曰龍德而隱者也不易乎世不成乎名遯世无悶不見是而无悶樂則行之憂

則違之確乎其不可拔潛龍也九二曰見龍在田利見大人何謂也子曰龍德而正中者也

庸言之信庸行之謹閑邪存其誠善世而不伐德博而化易曰見龍在田利見大人君德也

九三曰君子終日乾乾夕惕若厲无咎何謂也子曰君子進德修業忠信所以進德也修辭

立其誠所以居業也知至至之可與幾也知終終之可與存義也是故居上位而不驕在下

位而不憂故乾乾因其時而惕雖危无咎矣九四曰或躍在淵无咎何謂也子曰上下无常

非為邪也進退无恆非離羣也君子進德修業欲及時也故无咎九五曰飛龍在天利見大

人何謂也子曰同聲相應同氣相求水流溼火就燥雲從龍風從虎聖人作而萬物覩本乎

天者親上本乎地者親下則各從其類也上九曰亢龍有悔何謂也子曰貴而无位高而无

民賢人在下位而无輔是以動而有悔也潛龍勿用下也見龍在田時舍也終日乾乾行事

也或躍在淵自試也飛龍在天上治也亢龍有悔窮之災也乾元用九天下治也潛龍勿用

陽氣潛藏見龍在田天下文明終日乾乾與時偕行或躍在淵乾道乃革飛龍在天乃位乎

天德亢龍有悔與時偕極乾元用九乃見天則乾元者始而亨者也利貞者性情也乾始能

二

以美利利天下。不言所利大矣哉。大哉乾乎剛健中正純粹精也。六爻發揮旁通情也時乘

六龍以御天也。雲行雨施天下平也。君子以成德爲行日可見之行也。潛之爲言也隱而未

見行而未成。是以君子弗用也。君子學以聚之問以辨之寬以居之仁以行之易曰見龍在

田利見大人君德也。九三重剛而不中。上不在天。下不在田。故乾乾因其時而惕雖危无咎

矣。九四重剛而不中。上不在天。下不在田。中不在人。故或之。或之者疑之也。故无咎夫大人

者與天地合其德與日月合其明。與四時合其序。與鬼神合其吉凶。先天而天弗違。後天而

奉天時。天且弗違。而況於人乎。況於鬼神乎。亢之爲言也。知進而不知退。知存而不知亡。知

得而不知喪。其惟聖人乎。知進退存亡而不失其正者。其惟聖人乎。乾卦

坤至柔而動也剛。至靜而德方。後得主而有常含萬物而化光。坤道其順乎。承天而時行。積

善之家必有餘慶。積不善之家必有餘殃。臣弒其君。子弒其父。非一朝一夕之故。其所由來

者漸矣。由辯之不早辯也。易曰履霜堅冰至。蓋言順也。直其正也。方其義也。君子敬以直內。

義以方外敬義立而德不孤。直方大不習无不利。則不疑其所行也。陰雖有美含之以從王

事。弗敢成也。地道也。妻道也。臣道也。地道无成而代有終也。天地變化草木蕃。天地閉賢人

隱。易曰括囊无咎无譽。蓋言謹也。君子黃中通理。正位居體美在其中。而暢於四支發於事

業美之至也。陰疑於陽必戰。爲其嫌於无陽也。故稱龍焉。猶未離其類也。故稱血焉。夫玄黃

者天地之雜也天玄而地黃 坤卦

序卦

有天地然後萬物生焉盈天地之間者唯萬物故受之以屯屯者盈也屯者物之始生也物

生必蒙故受之以蒙蒙者蒙也物之稚也物稚不可不養也故受之以需需者飲食之道也

飲食必有訟故受之以訟訟必有衆起故受之以師師者衆也衆必有所比故受之以比比

者比也比必有所畜故受之以小畜物畜然後有禮故受之以履履而泰然後安故受之以

泰泰者通也物不可以終通故受之以否物不可以終否故受之以同人與人同者物必歸

焉故受之以大有有大者不可以盈故受之以謙有大而能謙必豫故受之以豫

故受之以隨以喜隨人者必有事故受之以蠱蠱者事也有事而後可大故受之以臨臨者

大也物大然後可觀故受之以觀可觀而後有所合故受之以噬嗑嗑者合也物不可以苟

合而已故受之以賁賁者飾也致飾然後亨則盡矣故受之以剝剝者剝也物不可以終盡

剝窮上反下故受之以復復則不妄矣故受之以无妄有无妄然後可畜故受之以大畜物

畜然後可養故受之以頤頤者養也不養則不可動故受之以大過物不可以終過故受之

有坎坎者陷也陷必有所麗故受之以離離者麗也

天以地然後有萬物有萬物然後有男女有男女然後有夫婦有夫婦然後有父子有父子

然後有君臣有君臣然後有上下有上下然後禮義有所錯。夫婦之道不可以不久也。故受
之以恆恆者久也。物不可以久居其所故受之以遯遯者退也。物不可以終遯故受之以大
壯物不可以終壯故受之以晉晉者進也。進必有所傷故受之以明夷夷者傷也。傷於外者
必反其家故受之以家人家道窮必乖故受之以睽睽者乖也。乖必有難故受之以蹇蹇者
難也。物不可以終難故受之以解解者緩也。緩必有所失故受之以損損而不已必益故受
之以益益而不已必決故受之以夬夬者決也。決必有所遇故受之以姤姤者遇也。物相遇
而後聚故受之以萃萃者聚也。聚而上者謂之升故受之以升升而不已必困故受之以困
困乎上者必反下故受之以井井道不可不革故受之以革革物者莫若鼎故受之以鼎主
器者莫若長子故受之以震震者動也。物不可以終動止之故受之以艮艮者止也。物不可
以終止故受之以漸漸者進也。進必有所歸故受之以歸妹得其所歸者必大故受之以
豐者大也。窮大者必失其居故受之以旅旅而无所容故受之以巽巽者入也。入而後說之
故受之以兌兌者說也。說而後散之故受之以渙渙者離也。物不可以終離故受之以節節
而信之故受之以中孚有其信者必行之故受之以小過有過物者必濟故受之以既濟物
不可窮也故受之以未濟終焉

經傳治要卷一

經傳十種

書

書　亦名尚書所載皆上古典謨訓誥誓命之文為孔子所刪定上斷唐虞下訖秦穆實世界最古之史也秦火書亡漢初濟南伏生口授晁錯二十八篇號為今文尚書武帝時魯恭王壞孔子宅於壁中得竹簡尚書皆蝌蚪文孔安國合以今文省其重複多若干篇為之作傳是名古文尚書然其書不顯行於世至東晉梅賾始得而上之唐人為作正義傳於現代凡五十八篇惟自宋元以來朱熹吳澂皆謂古文本文字平易與今文本不類疑出依託至清初閻若璩最力考證詳明因斷為梅氏所偽作平心而論古文本偽容有之然朱彝尊謂是書久須學官其言多綴輯逸經成文無悖於理譬之汾陰漢鼎亦未嘗不為寶物故是編特兩本並錄但各別為一類以便誦覽至其真偽是非之故則當俟讀者之目得之也。

堯典　第一

曰若稽古帝堯曰放勳欽明文思安安允恭克讓光被四表格於上下克明俊德以親九族九族既睦平章百姓百姓昭明協和萬邦黎民於變時雍乃命羲和欽若昊天歷象日月星辰敬授民時分命羲仲宅嵎夷曰暘谷寅賓出日平秩東作日中星鳥以殷仲春厥民析鳥獸孳尾申命羲叔宅南交平秩南為敬致日永星火以正仲夏厥民因鳥獸希革分命和仲

宅西曰昧谷。寅淺內日平秩西成宵中星虛以殷仲秋厥民夷。鳥獸毛毨申命和叔宅朔方。

曰幽都平在朔易日短星昴以正仲冬厥民隩。鳥獸氄毛帝曰咨汝羲暨和期三百有六旬。

有六日以閏月定四時成歲允釐百工庶績咸熙帝曰疇咨若時登庸放齊曰胤子朱啟明。

帝曰吁囂訟可乎帝曰疇咨若予采驩兜曰都共工方鳩僝功帝曰吁靜言庸違象恭滔天。

帝曰咨四岳湯湯洪水方割蕩蕩懷山襄陵浩浩滔天下民其咨有能俾乂僉曰於鯀哉帝

曰吁咈哉方命圮族岳曰异哉試可乃已帝曰往欽哉九載績用弗成帝曰咨四岳朕在位

七十載汝能庸命巽朕位岳曰否德忝帝位曰明明揚側陋師錫帝曰有鰥在下曰虞舜帝

曰俞予聞如何岳曰瞽子父頑母嚚象傲克諧以孝烝烝乂不格姦帝曰我其試哉女于時

觀厥刑于二女釐降二女于媯汭嬪于虞帝曰欽哉慎徽五典五典克從納于百揆百揆時

敘賓于四門四門穆穆內于大麓烈風雷雨弗迷帝曰格女舜詢事考言乃底可績三載女

陟帝位舜讓于德弗嗣正月上日受終于文祖在璿璣玉衡以齊七政肆類于上帝禋于六

宗望于山川徧于羣神揖五瑞既月乃日覲四岳羣牧班瑞于羣后歲二月東巡狩至于岱

宗柴望秩于山川肆覲東后協時月正日同律度量衡修五禮五玉三帛二生一死贄如五

器卒乃復五月南巡狩至于南岳如岱禮八月西巡狩至于西岳如初十有一月朔巡狩至

于北岳如西禮歸格于藝祖用特五載一巡狩羣后四朝敷奏以言明試以功車服以庸肇

十有二州封十有二山濬川象以典刑流宥五刑鞭作官刑扑作教刑金作贖刑眚災肆赦

怙終賊刑欽哉欽哉惟刑之卹哉流共工于幽州放驩兜于崇山竄三苗于三危殛鯀于羽

山四罪而天下咸服二十有八載放勳乃殂落百姓如喪考妣三載四海遏密八音月正元

日舜格于文祖詢于四岳闢四門明四目達四聰咨十有二牧曰食哉惟時柔遠能邇惇德

允元而難任人蠻夷率服舜曰咨四岳有能奮庸熙帝之載使宅百揆亮采惠疇僉曰伯禹

作司空帝曰俞咨禹女平水土惟時懋哉禹拜稽首讓于稷契暨皋陶帝曰俞女往哉帝曰

棄黎民阻飢女居稷播時五穀帝曰契百姓不親五品不遜女作司徒敬敷五教在寬帝曰

皋陶蠻夷猾夏寇賊姦宄女作士五刑有服五服三就五流有宅五宅三居惟明克允帝曰

疇若予工僉曰垂哉帝曰俞咨垂女共工垂拜稽首讓于殳斨暨伯與帝曰俞往哉女諧帝

曰疇若予上下草木鳥獸僉曰益哉帝曰俞咨益女作朕虞益拜稽首讓于朱虎熊羆帝曰

俞往哉女諧帝曰咨四岳有能典朕三禮僉曰伯夷帝曰俞咨伯女作秩宗夙夜惟寅直哉

惟清伯拜稽首讓于夔龍帝曰俞往欽哉帝曰夔命女典樂教冑子直而溫寬而栗剛而無

虐簡而無傲詩言志歌永言聲依永律和聲八音克諧無相奪倫神人以和夔曰於予擊石

拊石百獸率舞帝曰龍朕堲讒說殄行震朕師命女作納言夙夜出內朕命惟允帝曰咨女

二十有二人欽哉惟時亮天功三載考績三考黜陟幽明庶績咸熙分北三苗舜生三十徵

庸三十在位五十載陟方乃死。

皋陶謨 第二

曰若稽古皋陶曰允迪厥德謨明弼諧禹曰俞如何皋陶曰都慎厥身修思永惇敘九族庶明勵翼邇可遠在茲禹拜昌言曰俞皋陶曰都在知人在安民禹曰吁咸若時惟帝其難之知人則哲能官人安民則惠黎民懷之能哲而惠何憂乎驩兜何遷乎有苗何畏乎巧言令色孔壬皋陶曰都亦行有九德亦言其人有德乃言曰載采采禹曰何皋陶曰寬而栗柔而立愿而恭亂而敬擾而毅直而溫簡而廉剛而塞彊而義彰厥有常吉哉日宣三德夙夜浚明有家日嚴祇敬六德亮采有邦翕受敷施九德咸事俊乂在官百僚師師百工惟時撫于五辰庶績其凝無教逸欲有邦兢兢業業一日二日萬幾無曠庶官天工人其代之天敘有典勅我五典五惇哉天秩有禮自我五禮有庸哉同寅協恭和衷哉天命有德五服五章哉天討有罪五刑五用哉政事懋哉懋哉天聰明自我民聰明天明威自我民明威達于上下敬哉有土皋陶曰朕言惠可底行禹曰俞乃言底可績皋陶曰予未有知思曰贊贊襄哉帝曰來禹女亦昌言禹拜曰都帝予何言予思日孜孜皋陶曰吁如何禹曰洪水滔天浩浩懷山襄陵下民昏墊予乘四載隨山栞木暨益奏庶鮮食予決九川距四海濬畎澮距川暨稷播奏庶艱食鮮食懋遷有無化居烝民乃粒萬邦作乂皋陶曰俞師女昌言禹曰都帝慎乃

在位。帝曰俞。禹曰。安女止。惟幾惟康。其弼直。惟動丕應。徯志以昭受上帝。天其申命用休。帝曰。吁。臣哉鄰哉。鄰哉臣哉。禹曰俞。帝曰。臣作朕股肱耳目。予欲左右有民。女翼。予欲宣力四方。女為。予欲觀古人之象。日月星辰山龍華蟲作會。宗彝藻火粉米黼黻絺繡。以五采彰施于五色作服。女明。予欲聞六律五聲八音七始詠。以出內五言。女聽。予違女弼。女無面從。退有後言。欽四鄰。庶頑讒說。若不在時。侯以明之。撻以記之。書用識哉。欲並生哉。工以納言。時而颺之。格則承之庸之。否則威之。禹曰俞哉。帝光天之下。至于海隅蒼生。萬邦黎獻。共惟帝臣。惟帝時舉。敷納以言。明庶以功。車服以庸。誰敢不讓。敢不敬應。帝不時。敷同日奏罔功。無若丹朱傲。惟慢遊是好。傲虐是作。罔晝夜頟頟。罔水行舟。朋淫于家。用殄厥世。予創若時。娶于塗山。辛壬癸甲。啟呱呱而泣。予弗子。惟荒度土功。弼成五服。至于五千。州十有二師。外薄四海。咸建五長。各迪有功。苗頑弗即工。帝其念哉。帝曰。迪朕德。時乃功惟敍。皋陶方祇厥敍。方施象刑惟明。夔曰。戛擊鳴球。搏拊琴瑟以詠。祖考來格。虞賓在位。羣后德讓。下管鞀鼓。合止柷敔。笙鏞以間。鳥獸蹌蹌。簫韶九成。鳳皇來儀。夔曰。於。予擊石拊石。百獸率舞。庶尹允諧。帝庸作歌。曰。敕天之命。惟時惟幾。乃歌曰。股肱喜哉。元首起哉。百工熙哉。皋陶拜手稽首颺言曰。念哉。率作興事。慎乃憲。欽哉。屢省乃成。欽哉。乃賡載歌曰。元首明哉。股肱良哉。庶事康哉。又歌曰。元首叢脞哉。股肱惰哉。萬事墮哉。帝拜曰。俞。往欽哉。

湯誓 第五

王曰格爾衆庶悉聽朕言非台小子敢行稱亂有夏多罪天命殛之今爾有衆女曰我后不
恤我衆舍我穡事而割正予惟聞女衆言夏氏有罪予畏上帝不敢不正今女其曰夏罪其
如台夏王率遏衆力率割夏邑有衆率怠弗協曰時日害喪予及女皆亡夏德若茲今朕必
往爾尙輔予一人致天之罰女爾無不信朕不食言爾不從誓言予則奴戮女罔
有攸赦

洪範 第十一

惟十有三祀王訪于箕子王乃言曰嗚呼箕子惟天陰騭下民相協厥居我不知其彝倫攸
敍箕子乃言曰我聞在昔鯀陻洪水汨陳其五行帝乃震怒不畀洪範九疇彝倫攸斁鯀則
殛死禹乃嗣興天乃錫禹洪範九疇彝倫攸敍初一曰五行次二曰敬用五事次三曰農用
八政次四曰協用五紀次五曰建用皇極次六曰乂用三德次七曰明用稽疑次八曰念用
庶徵次九曰嚮用五福威用六極一五行一曰水二曰火三曰木四曰金五曰土水曰潤下
火曰炎上木曰曲直金曰從革土爰稼穡潤下作鹹炎上作苦曲直作酸從革作辛稼穡作
甘二五事一曰貌二曰言三曰視四曰聽五曰思心貌曰恭言曰從視曰明聽曰聰思心曰
睿恭作肅從作乂明作悊聰作謀睿作聖三八政一曰食二曰貨三曰祀四曰司空五曰司

徒。六曰司寇七曰賓八曰師。四五紀一曰歲二曰月三曰日四曰星辰五曰厤數五皇極皇
建其有極斂時五福用敷錫厥庶民惟時厥庶民于女極錫女保極凡厥庶民無有淫朋人
無有比德惟皇作極凡厥庶民有猷有為有守女則念之不協于極不離于咎皇則受之而
康而色曰予攸好德女則錫之福時人斯其惟皇之極無虐煢獨而畏高明人之有能有
爲使羞其行而邦其昌凡厥正人既富方穀女弗能使有好于而家時人斯其辜于其無好
女雖錫之福其作女用咎無偏無頗遵王之義無有作好遵王之道無有作惡遵王之路無
偏無黨王道蕩蕩無黨無偏王道平平無反無側王道正直會其有極歸其有極曰皇極之
敷言是彝是訓于帝其訓凡厥庶民極之敷言是訓是行以近天子之光曰天子作民父母
以爲天下王六三德一曰正直二曰剛克三曰柔克平康正直彊弗友剛克燮友柔克沈潛
剛克高明柔克惟辟作福惟辟作威惟辟玉食臣無有作福作威玉食臣之有作福作威玉
食其害于而家凶于而國人用側頗僻民用僭忒七稽疑擇建立卜筮人乃命卜筮曰雨曰
霽曰圛曰霿曰克曰貞曰悔凡七卜五占用二衍忒立時人作卜筮三人占則從二人之言。
女則有大疑謀及乃心謀及卿士謀及庶民謀及卜筮女則從龜從筮從卿士從庶民從是
之謂大同身其康彊子孫其逢吉女則從龜從筮從卿士逆庶民逆吉卿士從龜從筮從女
則逆庶民逆吉庶民從龜從筮從女則逆卿士逆吉女則從龜從筮逆卿士逆庶民逆作內。

吉作外凶龜筮共違于人用靜吉用作凶八庶徵曰雨曰暘曰燠曰寒曰風曰時五是來備

各以其敘庶草蕃廡一極備凶一極無凶曰休徵曰肅時雨若曰乂時暘若曰晢時燠若

謀時寒若曰聖時風若曰狂恆雨若曰僭恆暘若曰豫恆燠若曰急恆寒若曰霿恆

風若曰眚惟歲卿士惟月師尹惟日歲月日時無易百穀用成乂用明俊民用章家用平

康曰王省惟歲卿士惟月師尹惟日歲月日時既易百穀用不成乂用昏不明俊民用微家用不寧庶民惟星星有好風星有

好雨日月之行則有冬有夏月之從星則以風雨九五福一曰壽二曰富三曰康寧四曰攸

好德五曰考終命六極一曰凶短折二曰疾三曰憂四曰貧五曰惡六曰弱

金縢　第十二

既克商二年王有疾弗豫二公曰我其為王穆卜周公曰未可以戚我先王公乃自以為功

為三壇同墠為壇於南方北面周公立焉植璧秉圭乃告太王王季文王史乃冊祝曰惟爾

元孫某遘厲虐疾若爾三王是有丕子之責于天以旦代某之身予仁若考能多材多藝能

事鬼神乃元孫不若旦多材多藝不能事鬼神乃命于帝庭敷佑四方用能定爾子孫于下

地四方之民罔不祗畏嗚呼無墜天之降寶命我先王亦永有依歸今我即命于元龜爾之

許我我其以璧與圭歸俟爾命爾不許我我乃屏璧與圭乃卜三龜一習吉啟籥見書乃并

是吉公曰體王其罔害予小子新命于三王惟永終是圖茲攸俟能念予一人公歸乃納冊

於金縢之匱中王翌日乃瘳武王既喪管叔及其羣弟乃流言於國曰公將不利于孺子周

公乃告二公曰我之弗辟我無以告我先王周公居東二年則罪人斯得于後公乃為詩以

貽王名之曰鴟鴞王亦未敢誚公秋大熟未穫天大雷電以風禾盡偃大木斯拔邦人大恐

王與大夫盡弁以啟金縢之書乃得周公所自以為功代武王之說二公及王乃問諸史與

百執事對曰信噫公命我勿敢言王執書以泣曰其勿穆卜昔公勤勞王家惟予沖人弗及

知今天動威以彰周公之德惟朕小子其親逆我國家禮亦宜之王出郊天乃雨反風禾則

盡起二公命邦人凡大木所偃盡起而築之歲則大熟

無逸 第二十

周公曰烏呼君子所其無逸先知稼穡之艱難乃逸則知小人之依相小人厥父母勤勞稼

穡厥子乃不知稼穡之艱難乃逸乃諺既誕否則侮厥父母曰昔之人無聞知周公曰烏呼

我聞曰昔在殷王中宗嚴恭寅畏天命自度治民祗懼不敢荒寧肆中宗之享國七十有五

年其在高宗時舊勞于外爰暨小人作其即位乃或亮陰三年不言其惟不言言乃雍不敢

荒寧嘉靖殷邦至于小大無時或怨肆高宗之享國五十有九年其在祖甲不義惟王舊為

小人作其即位爰知小人之依能保惠于庶民不敢侮鰥寡肆祖甲之享國三十有三年自

時厥後立王生則逸生則逸不知稼穡之艱難不聞小人之勞惟耽樂之從自時厥後亦罔

或克壽或十年或七八年或五六年或三四年周公曰烏呼厥亦惟我周大王王季克自抑

畏文王卑服即康功田功徽柔懿恭懷保小民惠鮮鰥寡自朝至于日中昃不皇暇食用咸

和萬民文王不敢盤于遊田以庶邦惟正之供文王受命惟中身厥享國五十年周公曰烏

呼繼自今嗣王則其無淫于觀于逸于遊于田以萬民惟正之供無皇曰今日耽樂乃非民

攸訓非天攸若時人丕則有愆無若殷王受之迷亂酗于酒德哉周公曰烏呼我聞曰古之

人猶胥訓告胥保惠胥教誨民無或胥譸張爲幻此厥不聽人乃訓之乃變亂先王之正刑

至于小大民否則厥心違怨否則厥口詛祝周公曰烏呼自殷王中宗及高宗及祖甲及我

周文王茲四人迪哲厥或告之曰小人怨女詈女則皇自敬德厥愆曰朕之愆允若時不啻

不敢含怒此厥不聽人乃或譸張爲幻曰小人怨女詈女則信之則若時不永念厥辟不寬

綽厥心亂罰無罪殺無辜怨有同是叢于厥身周公曰烏呼嗣王其監于茲

秦誓　第二十八

公曰嗟我士聽無譁予誓告女羣言之首古人有言曰民訖自若是多盤責人斯無難惟受

責俾如流是惟艱哉我心之憂日月逾邁若弗云來惟古之謀人則曰未就予忌惟今之謀

人姑將以爲親雖則員然尚猷詢茲黃髮則罔所愆番番良士旅力既愆我尚有之仡仡勇

夫射御不違我尚不欲惟截截善諞言俾君子易辭我皇多有之昧昧我思之如有一介臣

斷斷猗無他技。其心休休焉其如有容。人之有技若己有之。人之彥聖其心好之不啻如自其口出是能容之。以保我子孫黎民亦職有利哉。人之有技冒疾以惡之。人之彥聖而違之。俾不達是不能容。以不能保我子孫黎民亦曰殆哉。邦之杌陧曰由一人。邦之榮懷亦尚一人之慶。

以上書今文依吳汝綸寫定尚書家塾本

附錄　吳汝綸寫定今文尚書二十八篇序

古尚書百篇今存者二十八篇。虞夏商周之遺文可見者盡此矣。漢時書多十六篇。由時師莫能說不傳卒以亡。惜哉惜哉古帝王之事與後世同其所爲傳載萬世薄九閱彌厚。土不斂壞者非獨道勝亦其文崇奧有以久大之也。揚子雲以爲渾渾爾噩噩瀬瀬爾彼有以通其故矣。由晉宋以來士汩於晚出之僞篇莫復知子雲之所謂獨噩。退之氏稱虞夏書亦曰渾渾于商于周獨取其詰屈聱牙者詩曰惟其有之是以似之信哉。其徒李漢敍論六藝又曰書禮剟其僞書之僞蓋自此發且必退之與其徒常所講說云爾而漢誦述之不然漢之智殆不及此聖人者道與文故并至下此則偏勝焉少衰焉要皆有孤詣獨到非可放效而襲似之者。知言者可望而決耳吾尤惜近儒考辨僞篇論稍稍定矣至問所謂渾渾者噩噩者瀬瀬者詰屈而聱牙者其懣然而莫辨猶若也於是

寫其文自典謨迄秦穆頗采文字異者著于篇庶綴學之士有以考求揚韓氏之說而得

其意爲曉乎自古求道者必有賴於文而文章與時升降以還上明所記管晏老氏

所言去尙書抑遠矣秦穆區區起邾荒賓諸夏無可言者獨其文舉然躋千載上視三代

殆無愧色吾又以知帝王之文之脧蠻于後人者蓋終古不絕息也

自漢氏言尙書有今文古文其別由伏孔二家二家經皆出壁中古文而皆以今文讀

之歐陽夏侯受伏氏讀不見其壁中書壁中書本古文以傳朝錯入中祕自是今文盛

行吾疑安國與其徒亦故用今文教授孔氏所由起其家用此二家之異在篇卷多寡耳

不在文古今也太史公言尙書滋多自孔氏而劉歆議立逸書讖太常以尙書爲備其時

膠東庸生遺學亦以多十六篇與中古文同凡前漢人重孔氏學稱古文逸書皆以此及

賈馬鄭之徒出乃始斷斷於古文之二十八篇而廢棄其逸十六篇以無師說絕不講朝

錯所受壁中書雖朽折至哀帝時尙在孔氏古文若廢棄逸十六篇不講而止傳伏氏所

有二十八篇則與朝錯所受書何以異且又何以大遠乎今文邪今文自前漢時立學官

有祿利學者習歐陽夏侯經說之成市而朝錯壁中書僅乃能傳讀而已此同出伏氏一

師之所傳盛衰懸絕乃如此其於古文逸書而以不誦絕之誠無足怪若賈馬鄭諸儒者

訕歐陽詆夏侯不習博士經不徇祿利背時趨崇古學矣乃亦不誦逸書何歟帝王之文

至難得也遭秦焚不盡亡伏氏少失焉而復出於孔子之堂壁可謂至幸是後雖微窈猶

尚絲聯繩續彌留四百年而卒廢棄於諸儒崇古學者之手自是以來逸十六篇舍太史

公所錄湯誥外無復遺存者矣此可爲深惜者也光緒十三年秋七月桐城吳汝綸記

大禹謨

曰若稽古大禹曰文命敷於四海祗承于帝曰后克艱厥后臣克艱厥臣政乃乂黎民敏德

帝曰俞允若茲嘉言罔攸伏野無遺賢萬邦咸寧稽于眾舍己從人不虐無告不廢困窮惟

帝時克益曰都帝德廣運乃聖乃神乃武乃文皇天眷命奄有四海爲天下君禹曰惠迪吉

從逆凶惟影響益曰吁戒哉儆戒無虞罔失法度罔遊于逸罔淫于樂任賢勿貳去邪勿疑

疑謀勿成百志惟熙罔違道以干百姓之譽罔咈百姓以從己之欲無怠無荒四夷來王禹

曰於帝念哉德惟善政政在養民水火金木土穀惟修正德利用厚生惟和九功惟敘九敘

惟歌戒之用休董之用威勸之以九歌俾勿壞帝曰俞地平天成六府三事允治萬世永賴

時乃功帝曰格汝禹朕宅帝位三十有三載耄期倦于勤汝惟不怠總朕師禹曰朕德罔克

民不依皋陶邁種德德乃降黎民懷之帝念茲在茲釋茲在茲名言茲在茲允出茲在

茲惟帝念功帝曰皋陶惟茲臣庶罔或干予正汝作士明于五刑以弼五教期于予治刑期

于無刑民協于中時乃功懋哉皋陶曰帝德罔愆臨下以簡御眾以寬罰弗及嗣賞延于世

宥過無大刑故無小罪疑惟輕功疑惟重與其殺不辜寧失不經好生之德洽于民心茲用
不犯于有司帝曰俾予從欲以治四方風動惟乃之休帝曰來禹降水儆予成允成功惟汝
賢克勤于邦克儉于家不自滿假惟汝賢汝惟不矜天下莫與汝爭能汝惟不伐天下莫與
汝爭功予懋乃德嘉乃丕績天之歷數在汝躬汝終陟元后人心惟危道心惟微惟精惟一
允執厥中無稽之言勿聽弗詢之謀勿庸可愛非君可畏非民眾非元后何戴后非眾罔與
守邦欽哉愼乃有位敬修其可願四海困窮天祿永終惟口出好興戎朕言不再禹曰枚卜
功臣惟吉之從帝曰禹官占惟先蔽志昆命于元龜朕志先定詢謀僉同鬼神其依龜筮協
從卜不習吉禹拜稽首固辭帝曰毋惟汝諧正月朔旦受命于神宗率百官若帝之初帝曰
咨禹惟時有苗弗率汝徂征禹乃會羣后誓于師曰濟濟有眾咸聽朕命蠢茲有苗昏迷不
恭侮慢自賢反道敗德君子在野小人在位民棄不保天降之咎肆予以爾眾士奉辭罰罪
爾尚一乃心力其克有勳三旬苗民逆命益贊于禹曰惟德動天無遠弗屆滿招損謙受益
時乃天道帝初于歷山往于田日號泣于旻天于父母負罪引慝祇載見瞽瞍夔夔齋慄瞽
亦允若至誠感神矧茲有苗禹拜昌言曰俞班師振旅帝乃誕敷文德舞干羽于兩階七旬
有苗格。

附錄　論語堯曰章

堯曰咨爾舜天之曆數在爾躬允執其中四海困窮天祿永終舜亦以命禹曰予小子履

敢用玄牡敢昭告於皇皇后帝有罪不敢赦帝臣不蔽簡在帝心朕躬有罪無以萬方萬

方有罪罪在朕躬周有大賚善人是富雖有周親不如仁人百姓有過在予一人謹權量

審法度修廢官四方之政行焉興滅國繼絕世舉逸民天下之民歸心焉所重民食喪祭

寬則得眾信則民任焉敏則有功公則說

五子之歌

太康尸位以逸豫滅厥德黎民咸貳乃盤遊無度畋于有洛之表十旬弗反有窮后羿因民

弗忍距于河厥弟五人御其母以從徯于洛之汭五子咸怨述大禹之戒以作歌其一曰皇

祖有訓民可近不可下民惟邦本本固邦寧予視天下愚夫愚婦一能勝予一人三失怨豈

在明不見是圖予臨兆民懍乎若朽索之馭六馬為人上者奈何不敬其二曰訓有之內作

色荒外作禽荒甘酒嗜音峻宇彫牆有一于此未或不亡其三曰惟彼陶唐有此冀方今失

厥道亂其紀綱乃底滅亡其四曰明明我祖萬邦之君有典有則貽厥子孫關石和鈞王府

則有荒墜厥緒覆宗絕祀其五曰嗚呼曷歸予懷之悲萬姓仇予予將疇依鬱陶乎予心顏

伊訓

厚有忸怩弗慎厥德雖悔可追

惟元祀十有二月乙丑伊尹祠于先王奉嗣王祗見厥祖侯甸羣后咸在百官總已以聽冢

宰伊尹乃明言烈祖之成德以訓于王曰嗚呼古有夏先后方懋厥德罔有天災山川鬼神

亦莫不寧暨鳥獸魚鼈咸若于其子孫弗率皇天降災假手于我有命造攻自鳴條朕哉自

亳惟我商王布昭聖武代虐以寬兆民允懷今王嗣厥德罔不在初立愛惟親立敬惟長始

于家邦終于四海嗚呼先王肇修人紀從諫弗咈先民時若居上克明爲下克忠與人不求

備檢身若不及以至于有萬邦茲惟艱哉敢有殉于貨色恆于遊畋時謂淫風敢有侮聖言逆忠直

遠耆德比頑童時謂亂風惟茲三風十愆卿士有一于身家必喪邦君有一于身國必亡臣

下不匡其刑墨具訓于蒙士嗚呼嗣王祗厥身念哉聖謨洋洋嘉言孔彰惟上帝不常作善

降之百祥作不善降之百殃爾惟德罔小萬邦惟慶爾惟不德罔大墜厥宗

說命上

王宅憂亮陰三祀既免喪其惟弗言羣臣咸諫于王曰嗚呼知之曰明哲明哲實作則天子

惟君萬邦百官承式王言惟作命不言臣下罔攸稟令王庸作書以誥曰以台正于四方惟

恐德弗類茲故弗言恭默思道夢帝賚予良弼其代予言乃審厥象俾以形旁求于天下說

築傅巖之野惟肖爰立作相王置諸其左右命之曰朝夕納誨以輔台德若金用汝作礪若

濟巨川用汝作舟楫若歲大旱用汝作霖雨啟乃心沃朕心若藥弗

瞑眩厥疾弗瘳若跣弗

視地厥足用傷惟暨乃僚罔不同心以匡乃辟俾率先王迪我高后以康兆民嗚呼欽予時

命其惟有終說復于王曰惟木從繩則正后從諫則聖后克聖臣不命其承疇敢不祗若王

之休命。

說命中

惟說命總百官乃進于王曰嗚呼明王奉若天道建邦設都樹后王君公承以大夫師長不

惟逸豫惟以亂民惟天聰明惟聖時憲惟臣欽若惟民從乂惟口起羞惟甲胄起戎惟衣裳

在笥惟干戈省厥躬王惟戒茲允茲克明乃罔不休惟治亂在庶官官不及私昵惟其能爵

罔及惡德惟其賢慮善以動動惟厥時有其善喪厥善矜其能喪厥功事事乃其有備有

備無患無啟寵納侮無恥過作非惟厥攸居政事惟醇黷于祭祀時謂弗欽禮煩則亂事神

則難王曰旨哉說乃言惟服乃不良于言予罔聞于行說拜稽首曰非知之艱行之惟艱王

忱不艱允協于先王成德惟說不言有厥咎

說命下

王曰來汝說台小子舊學于甘盤既乃遯于荒野入宅于河自河徂亳暨厥終罔顯爾惟訓

于朕志若作酒醴爾惟麴糵若作和羹爾惟鹽梅爾交修予罔予棄予惟克邁乃訓說曰王

人求多聞時惟建事學于古訓乃有獲事不師古以克永世匪說攸聞惟學遜志務時敏厥
脩乃來允懷于茲道積于厥躬惟斅學半念終始典于學厥德脩罔覺監于先王成憲其永
無愆惟說式克欽承旁招俊乂列于庶位王曰嗚呼說四海之內咸仰朕德時乃風股肱惟
人良臣惟聖昔先正保衡作我先王乃曰予弗克俾厥后惟堯舜其心愧恥若撻于市一夫
不獲則曰時予之辜佑我烈祖格于皇天爾尚明保予罔俾阿衡專美有商惟后非賢不乂
惟賢非后不食其爾克紹乃辟于先王永綏民說拜稽首曰敢對揚天子之休命

武成

惟一月壬辰旁死魄越翼日癸巳王朝步自周于征伐厥四月哉生明王來自商至于豐
乃偃武脩文歸馬于華山之陽放牛于桃林之野示天下弗服丁未祀于周廟邦甸侯衛駿
奔走執豆籩越三日庚戌柴望大告武成既生魄庶邦冢君暨百工受命于周若曰嗚呼羣
后惟先王建邦啟土公劉克篤前烈至于大王肇基王迹王季其勤王家我文考文王克成
厥勳誕膺天命以撫方夏大邦畏其力小邦懷其德惟九年大統未集予小子其承厥志底
商之罪告于皇天后土所過名山大川曰惟有道曾孫周王發將有大正于商今商王受無
道暴殄天物害虐烝民為天下逋逃主萃淵藪予小子既獲仁人敢祗承上帝以遏亂略華
夏蠻貊罔不率俾恭天成命肆予東征綏厥士女惟其士女篚厥玄黃昭我周王天休震動

用附我大邑周。惟爾有神尚克相予以濟兆民。無作神羞既戊午師逾孟津癸亥。陳于商郊。

俟天休命甲子昧爽受率其旅若林會于牧野罔有敵于我師前徒倒戈攻于後以北血流

漂杵一戎衣天下大定乃反商政政由舊釋箕子囚封比干墓式商容閭散鹿臺之財發鉅

橋之粟大賚于四海而萬姓悅服列爵惟五分土惟三建官惟賢位事惟能重民五教惟食

喪祭惇信明義崇德報功垂拱而天下治

附錄　蔡沈考定武成

惟一月壬辰旁死魄越翼日癸巳。王朝步自周于征伐商底商之罪告于皇天后土所過

名山大川曰惟有道曾孫周王發將有大正于商今商王受無道暴殄天物害虐烝民為

天下逋逃主萃淵藪予小子既獲仁人敢祗承上帝以遏亂略華夏蠻貊罔不率俾惟爾

有神尚克相予以濟兆民無作神羞既戊午師逾孟津癸亥陳于商郊俟天休命甲子昧

爽受率其旅若林會于牧野罔有敵于我師前徒倒戈攻于後以北血流漂杵一戎衣天

下大定乃反商政政由舊釋箕子囚封比干墓式商容閭散鹿臺之財發鉅橋之粟大賚

于四海而萬姓悅服厥四月哉生明王來自商至于豐乃偃武修文歸馬于華山之陽放

牛于桃林之野示天下弗服既生魄庶邦冢君暨百工受命于周丁未祀于周廟邦甸侯

衛駿奔走執豆籩越三日庚戌柴望大告武成王若曰嗚呼羣后惟先王建邦啟土公劉

克篤前烈至于太王肇基王迹王季其勤王家我文考文王克成厥勳誕膺天命以撫方
夏大邦畏其力小邦懷其德惟九年大統未集予小子其承厥志恭天成命肆予東征綏
厥士女惟其士女篚厥玄黃昭我周王天休震動用附我大邑周列爵惟五分土惟三建
官惟賢位事惟能重民五教惟食喪祭惇信明義崇德報功垂拱而天下治

周官

惟周王撫萬邦巡侯甸四征弗庭綏厥兆民六服羣辟罔不承德歸于宗周董正治官王曰
若昔大猷制治于未亂保邦于未危曰唐虞稽古建官惟百內有百揆四岳外有州牧侯伯
庶政惟和萬國咸寧夏商官倍亦克用乂明王立政不惟其官惟其人今予小子祗勤于德
夙夜不逮仰惟前代時若訓迪厥官立太師太傅太保茲惟三公論道經邦燮理陰陽官不
必備惟其人少師少傅少保曰三孤貳公弘化寅亮天地弼予一人冢宰掌邦治統百官均
四海司徒掌邦教敷五典擾兆民宗伯掌邦禮治神人和上下司馬掌邦政統六師平邦國
司寇掌邦禁詰姦慝刑暴亂司空掌邦土居四民時地利六卿分職各率其屬以倡九牧阜
成兆民六年五服一朝又六年王乃時巡考制度于四岳諸侯各朝于方岳大明黜陟王曰
嗚呼凡我有官君子欽乃攸司慎乃出令令出惟行弗惟反以公滅私民其允懷學古入官
議事以制政乃不迷其爾典常作之師無以利口亂厥官蓄疑敗謀怠忽荒政不學牆面莅

事惟煩戒爾卿士功崇惟志業廣惟勤惟克果斷。乃罔後艱位不期驕祿不期侈恭儉惟德。

無載爾僞作德心逸日休作僞心勞日拙居寵思危罔不惟畏弗畏入畏推賢讓能庶官乃

和不和政厖舉能其官惟爾之能稱匪其人惟爾不任王曰嗚呼三事暨大夫敬爾有官亂

爾有政以佑乃辟永康兆民萬邦惟無斁。

以上書古文依蔡沈集傳本

經傳治要卷一

經傳十種

詩　本里巷歌謠與朝廷樂章古凡三千篇孔子多取周詩上采殷下取魯刪為三百十一篇秦火亡其六篇一說古詩原無三千之多所謂刪者如篇刪其句刪其字又其六篇為笙詩有聲無詞雖經秦火以其諷誦不專在竹帛故今詩實全而未嘗亡漢時立於學官者有齊魯韓三家後世皆不傳獨傳毛公之學故今稱詩亦曰毛詩

關雎

關關雎鳩在河之洲窈窕淑女君子好逑參差荇菜左右流之窈窕淑女寤寐求之求之不得寤寐思服悠哉悠哉輾轉反側參差荇菜左右采之窈窕淑女琴瑟友之參差荇菜左右芼之窈窕淑女鍾鼓樂之

卷耳

采采卷耳不盈頃筐嗟我懷人寘彼周行陟彼崔嵬我馬虺隤我姑酌彼金罍維以不永懷陟彼高岡我馬玄黃我姑酌彼兕觥維以不永傷陟彼砠矣我馬瘏矣我僕痡矣云何吁矣

桃夭

桃之夭夭灼灼其華之子于歸宜其室家桃之夭夭有蕡其實之子于歸宜其家室桃之夭

天其葉蓁蓁之子于歸宜其家人。以上周南。

甘棠

蔽芾甘棠勿翦勿伐召伯所茇蔽芾甘棠勿翦勿敗召伯所憩蔽芾甘棠勿翦勿拜召伯所說召南

柏舟

汎彼柏舟亦汎其流耿耿不寐如有隱憂微我無酒以敖以遊我心匪鑒不可以茹亦有兄弟不可以據薄言往愬逢彼之怒我心匪石不可轉也我心匪席不可卷也威儀棣棣不可選也憂心悄悄慍于羣小覯閔既多受侮不少靜言思之寤辟有摽日居月諸胡迭而微心之憂矣如匪澣衣靜言思之不能奮飛

谷風

習習谷風以陰以雨黽勉同心不宜有怒采葑采菲無以下體德音莫違及爾同死行道遲遲中心有違不遠伊邇薄送我畿誰謂荼苦其甘如薺宴爾新昏如兄如弟涇以渭濁湜湜其沚宴爾新昏不我屑以毋逝我梁毋發我笱我躬不閱遑恤我後就其深矣方之舟之就其淺矣泳之游之何有何亡黽勉求之凡民有喪匍匐救之不我能慉反以我為讎既阻我德賈用不售昔育恐育鞫及爾顛覆既生既育比予于毒我有旨蓄亦以御冬宴爾新昏以

我御窮有洫有潰既詒我僻不念昔者伊余來墍。

北門

出自北門憂心殷殷終窶且貧莫知我艱已焉哉天實爲之謂之何哉王事適我政事一埤遺我我入自外室人交徧謫我已焉哉天實爲之謂之何哉王事敦我政事一埤遺我我入自外室人交徧摧我已焉哉天實爲之謂之何哉以上邶

柏舟

汎彼柏舟在彼中河髧彼兩髦實維我儀之死矢靡它母也天只不諒人只汎彼柏舟在彼河側髧彼兩髦實維我特之死矢靡慝母也天只不諒人只

考槃

考槃在澗碩人之寬獨寐寤言永矢弗諼考槃在阿碩人之薖獨寐寤歌永矢弗過考槃在陸碩人之軸獨寐寤宿永矢弗告

氓

氓之蚩蚩抱布貿絲匪來貿絲來即我謀送子涉淇至于頓丘匪我愆期子無良媒將子無怒秋以爲期乘彼垝垣以望復關不見復關泣涕漣漣既見復關載笑載言爾卜爾筮體無咎言以爾車來以我賄遷桑之未落其葉沃若于嗟鳩兮無食桑葚于嗟女兮無與士耽士

之耽兮。猶可說也。女之耽兮。不可說也。桑之落矣。其黃而隕。自我徂爾。三歲食貧。淇水湯湯。漸車帷裳。女也不爽。士貳其行。士也罔極。二三其德。三歲為婦。靡室勞矣。夙興夜寐。靡有朝矣。言既遂矣。至于暴矣。兄弟不知。咥其笑矣。靜言思之。躬自悼矣。及爾偕老。老使我怨。淇則有岸。隰則有泮。總角之宴。言笑晏晏。信誓旦旦。不思其反。反是不思。亦已焉哉

伯兮

伯兮朅兮。邦之桀兮。伯也執殳。為王前驅。自伯之東。首如飛蓬。豈無膏沐。誰適為容。其雨其雨。杲杲出日。願言思伯。甘心首疾。焉得諼草。言樹之背。願言思伯。使我心痗 以上衞

黍離

彼黍離離。彼稷之苗。行邁靡靡。中心搖搖。知我者。謂我心憂。不知我者。謂我何求。悠悠蒼天。此何人哉。彼黍離離。彼稷之穗。行邁靡靡。中心如醉。知我者。謂我心憂。不知我者。謂我何求。悠悠蒼天。此何人哉。彼黍離離。彼稷之實。行邁靡靡。中心如噎。知我者。謂我心憂。不知我者。謂我何求。悠悠蒼天。此何人哉。

兔爰

有兔爰爰。雉離于羅。我生之初。尚無為。我生之後。逢此百憂。尚寐無吪。有兔爰爰。雉離于罦。我生之初。尚無造。我生之後。逢此百憂。尚寐無覺。有兔爰爰。雉離于罿。我生之初。尚無庸。我

生之後。逢此百凶尙寐無聰以上王

女曰雞鳴

女曰雞鳴士曰昧旦子與視夜明星有爛將翱將翔弌鳧與鴈弌言加之與子宜之宜言飲
酒與子偕老琴瑟在御莫不靜好知子之來之雜佩以贈之知子之順之雜佩以問之知子
之好之雜佩以報之

出其東門

出其東門有女如雲雖則如雲匪我思存縞衣綦巾聊樂我員出其闉闍有女如荼雖則如
荼匪我思且縞衣茹藘聊可與娛以上鄭

還

子之還兮遭我乎峱之閒兮並驅從兩肩兮揖我謂我儇兮子之茂兮遭我乎峱之道兮並
驅從兩牡兮揖我謂我好兮子之昌兮遭我乎峱之陽兮並驅從兩狼兮揖我謂我臧兮齊

陟岵

陟彼岵兮瞻望父兮父曰嗟予子行役夙夜無已上愼旃哉猶來無止陟彼屺兮瞻望母兮
母曰嗟予季行役夙夜無寐上愼旃哉猶來無棄陟彼岡兮瞻望兄兮兄曰嗟予弟行役夙
夜必偕上愼旃哉猶來無死

伐檀

坎坎伐檀兮。寘之河之干兮。河水清且漣猗。不稼不穡胡取禾三百廛兮。不狩不獵胡瞻爾庭有縣貆兮。彼君子兮。不素餐兮。坎坎伐輻兮。寘之河之側兮。河水清且直猗。不稼不穡胡取禾三百億兮。不狩不獵胡瞻爾庭有縣特兮。彼君子兮。不素食兮。坎坎伐輪兮。寘之河之漘兮。河水清且淪猗。不稼不穡胡取禾三百囷兮。不狩不獵胡瞻爾庭有縣鶉兮。彼君子兮。不素飧兮以上魏

山有樞

山有樞隰有榆子有衣裳弗曳弗婁子有車馬弗馳弗驅宛其死矣他人是愉山有栲隰有杻子有廷內弗洒弗埽子有鍾鼓弗鼓弗考宛其死矣他人是保山有漆隰有栗子有酒食何不日鼓瑟且以喜樂且以永日宛其死矣他人入室

鴇羽

肅肅鴇羽集于苞栩王事靡盬不能蓺稷黍父母何怙悠悠蒼天曷其有所肅肅鴇翼集于苞棘王事靡盬不能蓺黍稷父母何食悠悠蒼天曷其有極肅肅鴇行集于苞桑王事靡盬不能蓺稻粱父母何嘗悠悠蒼天曷其有常以上唐

蒹葭

蒹葭蒼蒼。白露爲霜。所謂伊人。在水一方。遡洄從之。道阻且長。遡游從之。宛在水中央。蒹葭萋萋。白露未晞。所謂伊人。在水之湄。遡洄從之。道阻且躋。遡游從之。宛在水中坻。蒹葭采采。白露未已。所謂伊人。在水之涘。遡洄從之。道阻且右。遡游從之。宛在水中沚。

黃鳥

交交黃鳥止于棘誰從穆公子車奄息維此奄息百夫之特臨其穴惴惴其慄彼蒼者天殲我良人如可贖兮人百其身交交黃鳥止于桑誰從穆公子車仲行維此仲行百夫之防臨其穴惴惴其慄彼蒼者天殲我良人如可贖兮人百其身交交黃鳥止于楚誰從穆公子車鍼虎維此鍼虎百夫之禦臨其穴惴惴其慄彼蒼者天殲我良人如可贖兮人百其身秦以上

宛丘

子之湯兮宛丘之上兮洵有情兮而無望兮坎其擊鼓宛丘之下無冬無夏值其鷺羽坎其擊缶宛丘之道無冬無夏值其鷺翿陳

匪風

匪風發兮匪車偈兮顧瞻周道中心怛兮匪風飄兮匪車嘌兮顧瞻周道中心弔兮誰能亨魚溉之釜鬵誰將西歸懷之好音檜

蜉蝣

蜉蝣之羽衣裳楚楚心之憂矣於我歸處蜉蝣之翼采采衣服心之憂矣於我歸息蜉蝣掘

閱廡衣如雪心之憂矣於我歸說曹

七月

七月流火九月授衣。一之日觱發二之日栗烈無衣無褐何以卒歲三之日于耜四之日舉

趾同我婦子饁彼南畝田畯至喜七月流火九月授衣春日載陽有鳴倉庚女執懿筐遵彼

微行爰求柔桑春日遲遲采蘩祁祁女心傷悲殆及公子同歸七月流火八月萑葦蠶月條

桑取彼斧斨以伐遠揚猗彼女桑七月鳴鵙八月載績載玄載黃我朱孔陽為公子裳四月

莠葽五月鳴蜩八月其穫十月隕蘀一之日于貉取彼狐狸為公子裘二之日其同載纘武

功言私其豵獻豜于公五月斯螽動股六月莎雞振羽七月在野八月在宇九月在戶十月

蟋蟀入我牀下穹窒熏鼠塞向墐戶嗟我婦子曰為改歲入此室處六月食鬱及薁七月亨

葵及菽八月剝棗十月穫稻為此春酒以介眉壽七月食瓜八月斷壺九月叔苴采荼薪樗

食我農夫九月築場圃十月納禾稼黍稷重穋禾麻菽麥嗟我農夫我稼既同上入執宮功

晝爾于茅宵爾索綯亟其乘屋其始播百穀二之日鑿冰沖沖三之日納于凌陰四之日其

蚤獻羔祭韭九月肅霜十月滌場朋酒斯饗曰殺羔羊躋彼公堂稱彼兕觥萬壽無疆

鴟鴞

鴟鴞鴟鴞既取我子。無毀我室恩斯勤斯鬻子之閔斯迨天之未陰雨徹彼桑土綢繆牖戶
今女下民或敢侮予予手拮据予所捋荼予所蓄租予口卒瘏曰予未有室家予羽譙譙予
尾翛翛予室翹翹風雨所漂搖予維音曉曉

東山

我徂東山慆慆不歸我來自東零雨其濛我東曰歸我心西悲制彼裳衣勿士行枚蜎蜎者
蠋烝在桑野敦彼獨宿亦在車下我徂東山慆慆不歸我來自東零雨其濛果臝之實亦施
于宇伊威在室蠨蛸在戶町畽鹿場熠燿宵行亦可畏也伊可懷也我徂東山慆慆不歸我
來自東零雨其濛鸛鳴于垤婦歎于室洒埽穹窒我征聿至有敦瓜苦烝在栗薪自我不見
於今三年我徂東山慆慆不歸我來自東零雨其濛倉庚于飛熠燿其羽之子于歸皇駁其
馬親結其縭九十其儀其新孔嘉其舊如之何　以上豳

以上國風

鹿鳴

呦呦鹿鳴食野之苹我有嘉賓鼓瑟吹笙吹笙鼓簧承筐是將人之好我示我周行呦呦鹿
鳴食野之蒿我有嘉賓德音孔昭視民不恌君子是則是傚我有旨酒嘉賓式燕以敖呦呦
鹿鳴食野之芩我有嘉賓鼓瑟鼓琴鼓瑟鼓琴和樂且湛我有旨酒以燕樂嘉賓之心

常棣

常棣之華鄂不韡韡凡今之人莫如兄弟死喪之威兄弟孔懷原隰裒矣兄弟求矣脊令在
原兄弟急難每有良朋況也永歎兄弟鬩于牆外禦其務每有良朋烝也無戎喪亂既平既
安且寧雖有兄弟不如友生儐爾籩豆飲酒之飫兄弟既具和樂且孺妻子好合如鼓瑟琴
兄弟既翕和樂且湛宜爾家室樂爾妻帑是究是圖亶其然乎

伐木

伐木丁丁鳥鳴嚶嚶出自幽谷遷于喬木嚶其鳴矣求其友聲相彼鳥矣猶求友聲矧伊人
矣不求友生神之聽之終和且平伐木許許釃酒有藇既有肥羜以速諸父寧適不來微我
弗顧於粲洒埽陳饋八簋既有肥牡以速諸舅寧適不來微我有咎伐木于阪釃酒有衍籩
豆有踐兄弟無遠民之失德乾餱以愆有酒湑我無酒酤我坎坎鼓我蹲蹲舞我迨我暇矣
飲此湑矣

采薇

采薇采薇薇亦作止曰歸曰歸歲亦莫止靡室靡家玁狁之故不遑啟居玁狁之故采薇采
薇薇亦柔止曰歸曰歸心亦憂止憂心烈烈載飢載渴我戍未定靡使歸聘采薇采薇薇亦
剛止曰歸曰歸歲亦陽止王事靡盬不遑啟處憂心孔疚我行不來彼爾維何維常之華彼

路斯何君子之車戎車既駕四牡業業豈敢定居一月三捷駕彼四牡四牡騤騤君子所依

小人所腓四牡翼翼象弭魚服豈不日戒玁狁孔棘昔我往矣楊柳依依今我來思雨雪霏

霏行道遲遲載渴載飢我心傷悲莫知我哀

節南山

節彼南山維石巖巖赫赫師尹民具爾瞻憂心如惔不敢戲談國既卒斬何用不監節彼南

山有實其猗赫赫師尹不平謂何天方薦瘥喪亂弘多民言無嘉憯莫懲嗟尹氏大師維周

之氐秉國之均四方是維天子是毗俾民不迷不弔昊天不宜空我師弗躬弗親庶民弗信

弗問弗仕勿罔君子式夷式已無小人殆瑣瑣姻亞則無膴仕昊天不傭降此鞠訩昊天不

惠降此大戾君子如屆俾民心闋君子如夷惡怒是違不弔昊天亂靡有定式月斯生俾民

不寧憂心如酲誰秉國成不自為政卒勞百姓駕彼四牡四牡項領我瞻四方蹙蹙靡所騁

方茂爾惡相爾矛矣既夷既懌如相醻矣昊天不平我王不寧不懲其心覆怨其正家父作

誦以究王訩式訛爾心以畜萬邦

正月

正月繁霜我心憂傷民之訛言亦孔之將念我獨兮憂心京京哀我小心癙憂以痒父母生

我胡俾我瘉不自我先不自我後好言自口莠言自口憂心愈愈是以有侮憂心惸惸念我

無祿民之無辜幷其臣僕哀我人斯於何從祿瞻烏爰止于誰之屋瞻彼中林侯薪侯蒸民

今方殆視天夢夢既克有定靡人弗勝有皇上帝伊誰云憎謂山蓋卑爲岡爲陵民之訛言

寧莫之懲召彼故老訊之占夢具曰予聖誰知烏之雌雄謂天蓋高不敢不局謂地蓋厚不

敢不蹐維號斯言有倫有脊哀今之人胡爲虺蜴瞻彼阪田有菀其特天之扤我如不我克

彼求我則如不我得執我仇仇亦不我力心之憂矣如或結之今茲之正胡然厲矣燎之方

揚寧或滅之赫赫宗周襃姒烕之終其永懷又窘陰雨其車既載乃棄爾輔載輸爾載將伯

助予無棄爾輔員于爾輻屢顧爾僕不輸爾載終踰絕險曾是不意魚在于沼亦克樂濟

雖伏矣亦孔之炤憂心慘慘念國之爲虐彼有旨酒又有嘉殽洽比其鄰昏姻孔云念我獨

兮憂心慇慇佌佌彼有屋蔌蔌方有穀民今之無祿天夭是椓哿矣富人哀此惸獨

小弁

弁彼鸒斯歸飛提提民莫不穀我獨于罹何辜于天我罪伊何心之憂矣云如之何踧踧周

道鞫爲茂草我心憂傷惄焉如擣假寐永歎維憂用老心之憂矣疢如疾首維桑與梓必恭

敬止靡瞻匪父靡依匪母不屬于毛不罹于裏天之生我我辰安在菀彼柳斯鳴蜩嘒嘒有

灌者淵萑葦淠淠譬彼舟流不知所屆心之憂矣不遑假寐鹿斯之奔維足伎伎雉之朝雊

尚求其雌譬彼壞木疾用無枝心之憂矣寧莫之知相彼投兔尚或先之行有死人尚或墐

之君子秉心維其忍之心之憂矣涕既隕之君子信讒如或酬之君子不惠不舒究之伐木
掎矣析薪扡矣舍彼有罪予之佗矣莫高匪山莫浚匪泉君子無易由言耳屬于垣無逝我
梁無發我笱我躬不閱遑恤我後

巧言

悠悠昊天曰父母且無罪無辜亂如此憮昊天已威予慎無罪昊天大憮予慎無辜亂之初
生僭始既涵亂之又生君子信讒君子如怒亂庶遄沮君子如祉亂庶遄已君子屢盟亂是
用長君子信盜亂是用暴盜言孔甘亂是用餤匪其止共維王之卭奕奕寢廟君子作之秩
秩大猷聖人莫之他人有心予忖度之躍躍毚兔遇犬獲之荏染柔木君子樹之往來行言
心焉數之蛇蛇碩言出自口矣巧言如簧顏之厚矣彼何人斯居河之麋無拳無勇職為亂
階既微且尰爾勇伊何為猶將多爾居徒幾何

巷伯

萋兮斐兮成是貝錦彼譖人者亦已大甚哆兮侈兮成是南箕彼譖人者誰適與謀緝緝翩
翩謀欲譖人慎爾言也謂爾不信捷捷幡幡謀欲譖言豈不爾受既其女遷驕人好好勞人
草草蒼天蒼天視彼驕人矜此勞人彼譖人者誰適與謀取彼譖人投畀豺虎豺虎不食投
畀有北有北不受投畀有昊楊園之道猗于畝丘寺人孟子作為此詩凡百君子敬而聽之

蓼莪

蓼蓼者莪匪莪伊蒿哀哀父母生我劬勞蓼蓼者莪匪莪伊蔚哀哀父母生我勞瘁缾之罄矣維罍之恥鮮民之生不如死之久矣無父何怙無母何恃出則銜恤入則靡至父兮生我母兮鞠我拊我畜我長我育我顧我復我出入腹我欲報之德昊天罔極南山烈烈飄風發發民莫不穀我獨何害南山律律飄風弗弗民莫不穀我獨不卒

北山

陟彼北山言采其杞偕偕士子朝夕從事王事靡盬憂我父母溥天之下莫非王土率土之濱莫非王臣大夫不均我從事獨賢四牡彭彭王事傍傍嘉我未老鮮我方將旅力方剛營四方或燕燕居息或盡瘁事國或息偃在牀或不已于行或不知叫號或慘慘劬勞或棲遲偃仰或王事鞅掌或湛樂飲酒或慘慘畏咎或出入風議或靡事不為

以上小雅

文王

文王在上於昭于天周雖舊邦其命維新有周不顯帝命不時文王陟降在帝左右亹亹文王令聞不已陳錫哉周侯文王孫子文王孫子本支百世凡周之士不顯亦世世之不顯厥猶翼翼思皇多士生此王國王國克生維周之楨濟濟多士文王以寧穆穆文王於緝熙敬

止假哉天命有商孫子商之孫子其麗不億上帝既命侯于周服侯服于周天命靡常殷士

膚敏祼將于京厥作祼將常服黼冔王之藎臣無念爾祖無念爾祖聿修厥德永言配命自

求多福殷之未喪師克配上帝宜鑒于殷駿命不易命之不易無遏爾躬宣昭義問有虞殷

自天上天之載無聲無臭儀刑文王萬邦作孚

思齊

思齊大任文王之母思媚周姜京室之婦大姒嗣徽音則百斯男惠于宗公神罔時怨神罔

時恫刑于寡妻至于兄弟以御于家邦雝雝在宮肅肅在廟不顯亦臨無射亦保肆戎疾不

殄烈假不瑕不聞亦式不諫亦入肆成人有德小子有造古之人無斁譽髦斯士

文王有聲

文王有聲遹駿有聲遹求厥寧遹觀厥成文王烝哉文王受命有此武功既伐于崇作邑于

豐文王烝哉築城伊淢作豐伊匹匪棘其欲遹追來孝王后烝哉王公伊濯維豐之垣四方

攸同王后維翰王后烝哉豐水東注維禹之績四方攸同皇王維辟皇王烝哉鎬京辟廱自

西自東自南自北無思不服皇王烝哉考卜維王宅是鎬京維龜正之武王成之武王烝哉

豐水有芑武王豈不仕詒厥孫謀以燕翼子武王烝哉

民勞

經傳治要卷一　經傳十種　詩

民亦勞止汔可小康。惠此中國。以綏四方。無縱詭隨。以謹無良。式遏寇虐。憯不畏明。柔遠能
邇。以定我王。民亦勞止汔可小休。惠此中國。以為民逑。無縱詭隨。以謹惛怓。式遏寇虐。無俾
民憂。無棄爾勞。以為王休。民亦勞止汔可小息。惠此京師。以綏四國。無縱詭隨。以謹罔極。式
遏寇虐。無俾作慝。敬慎威儀。以近有德。民亦勞止汔可小愒。惠此中國。俾民憂泄。無縱詭隨。
以謹醜厲。式遏寇虐。無俾正敗。戎雖小子。而式弘大。民亦勞止汔可小安。惠此中國。國無有
殘。無縱詭隨。以謹繾綣。式遏寇虐。無俾正反。王欲玉女。是用大諫。

板

上帝板板。下民卒癉。出話不然。為猶不遠。靡聖管管。不實於亶。猶之未遠。是用大諫。天之方
難。無然憲憲。天之方蹶。無然泄泄。辭之輯矣。民之洽矣。辭之懌矣。民之莫矣。我雖異事。及爾
同寮。我即爾謀。聽我囂囂。我言維服。勿以為笑。先民有言。詢于芻蕘。天之方虐。無然謔謔。老
夫灌灌。小子蹻蹻。匪我言耄。爾用憂謔。多將熇熇。不可救藥。天之方懠。無為夸毗。威儀卒迷。
善人載尸。民之方殿屎。則莫我敢葵。喪亂蔑資。曾莫惠我師。天之牖民。如壎如篪。如璋如圭。
如取如攜。攜無曰益。牖民孔易。民之多辟。無自立辟。价人維藩。大師維垣。大邦維屏。大宗維
翰。懷德維寧。宗子維城。無俾城壞。無獨斯畏。敬天之怒。無敢戲豫。敬天之渝。無敢馳驅。昊天
曰明。及爾出王。昊天曰旦。及爾游衍。

蕩蕩上帝下民之辟疾威上帝其命多辟天生烝民其命匪諶靡不有初鮮克有終文王曰

咨咨汝殷商曾是彊禦曾是掊克曾是在位曾是在服天降滔德女興是力文王曰咨女

殷商而秉義類彊禦多懟流言以對寇攘式內侯作侯祝靡屆靡究文王曰咨女殷商女

炰烋于中國斂怨以爲德不明爾德時無背無側爾德不明以無陪無卿文王曰咨女殷

商天不湎爾以酒不義從式既愆爾止靡明靡晦式號式呼俾晝作夜文王曰咨女殷商

如蜩如螗如沸如羹小大近喪人尚乎由行內奰于中國覃及鬼方文王曰咨女殷商匪

上帝不時殷不用舊雖無老成人尚有典刑曾是莫聽大命以傾文王曰咨女殷商人亦

有言顛沛之揭枝葉未有害本實先撥殷鑒不遠在夏后之世

抑

抑抑威儀維德之隅人亦有言靡哲不愚庶人之愚亦職維疾哲人之愚亦維斯戾無競維

人四方其訓之有覺德行四國順之訏謨定命遠猶辰告敬愼威儀維民之則其在于今興

迷亂于政顛覆厥德荒湛于酒女雖湛樂從弗念厥紹罔敷求先王克共明刑肆皇天弗尚

如彼泉流無淪胥以亡夙興夜寐洒埽廷內維民之章修爾車馬弓矢戎兵用戒戎作用逿

蠻方質爾人民謹爾侯度用戒不虞愼爾出話敬爾威儀無不柔嘉白圭之玷尚可磨也斯

言之玷不可爲也。無易由言無曰苟矣莫捫朕舌言不可逝矣無言不讎無德不報惠于朋

友庶民小子子孫繩繩萬民靡不承視爾友君子輯柔爾顏不遐有愆相在爾室尚不愧于

屋漏無曰不顯莫予云覯神之格思不可度思矧可射思辟爾爲德俾臧俾嘉淑愼爾止不

愆于儀不愆不賊鮮不爲則投我以桃報之以李彼童而角實虹小子荏染柔木言緡之絲。

溫溫恭人維德之基其維哲人告之話言順德之行其維愚人覆謂我僭民各有心於乎小

子未知臧否匪手攜之言示之事匪面命之言提其耳借曰未知亦既抱子民之靡盈誰夙

知而莫成昊天孔昭我生靡樂視爾夢夢我心慘慘誨爾諄諄聽我藐藐匪用爲教覆用爲

虐借曰未知亦聿既耄於乎小子告爾舊止聽用我謀庶無大悔天方艱難曰喪厥國取譬

不遠昊天不忒回遹其德俾民大棘。

烝民

天生烝民有物有則民之秉彝好是懿德天監有周昭假于下保茲天子生仲山甫仲山甫

之德柔嘉維則令儀令色小心翼翼古訓是式威儀是力天子是若明命使賦王命仲山甫

式是百辟纘戎祖考王躬是保出納王命王之喉舌賦政于外四方爰發蕭蕭王命仲山甫

將之邦國若否仲山甫明之既明且哲以保其身夙夜匪解以事一人人亦有言柔則茹之

剛則吐之維仲山甫柔亦不茹剛亦不吐不侮矜寡不畏彊禦人亦有言德輶如毛民鮮克

舉之。我儀圖之。維仲山甫舉之。愛莫助之。袞職有闕。維仲山甫補之。仲山甫出祖。四牡業業。
征夫捷捷。每懷靡及。四牡彭彭。八鸞鏘鏘。王命仲山甫城彼東方。四牡騤騤。八鸞喈喈。仲山
甫徂齊式遄其歸。吉甫作誦。穆如清風。仲山甫永懷。以慰其心

瞻卬

瞻卬昊天則不我惠。孔塡不寧。降此大厲。邦靡有定。士民其瘵。蟊賊蟊疾。靡有夷屆。罪罟不
收靡有夷瘳。人有土田女反有之。人有民人女覆奪之。此宜無罪女反收之。彼宜有罪女覆
說之。哲夫成城。哲婦傾城。懿厥哲婦。爲梟爲鴟。婦有長舌維厲之階。亂匪降自天。生自婦人。
匪教匪誨。時維婦寺。鞫人忮忒。譖始竟背。豈曰不極。伊胡爲慝。如賈三倍君子是識。婦無公
事休其蠶織。天何以刺。何神不富。舍爾介狄。維予胥忌。不弔不祥。威儀不類。人之云亡。邦國
殄瘁。天之降罔維其優矣。人之云亡心之憂矣。
沸檻泉維其深矣。心之憂矣。寧自今矣。不自我先不自我後。藐藐昊天。無不克鞏。無忝皇祖。
式救爾後

以上大雅

清廟

於穆清廟。肅雝顯相。濟濟多士。秉文之德。對越在天。駿奔走在廟。不顯不承。無射於人斯。

烈文

烈文辟公錫茲祉福惠我無疆子孫保之無封靡于爾邦維王其崇之念茲戎功繼序其皇之無競維人四方其訓之不顯維德百辟其刑之於乎前王不忘

閔予小子

閔予小子遭家不造嬛嬛在疚於乎皇考永世克孝念茲皇祖陟降庭止維予小子夙夜敬止於乎皇王繼序思不忘

敬之

敬之敬之天維顯思命不易哉無曰高高在上陟降厥士日監在茲維予小子不聰敬止日就月將學有緝熙于光明佛時仔肩示我顯德行　以上周

泮水

思樂泮水薄采其芹魯侯戾止言觀其旂其旂茷茷鸞聲噦噦無小無大從公于邁思樂泮水薄采其藻魯侯戾止其馬蹻蹻其馬蹻蹻其音昭昭載色載笑匪怒伊教思樂泮水薄采其茆魯侯戾止在泮飲酒既飲旨酒永錫難老順彼長道屈此羣醜穆穆魯侯敬明其德敬慎威儀維民之則允文允武昭假烈祖靡有不孝自求伊祜明明魯侯克明其德既作泮宮淮夷攸服矯矯虎臣在泮獻馘淑問如皐陶在泮獻囚濟濟多士克廣德心桓桓于征狄彼

東南烝烝皇皇不吳不揚不告于訩在泮獻功其籏束矢其搜戎車孔博徒御無斁既

克淮夷孔淑不逆式固爾猶淮夷卒獲翩彼飛鴞集于泮林食我桑黮懷我好音憬彼淮夷

來獻其琛元龜象齒大賂南金魯

那

猗與那與置我鞉鼓奏鼓簡簡衎我烈祖湯孫奏假綏我思成鞉鼓淵淵嘒嘒管聲既和且

平依我磬聲於赫湯孫穆穆厥聲庸鼓有斁萬舞有奕我有嘉客亦不夷懌自古在昔先民

有作溫恭朝夕執事有恪顧予烝嘗湯孫之將

長發

濬哲維商長發其祥洪水芒芒禹敷下土方外大國是疆幅隕既長有娀方將帝立子生商

玄王桓撥受小國是達受大國是達率履不越遂視既發相土烈烈海外有截帝命不違至

于湯齊湯降不遲聖敬日躋昭假遲遲上帝是祗帝命式于九圍受小球大球為下國綴旒

何天之休不競不絿不剛不柔敷政優優百祿是遒受小共大共為下國駿厖何天之龍敷

奏其勇不震不動不戁不竦百祿是總武王載旆有虔秉鉞如火烈烈則莫我敢曷苞有三

蘖莫遂莫達九有有截韋顧既伐昆吾夏桀昔在中葉有震且業允也天子降予卿士實維

阿衡實左右商王 以上商

以上頌

經傳十種

周禮

亦名周官周公居攝以後所作擬室之官制而未盡實行者分天地春夏秋冬六官共六篇統攝各職為後世官設六部所由昉秦火後漢河間獻王得之於山巖屋壁之中而失其冬官一篇因以考工記補之王莽時劉歆為置博士始行於世與儀禮禮記合稱三禮

大宰

大宰之職掌建邦之六典以佐王治邦國。一曰治典以經邦國以治官府以紀萬民。二曰教典以安邦國以教官府以擾萬民。三曰禮典以和邦國以統百官以諧萬民。四曰政典以平邦國以正百官以均萬民。五曰刑典以詰邦國以刑百官以糾萬民。六曰事典以富邦國以任百官以生萬民。以八灋治官府。一曰官屬以舉邦治。二曰官職以辨邦治。三曰官聯以會官治。四曰官常以聽官治。五曰官成以經邦治。六曰官灋以正邦治。七曰官刑以糾邦治。八曰官計以弊邦治。以八則治都鄙。一曰祭祀以馭其神。二曰灋則以馭其官。三曰廢置以馭其吏。四曰祿位以馭其士。五曰賦貢以馭其用。六曰禮俗以馭其民。七曰刑賞以馭其威。八曰田役以馭其眾以八柄詔王馭羣臣。一曰爵以馭其貴。二曰祿以馭其富。三曰予以馭其

辜四日置以馭其行。五日生以馭其福。六日奪以馭其貧。七日廢以馭其罪。八日誅以馭其過。以八統詔王馭萬民。一日親親。二日敬故。三日敬賢。四日使能。五日保庸。六日尊貴。七日達吏。八日禮賓。以九職任萬民。一日三農生九穀。二日園圃毓草木。三日虞衡作山澤之材。四日藪牧養蕃鳥獸。五日百工飭化八材。六日商賈阜通貨賄。七日嬪婦化治絲枲。八日臣妾聚斂疏材。九日閒民無常職轉移執事。以九賦斂財賄。一日邦中之賦。二日四郊之賦。三日邦甸之賦。四日家削之賦。五日邦縣之賦。六日邦都之賦。七日關市之賦。八日山澤之賦。九日幣餘之賦。以九式均節財用。一日祭祀之式。二日賓客之式。三日喪荒之式。四日羞服之式。五日工事之式。六日幣帛之式。七日芻秣之式。八日匪頒之式。九日好用之式。以九貢致邦國之用。一日祀貢。二日嬪貢。三日器貢。四日幣貢。五日材貢。六日貨貢。七日服貢。八日斿貢。九日物貢。以九兩繫邦國之民。一日牧以地得民。二日長以貴得民。三日師以賢得民。四日儒以道得民。五日宗以族得民。六日主以利得民。七日吏以治得民。八日友以任得民。九日藪以富得民。正月之吉。始和布治于邦國都鄙。乃縣治象之灋于象魏。使萬民觀治象。挾日而斂之。乃施典于邦國。而建其牧。立其監。設其參傳。其伍陳其殷置其輔。乃施則于都鄙。而建其長。立其兩。設其伍。陳其葺殷置其輔。乃施灋于官府。而建其正。立其貳。設其攷陳其殷。置其輔。凡治以典待邦國之治。以則待都鄙之治。以灋待官府之治。以官成待萬民之治。

以禮待賓客之治祀五帝則掌百官之誓戒與其具脩前期十日帥執事而卜日遂戒及執
事眡滌濯及納亨贊王牲事及祀之日贊玉幣爵之事祀大神示亦如之享先王亦如之贊
玉几玉爵大朝覲會同贊玉幣玉獻玉几玉爵大喪贊贈玉含玉作大事則戒於百官贊王
命王眡治朝則贊聽治眡四方之聽朝亦如之凡邦之小治則冢宰聽之待四方之賓客之
小治歲終則令百官府各正其治受其會聽其致事而詔王廢置三歲則大計羣吏之治而
誅賞之

大司徒

大司徒之職掌建邦之土地之圖與其人民之數以佐王安擾邦國以天下土地之圖周知
九州之地域廣輪之數辨其山林川澤丘陵墳衍原隰之名物而辨其邦國都鄙之數制其
畿疆而溝封之設其社稷之壝而樹之田主各以其野之所宜木遂以名其社與其野以土
會之灋辨五地之物生一曰山林其動物宜毛物其植物宜皁物其民毛而方二曰川澤其
動物宜鱗物其植物宜膏物其民黑而津三曰丘陵其動物宜羽物其植物宜覈物其民專
而長四曰墳衍其動物宜介物其植物宜莢物其民晳而瘠五曰原隰其動物宜臝物其植
物宜叢物其民豐肉而庳因此五物者民之常而施十有二教焉一曰以祀禮教敬則民不
苟二曰以陽禮教讓則民不爭三曰以陰禮教親則民不怨四曰以樂禮教和則民不乖五

日以儀辨等則民不越。六曰以俗教安則民不愉。七曰以刑教中則民不虣。八曰以誓教恤

則民不怠。九曰以度教節則民知足。十曰以世事教能則民不失職。十有一曰以賢制爵則

民慎德。二曰以庸制祿則民興功。以土宜之灋辨十有二土之名物以相民宅而知其

利害。以阜人民。以蕃鳥獸。以毓草木。以任土事。辨十有二壤之物而知其種。以教稼穡樹藝

以土均之灋辨五物九等制天下之地征。以作民職。以令地貢。以斂財賦。以均齊天下之政

以土圭之灋測土深正日景以求地中。日南則景短多暑。日北則景長多寒。日東則景夕多

風。日西則景朝多陰。日至之景尺有五寸謂之地中。天地之所合也四時之所交也風雨之

所會也陰陽之所和也然則百物阜安乃建王國焉制其畿方千里而封樹之凡建邦國以

土圭土其地而制其域。諸公之地封疆方五百里其食者半。諸侯之地封疆方四百里其食

者參之一。諸伯之地封疆方三百里其食者參之一。諸子之地封疆方二百里其食者四之

一。諸男之地封疆方百里其食者四之一。凡造都鄙制其地域而封溝之以其室數制之不

易之地家百晦。一易之地家二百晦。再易之地家三百晦。乃分地職奠地守制地貢而頒職

事焉。以荒政十有二聚萬民。一曰散利。二曰薄征。三曰緩刑。四曰弛力。

五曰舍禁。六曰去幾。七曰眚禮。八曰殺哀。九曰蕃樂。十曰多昏。十有一曰索鬼神。十有二曰

除盜賊。以保息六養萬民。一曰慈幼。二曰養老。三曰振窮。四曰恤貧。五曰寬疾。六曰安富。以

本俗六安萬民一曰媺宮室二曰族墳墓三曰聯兄弟四曰聯師儒五曰聯朋友六曰同衣

服正月之吉始和布教于邦國都鄙乃縣教象之灋于象魏使萬民觀教象挾日而斂之乃

施教灋于邦國都鄙使之各以教其所治民令五家爲比使之相保五比爲閭使之相受四

閭爲族使之相葬五族爲黨使之相救五黨爲州使之相賙五州爲鄉使之相賓頒職事十

有二于邦國都鄙使以登萬民一曰稼穡二曰樹藝三曰作材四曰阜蕃五曰飭材六曰通

財七曰化材八曰斂材九曰生材十曰學藝十有一曰世事十有二曰服事以鄉三物教萬

民而賓興之一曰六德知仁聖義忠和二曰六行孝友睦婣任恤三曰六藝禮樂射御書數

以鄉八刑糾萬民一曰不孝之刑二曰不睦之刑三曰不婣之刑四曰不弟之刑五曰不任

之刑六曰不恤之刑七曰造言之刑八曰亂民之刑以五禮防萬民之僞而教之中以六樂

防萬民之情而教之和凡萬民之不服教而有獄訟者與有地治者聽而斷之其附于刑者

歸于士祀五帝奉牛牲羞其肆享先王亦如之大賓客令野脩道委積大喪帥六鄉之衆庶

屬其六引而治其政令大軍旅大田役以旗致萬民而治其徒庶之政令若國有大故則致

萬民於王門令無節者不行於天下大荒大札則令邦國移民通財舍禁弛力薄征緩刑歲

終則令教官正治而致事正歲令于教官曰各共爾職修乃事以聽王命其有不正則國有

常刑。

大宗伯

大宗伯之職掌建邦之天神人鬼地示之禮以佐王建保邦國以吉禮事邦國之鬼神示以禋祀祀昊天上帝以實柴祀日月星辰以槱燎祀司中司命飌師雨師以血祭祭社稷五祀五嶽以貍沈祭山林川澤以疈辜祭四方百物以肆獻祼享先王以饋食享先王以祠春享先王以禴夏享先王以嘗秋享先王以烝冬享先王以凶禮哀邦國之憂以喪禮哀死亡以荒禮哀凶札以弔禮哀禍烖以禬禮哀圍敗以恤禮哀寇亂以賓禮親邦國春見曰朝夏見曰宗秋見曰覲冬見曰遇時見曰會殷見曰同時聘曰問殷覜曰視以軍禮同邦國大師之禮用衆也大均之禮恤衆也大田之禮簡衆也大役之禮任衆也大封之禮合衆也以嘉禮親萬民以飲食之禮親宗族兄弟以昏冠之禮親成男女以賓射之禮親故舊朋友以饗燕之禮親四方之賓客以脤膰之禮親兄弟之國以賀慶之禮親異姓之國以九儀之命正邦國之位壹命受職再命受服三命受位四命受器五命賜則六命賜官七命賜國八命作牧九命作伯以玉作六瑞以等邦國王執鎭圭公執桓圭侯執信圭伯執躬圭子執穀璧男執蒲璧以禽作六摯以等諸臣孤執皮帛卿執羔大夫執鴈士執雉庶人執鶩工商執雞以玉作六器以禮天地四方以蒼璧禮天以黃琮禮地以靑圭禮東方以赤璋禮南方以白琥禮西方以玄璜禮北方皆有牲幣各放其器之色以天產作陰德以中禮防之以地產作陽德

以和樂防之以禮樂合天地之化百物之產以事鬼神以諧萬民以致百物凡祀大神享大
鬼祭大示帥執事而卜日宿眡滌濯涖玉鬯省牲鑊奉玉齍詔大號治其大禮詔相王之大
禮若王不與祭祀則攝位凡大祭祀王后不與則攝而薦豆籩徹大賓客則攝而載果朝覲
會同則為上相大喪亦如之王哭諸侯亦如之王命諸侯則儐國有大故則旅上帝及四望
王大封則先告后土乃頒祀于邦國都家鄉邑

大司馬

大司馬之職掌建邦國之九灋以佐王平邦國制畿封國以正邦國設儀辨位以等邦國進
賢興功以作邦國建牧立監以維邦國制軍詰禁以糾邦國施貢分職以任邦國簡稽鄉民
以用邦國均守平則以安邦國比小事大以和邦國以九伐之灋正邦國馮弱犯寡則眚之
賊賢害民則伐之暴內陵外則壇之野荒民散則削之負固不服則侵之賊殺其親則正之
放弒其君則殘之犯令陵政則杜之外內亂鳥獸行則滅之正月之吉始和布政于邦國都
鄙乃以九畿之籍施邦國之政職方千
里曰國畿其外方五百里曰侯畿又其外方五百里曰甸畿又其外方五百里曰男畿又其
外方五百里曰采畿又其外方五百里曰衛畿又其外方五百里曰蠻畿又其外方五百里
曰夷畿又其外方五百里曰鎮畿又其外方五百里曰蕃畿凡令賦以地與民制之上地食

者參之二其民可用者家三人。中地食者半其民

可用者家二人中春致振旅司馬以旗致民平列陳如戰之陳辨鼓鐸鐲鐃之用王執路鼓

諸侯執賁鼓軍將執晉鼓師帥執提旅帥執鼙卒長執鐃兩司馬執鐸公司馬執鐲以教坐

作進退疾徐疏數之節遂以蒐田有司表貉誓民鼓遂圍禁火弊獻禽以祭社中夏致茇舍

如振旅之陳吏撰車徒讀書契辨號名之用帥以門名縣鄙各以其名鄉以州

名野以邑名百官各象其事以辨軍之夜事其他皆如振旅遂以苗田如蒐之灋車弊獻禽

以享礿中秋致治兵如振旅之陳辨旗物之用王載大常諸侯載旂軍吏載旗師都載旃鄉

遂載物郊野載旐百官載旟各書其事與其號焉其他皆如振旅遂以獮田如蒐田之灋羅

弊致禽以祀祊中冬致大閱前期群吏戒眾庶修戰灋虞人萊所田之野為表百步則一為

三表又五十步為一表田之日司馬建旗于後表之中群吏以旗物鼓鐸鐲鐃各帥其民而

致質明弊旗誅後至者乃陳車徒如戰之陳皆坐群吏聽誓于陳前斬牲以左右徇陳曰不

用命者斬之中軍以鼙令鼓鼓人皆三鼓司馬振鐸群吏作旗車徒皆作鼓行鳴鐲車徒皆

行及表乃止三鼓摝鐸群吏弊旗車徒皆坐又三鼓振鐸作旗車徒皆作鼓進鳴鐲車驟徒

趨及表乃止坐作如初乃鼓車馳徒走及表乃止鼓戒三闋車三發徒三刺乃鼓退鳴鐃且

卻及表乃止坐作如初遂以狩田以旌為左右和之門群吏各帥其車徒以敘和出左右陳

軍徒。既陳乃設驅逆之車有司表貉于陳前中軍以鼙令鼓鼓人皆三鼓羣司馬振鐸車徒皆作。遂鼓行徒銜枚而進大獸公之小禽私之獲者取左耳及所弊鼓皆駴車徒皆譟徒乃弊致禽饁獸于郊入獻禽以享烝及師大合軍以行禁令以救無辜伐有罪若大師則掌其戒令沿大卜帥執事涖釁主及軍器及致建大常比軍眾誅後至者及戰巡陳眡事而賞罰若師有功則左執律右秉鉞以先愷樂獻於社若師不功則厭而奉主車王弗勞士庶子則相大役與慮事屬其植受其要以待考而賞誅大會同則帥士庶子而掌其政令若大射則合諸侯之六耦大祭祀饗食羞牲魚授其祭大喪平士大夫喪祭奉詔馬牲

大司寇

大司寇之職掌建邦之三典以佐王刑邦國詰四方一曰刑新國用輕典二曰刑平國用中典三曰刑亂國用重典以五刑糾萬民一曰野刑上功糾力二曰軍刑上命糾守三曰鄉刑上德糾孝四曰官刑上能糾職五曰國刑上愿糾暴以圜土聚教罷民凡害人者寘之圜土而施職事焉以明刑恥之其能改者反於中國不齒三年其不能改而出圜土者殺以兩造禁民訟入束矢於朝然後聽之以兩劑禁民獄入鈞金三日乃致於朝然後聽之以嘉石平罷民凡萬民之有罪過而未麗於法而害於州里者桎梏而坐諸嘉石役諸司空重罪旬有

三日坐碁役其次九日坐九月役其次七月役其次五日坐五月役其下三日坐

二三月役使州里任之則宥而舍之以肺石達窮民凡遠近惸獨老幼之欲有復於上而其長

弗達者立於肺石三日士聽其辭以告於上而罪其長正月之吉始和布刑於邦國都鄙乃

縣刑象之灋於象魏使萬民觀刑象挾日而斂之凡邦之大盟約涖其盟書而登之於天府

大史內史司會及六官皆受其貳而藏之凡諸侯之獄訟以邦典定之凡卿大夫之獄訟以

邦灋斷之凡庶民之獄訟以邦成弊之大祭祀奉犬牲若禮祀五帝則戒之日涖誓百官戒

於百族及納亨前王祭之日亦如之奉其明水火凡朝覲會同前王大喪亦如之大軍旅涖

戮於社凡邦之大事使其屬蹕。

考工記敘

國有六職百工與居一焉或坐而論道或作而行之或審曲面執以飭五材以辨民器或通

四方之珍異以資之或飭力以長地財或治絲麻以成之坐而論道謂之王公作而行之謂

之士大夫審曲面執以飭五材謂之百工通四方之珍異以資之謂之商旅飭力

以長地財謂之農夫治絲麻以成之謂之婦功粵無鎛燕無函秦無盧粵之無鎛

也非無鎛也夫人而能為鎛也燕之無函也非無函也夫人而能為函也秦之無盧也非無

盧也夫人而能為盧也胡之無弓車也非無弓車也夫人而能為弓車也知者創物巧者述

之守之世。謂之工。百工之事皆聖人之作也。爍金以為刃。凝土以為器。作車以行陸。作舟以

行水。此皆聖人之所作也。天有時。地有氣。材有美。工有巧。合此四者。然後可以為良材美工

巧然而不良。則不時不得地氣也。橘踰淮而北為枳。鸜鵒不踰濟。貉踰汶則死。此地氣然也。

鄭之刀。宋之斤。魯之削。吳粵之劍。遷乎其地而弗能為良。地氣然也。燕之角。荊之幹。妢胡之

筍。吳粵之金錫。此材之美者也。天有時以生。有時以殺。草木有時以生。有時以死。石有時以

泐。水有時以凝。有時以澤。此天時也。凡攻木之工七。攻金之工六。攻皮之工五。設色之工五。

刮摩之工五。摶埴之工二。攻木之工輪輿弓廬匠車梓。攻金之工築冶鳧㮚段桃。攻皮之工

函鮑韗韋裘。設色之工畫繢鍾筐㡛。刮摩之工玉楖雕矢磬。摶埴之工陶旊。有虞氏上陶。夏

后氏上匠。殷人上梓。周人上輿。故一器而工聚焉者車為多。車有六等之數。車軫四尺。謂之

一等。戈柲六尺有六寸。既建而迆。崇於軫四尺。謂之二等。人長八尺。崇於戈四尺。謂之三等。

殳長尋有四尺。崇於人四尺。謂之四等。車戟常。崇於殳四尺。謂之五等。酋矛常有四尺。崇於

戟四尺。謂之六等。車謂之六等之數。凡察車之道。必自載於地者始也。是故察車自輪始。凡

察車之道。欲其樸屬而微至。不樸屬。無以為完久也。不微至。無以為戚速也。輪已崇。則人不

能登也。輪已庳。則於馬終古登阤也。故兵車之輪六尺有六寸。田車之輪六尺有三寸。乘車

之輪六尺有六寸。六尺有六寸之輪。軹崇三尺有三寸也。加軫與轐焉。四尺也。人長八尺。登

下以爲節。

經傳治要卷一

經傳十種

儀禮

蓋周代所行之禮制儀式如冠昏喪祭之事進退揖讓之文孔子因之而歎夫郁郁者也周衰諸侯惡其害已滅去其籍漢興高堂生傳士禮十七篇即今儀禮說者謂三禮中獨儀禮乃孔子刪定六經中之禮經然其書出於灰燼之餘多所殘闕又其條文繁密今古殊情自來號為難讀信非專家不能詳也。

士冠禮

士冠禮筮于廟門主人玄冠朝服緇帶素韠即位于門東西面有司如主人服即位于西方。東面北上筮與席所卦者具饌于西塾布席于門中闑西閾外西面筮人執筴抽上韇兼執之進受命於主人宰自右少退贊命筮人許諾右還即席坐西面卦者在左卒筮書卦執以示主人主人受眡反之筮人還東面旅占卒進告吉若不吉則筮遠日如初儀徹筮席宗人告事畢主人戒賓賓禮辭許主人再拜賓答拜主人退賓拜送前期三日筮賓如求日之儀乃宿賓賓如主人服出門左西面再拜主人東面答拜乃宿贊冠者一人亦如之厥明夕為期于廟門之外主人立于門東兄弟在其南少退賓送宿贊冠者一人亦如宿服立于西方東面北上擯者請期宰告曰質明行事告兄弟及有司告事畢主人服退西面北上有司皆如宿服立于西方東面北上擯者請期宰告曰質明行事告兄弟及有

司告事畢。擯者告期于賓之家。夙興。設洗。直于東榮。南北以堂深。水在洗東。陳服于房中西
墉下。東領。北上。爵弁服。纁裳。純衣。緇帶。韎韐。皮弁服。素積。緇帶。素韠。玄端。玄裳。黃裳。雜裳可
也。緇帶。爵韠。緇布冠缺項。青組纓屬于缺。緇纚。廣終幅。長六尺。皮弁笄。爵弁笄。緇組紘。纁
邊。同篋。櫛實于簞。蒲筵二。在南。側尊一甒醴。在服北。有篚實勺觶角柶。脯醢。南上。爵弁皮弁緇
布冠各一匴。執以待于西坫南面。東上。主人玄端爵韠。立于阼階下。直東序。
西面。兄弟畢袗玄。立于洗東。西面。北上。擯者玄端。負東塾。將冠者采衣。紒。在房中。南面。賓如
主人服。贊者玄端從之。立于外門之外。擯者告。主人迎。出門左。西面。再拜。賓答拜。主人揖
贊者。與賓揖。先入。每曲揖。至于廟門。揖入。三揖。至于階。三讓。主人升。
立于序端。西面。賓西序。東面。贊者盥于洗西。升。立于房中。西面。南上。主人之贊
者筵于東序。少北。西面。將冠者出房。南面。贊者奠纚笄櫛于筵南端。賓揖將冠者。將冠者即筵坐。
贊者坐。櫛。設纚。賓降。主人降。賓辭。主人對。賓盥卒。壹揖。壹讓。升。主人升。復初位。賓筵前坐。正纚
興。降西階一等。執冠者升一等。東面授賓。賓右手執項。左手執前。進。容。乃祝。坐如初。乃冠。興。復位。贊者卒。
冠者興。賓揖之。適房。服玄端爵韠。出房。南面。賓揖之。即筵坐。櫛。設笄。賓盥。正纚如初。降二等。受皮弁。右執項。左執
前。進。祝。加之如初。復位。贊者卒紘。興。賓揖之。適房。服素積素韠。容。出房。南面。賓降三等。受爵
弁。加之。服纁裳韎韐。其他如加皮弁之儀。徹皮弁冠櫛筵入于房。筵于戶西。南面。贊者洗于

房中側酌醴加栖覆之面葉賓揖冠者就筵筵西南面賓授醴于戶東加栖面枋筵前北面。冠者筵西拜受觶賓東面答拜薦脯醢冠者卽筵坐左執觶右祭脯醢以栖祭醴三與筵末坐啐醴建栖興降筵坐奠觶拜執觶與賓答拜冠者奠觶于薦東降筵北面坐取脯降自西階適東壁北面見于母母拜受子拜送母又拜賓降直西序東面主人降筵北面于兄西階東南面賓字之冠者對賓出主人送于廟門外請醴賓禮辭許賓就次冠者見於兄弟兄弟再拜冠者答拜見贊者西面拜亦如之入見姑姊如見母乃易服服玄冠玄端爵韠奠摯見於君遂以摯見於鄉大夫鄉先生乃醴賓以壹獻之禮主人酬賓束帛儷皮贊者皆與贊冠者爲介賓出主人送于外門外再拜歸賓俎若不醴則醮用酒尊于房戶之閒兩甒有禁玄酒在西加勺南枋洗有篚在西南順始加醮用脯醢賓降取爵于篚辭降如初卒洗升酌冠者拜受賓答拜如初冠者升坐左執爵右祭脯醢祭酒興筵末坐啐酒降筵拜賓答拜冠者奠爵于薦東立于筵西徹薦爵筵尊不徹加皮弁如初儀再醮攝酒其他皆如初加爵弁如初儀三醮有乾肉折俎嚌之其他如初北面取脯見于母若殺則特豚載合升離如初嚌肺卒醮取籩脯以降如初若孤子則父兄戒宿冠之日主人紒而迎賓拜揖讓立于肺實于鼎設扃鼏始醮如初再醮兩豆葵菹蠃醢兩籩栗脯三醮攝酒如再醮加俎嚌之皆序端皆如冠主禮於阼凡拜北面于阼階上賓亦北面于西階上答拜若殺則舉鼎陳于門

外直東塾北面若庶子則冠于房外南面遂醮焉冠者母不在則使人受脯于西階下戒賓

曰某有子某將加布於其首願吾子之教之也賓對曰某不敏恐不能共事以病吾子敢辭

主人曰某猶願吾子之終教之也賓對曰吾子重有命某敢不從宿曰某將加布於某之首

吾子將蒞之敢宿賓對曰某敢不夙興宿曰令月吉日始加祝曰令月吉日始加元服棄爾幼志順爾成德

壽考惟祺介爾景福再加曰吉月令辰乃申爾服敬爾威儀淑慎爾德眉壽萬年永受胡福

三加曰以歲之正以月之令咸加爾服兄弟具在以成厥德黃耇無疆受天之慶醴辭曰甘

醴惟厚嘉薦令芳拜受祭之以定爾祥承天之休壽考不忘醮辭曰旨酒既清嘉薦亶時始

加元服兄弟具來孝友時格永乃保之再醮曰旨酒既湑嘉薦伊脯乃申爾服禮儀有序祭

此嘉爵承天之祜三醮曰旨酒令芳籩豆有楚咸加爾服肴升折俎承天之慶受福無疆字

辭曰禮儀既備令月吉日昭告爾字爰字孔嘉髦士攸宜宜之于假永受保之曰伯某甫仲

叔季唯其所當履夏用葛玄端黑屨青絢繶純純博寸素積白屨以魁柎之緇絢繶純純博

寸爵弁纁屨黑絢繶純純博寸冬皮屨可也不屨繐屨

記

冠義始冠緇布之冠也太古冠布齊則緇之其緌也孔子曰吾未之聞也冠而敝之可也

適子冠於阼以著代也醮於客位加有成也三加彌尊諭其志也冠而字之敬其名也委

貌。周道也。章甫殷道也。毋追夏后氏之道也。周弁殷冔夏收。三王共皮弁素積。無大夫冠

禮。而有其昏禮。古者五十而后爵。何大夫冠禮之有公侯之有冠禮也。夏之末造也。天子

之元子猶士也。天下無生而貴者也。繼世以立諸侯象賢也。以官爵人德之殺也。死而謚

今也古者生無爵死無謚。

士相見禮

士相見之禮。摯冬用雉夏用腒左頭奉之。曰某也願見無由達某子以命命某見主人對曰

某子命某見吾子有辱請吾子之就家也某將走見賓對曰某不足以辱命請終賜見主人

對曰某不敢爲儀固請吾子之就家也某將走見賓對曰某不敢爲儀固以請主人對曰某

也固辭不得命將走見聞吾子稱摯敢辭摯賓對曰某不以摯不敢見主人對曰某不足以

習禮敢固辭賓對曰某不依於摯不敢見固以請主人對曰某也固辭不得命敢不敬從。

出迎於門外再拜賓答再拜主人揖入門右賓奉摯入門左主人再拜受賓再拜送摯出主

人請見賓反見退主人送于門外再拜主人復見之以其摯曰嚮者吾子辱使某見請還摯

于將命者主人對曰某也既得見矣敢辭賓對曰某也非敢求見請還摯于將命者主人對

曰某也既得見矣敢固辭賓對曰某不敢以聞固以請于將命者主人對曰某也固辭不得

命敢不從賓奉摯入主人再拜受賓再拜送摯出主人送于門外再拜士見於大夫終辭其

摯於其入也一拜其辱也賓退送再拜若嘗爲臣者則禮辭其摯曰某也辭不得命不敢固

辭賓入奠摯再拜主人答壹拜賓出使擯者還其摯于門外曰某也使某還摯賓對曰某也

既得見矣敢辭擯者對曰某也命某某非敢爲儀也敢以請賓對曰某也夫子之賤私不足

以踐禮敢辭擯者對曰某也使某某不敢爲儀也固以請對曰某固辭不得命敢不從再

拜受下大夫相見以雁飾之以布維之以索如執雉上大夫相見以羔飾之以布四維之結

于面左頭如麛執之如士相見之禮始見於君執摯至下容彌蹙庶人見于君不爲容進退

走士大夫則奠摯再拜稽首君答壹拜若他邦之人則使擯者還其摯曰寡君使某還摯賓

對曰君不有其外臣臣不敢辭再拜稽首受凡燕見於君必辯君之南面若不得則正方不

疑君在堂升見無方階辯君所在凡言非對也妥而後傳言與君言言使臣與大人言言

事君與老者言言使弟子與幼者言言孝弟於父兄與衆言言忠信慈祥與居官者言言忠

信凡與大人言始視面中視抱卒視面毋改衆皆若是若父則遊目毋上於面毋下於帶若

不言立則視足坐則視膝凡侍坐於君子君子欠伸問日之早晏以食具告改居則請退可

也夜侍坐問夜膳葷請退可也若君賜之食則君祭先飯徧嘗膳飲而俟君命之食然後食

若有將食者則俟君之食然後食若君賜之食則下席再拜稽首受爵升席祭卒爵而俟君

卒爵然後授虛爵退坐取屨隱辟而后屨君爲之興則曰君無爲興臣不敢辭君若降送之

則不敢顧辭遂出大夫則辭退下比及門三辭。若先生異爵者請見之則辭辭不得命則曰某無以見辭不得命將走見之非以君命使。則不稱寡大夫士則曰寡君之老凡執幣者不趨容彌蹙以爲儀執玉者則唯舒武舉前曳踵凡自稱於君士大夫則曰下臣宅者在邦則曰市井之臣在野則曰草茅之臣庶人則曰刺草之臣他國之人則曰外臣。

經傳治要卷一

經傳十種

禮記

禮記　皆述禮樂德義教學之言爲七十子後學所記漢與河間獻王得一百三十一篇獻之其後續有所得合二百十四篇戴德刪其繁重爲八十五篇謂之大戴記其從兄子聖又刪大戴之書爲四十六篇謂之小戴記後漢馬融傳小戴記復增三篇合四十九篇即今禮記其體例蓋猶近世所謂叢書也惟一說大戴書爲小戴刪削之餘凡八十五篇隋志所錄已佚其四十七篇是小戴之書成於大戴之前非刪大戴之書而成今並存以俟考案自孔子沒其微言大義舍論語外首推此書大戴記之精粹雖少減於小戴書然古義要言可寶者亦復孔多宜乎昔賢之附于經部而共稱十四經也

曲禮　節錄

曲禮曰毋不敬儼若思安定辭安民哉敖不可長欲不可從志不可滿樂不可極賢者狎而敬之畏而愛之愛而知其惡憎而知其善積而能散安安而能遷臨財毋苟得臨難毋苟免很毋求勝分毋求多疑事毋質直而勿有若夫坐如尸立如齊禮從宜使從俗夫禮者所以定親疏決嫌疑別同異明是非也禮不妄說人不辭費禮不踰節不侵侮不好狎修身踐言謂之善行行修言道也禮聞取於人不聞取人禮聞來學不聞往教道德仁義非禮

不成教訓正俗非禮不備分爭辨訟非禮不決君臣上下父子兄弟非禮不定官學事師非

禮不親班朝治軍涖官行法非禮威嚴不行禱祠祭祀供給鬼神非禮不成不莊是以君子

恭敬撙節退讓以明禮鸚鵡能言不離飛鳥猩猩能言不離禽獸今人而無禮雖能言不亦

禽獸之心乎夫唯禽獸無禮故父子聚麀是故聖人作爲禮以致人使人以有禮知自別於

禽獸太上貴德其次務施報禮尚往來往而不來非禮也來而不往亦非禮也人有禮則安

無禮則危故曰禮者不可不學也夫禮者自卑而尊人雖負販者必有尊也而況富貴乎富

貴而知好禮則不驕不淫貧賤而知好禮則志不懾。

檀弓 節錄

晉獻公將殺其世子申生公子重耳謂之曰子蓋（盍當作）言子之志於公乎世子曰不可君安

驪姬是我傷公之心也曰然則蓋行乎世子曰不可君謂我欲弒君也天下豈有無父之國

哉吾何行如之使人辭於狐突曰申生有罪不念伯氏之言也以至于死申生不敢愛其死

雖然吾君老矣子少國家多難伯氏不出而圖吾君伯氏苟出而圖吾君申生受賜而死再

拜稽首乃卒是以爲恭世子也

曾子寢疾病樂正子春坐於牀下曾元曾申坐於足童子隅坐而執燭童子曰華而睆大夫

之簀與子春曰止曾子聞之瞿然曰呼曰華而睆大夫之簀與曾子曰然斯季孫之賜也我

未之能易也元起易簀曾元曰夫子之病革矣不可以變幸而至於旦請敬易之曾子曰爾

之愛我也不如彼君子之愛人也以德細人之愛人也以姑息吾何求哉吾得正而斃焉斯

已矣舉扶而易之反席未安而沒

予路有姊之喪可以除之矣而弗除也孔子曰何弗除也子路曰吾寡兄弟而弗忍也孔子

曰先王制禮行道之人皆弗忍也子路聞之遂除之

大公封於營丘比及五世皆反葬於周君子曰樂樂其所自生禮不忘其本古之人有言曰

狐死正丘首仁也

曾子謂子思曰伋吾執親之喪也水漿不入於口者七日子思曰先王之制禮也過之者俯

而就之不至焉者跂而及之故君子之執親之喪也水漿不入於口者三日杖而后能起

孔子蚤作負手曳杖消搖於門歌曰泰山其頹乎梁木其壞乎哲人其萎乎既歌而入當戶

而坐子貢聞之曰泰山其頹則吾將安仰梁木其壞哲人其萎則吾將安放夫子殆將病也

遂趨而入夫子曰賜爾來何遲也夏后氏殯於東階之上則猶在阼也殷人殯於兩楹之間

則與賓主夾之也周人殯於西階之上則猶賓之也而丘也殷人也予疇昔之夜夢坐奠於

兩楹之間夫明王不興而天下其孰能宗予予殆將死也蓋寢疾七日而沒

子路曰吾聞諸夫子喪禮與其哀不足而禮有餘也不若禮不足而哀有餘也祭禮與其敬

不足而禮有餘也。不若禮不足而敬有餘也。

子夏既除喪而見予之琴和之而不和彈之而不成聲作而曰哀未忘也先王制禮而弗敢

過也子張既除喪而見予之琴和之而不和彈之而成聲作而曰先王制禮不敢不至焉

弁人有其母死而孺子泣者孔子曰哀則哀矣而難爲繼也夫禮爲可傳也爲可繼也故哭

踊有節

有子問於曾子曰問喪於夫子乎。曰聞之矣喪欲速貧死欲速朽。有子曰是非君子之言也

曾子曰參也聞諸夫子也。有子又曰是非君子之言也曾子曰參也與子游聞之有子曰

然則夫子有爲言之也曾子以斯言告於子游子游曰甚哉有子之言似夫子也昔者夫子

居於宋見桓司馬自爲石椁三年而不成夫子曰若是其靡也死不如速朽之愈也死之欲

速朽爲桓司馬言之也南宮敬叔反必載寶而朝夫子曰若是其貨也喪不如速貧之愈也

喪之欲速貧爲敬叔言之也曾子以子游之言告於有子有子曰然吾固曰非夫子之言也

曾子曰子何以知之有子曰夫子制於中都四寸之棺五寸之椁以斯知不欲速朽也昔者

夫子失魯司寇將之荊蓋先之以子夏又申之以冉有以斯知不欲速貧也

子思之母死於衛柳若謂子思曰子聖人之後也四方於子乎觀禮子蓋愼諸子思曰吾何

愼哉吾聞之有其禮無其財君子弗行也有其禮有其財無其時君子弗行也吾何愼哉

晉獻公之喪秦穆公使人弔公子重耳且曰寡人聞之亡國恆於斯得國恆於斯雖吾子儼

然在憂服之中喪亦不可久也時亦不可失也孺子其圖之以告舅犯舅犯曰孺子其辭焉

喪人無寶仁親以為寶父死之謂何又因以為利而天下其孰能說之孺子其辭焉公子重

耳對客曰君惠弔亡臣重耳身喪父死不得與於哭泣之哀以為君憂父死之謂何或敢有

他志以辱君義稽顙而不拜哭而起起而不私子顯以致命於穆公穆公曰仁夫公子重耳

夫稽顙而不拜則未為後也故不成拜稽顙而不拜則未愛父也起而不私則遠利也

穆公問於子思曰為舊君反服古與子思曰古之君子進人以禮退人以禮故有舊君反服

之禮也今之君子進人若將加諸膝退人若將隊諸淵毋為戎首不亦善乎又何反服之禮

之有。

曾子曰晏子可謂知禮也已恭敬之有焉有若曰晏子一狐裘三十年遣車一乘及墓而反

國君七個遣車七乘大夫五個遣車五乘晏子焉知禮曾子曰國無道君子恥盈禮焉國奢

則示之以儉國儉則示之以禮

有子與子游立見孺子慕者有子謂子游曰予壹不知夫喪之踊也予欲去之久矣

斯其是也夫子游曰禮有微情者有以故興物者有直情而徑行者戎狄之道也禮道則不

然人喜則斯陶陶斯咏咏斯猶猶斯舞舞斯慍慍斯戚戚斯歎歎斯辟辟斯踊矣品節斯斯

之謂禮人死斯惡之矣無能也斯倍之矣是故制絞衾設蔞翣為使人勿惡也始死脯醢之

奠將行遣而行之既葬而食之未有見其饗之者也自上世以來未之有舍也為使人勿倍

也故子之所刺於禮者亦非禮之訾也說舞斯慍一句疑衍文猶斯舞之下疑闕一夫字一

矣人悲則斯慍慍斯戚戚斯歎歎斯辟辟斯壽則斯陶陶斯咏咏斯猶猶斯舞舞斯蹈

歸矣蓋自喜至蹈凡六變自悲至踊亦六變

子路曰傷哉貧也生無以為養死無以為禮也孔子曰啜菽飲水盡其歡斯之謂孝斂手足

形還葬而無椁稱其財斯之謂禮

孔子過泰山側有婦人哭於墓者而哀夫子式而聽之使子路問之曰子之哭也壹似重有

憂者而曰然昔者吾舅死於虎吾夫又死焉今吾子又死焉夫子曰何為不去也曰無苛政

夫子曰小子識之苛政猛於虎也

魯人有周豐也者哀公執摯請見之而曰不可公曰我其已夫使人問焉曰有虞氏未施信

於民而民信之夏后氏未施敬於民而民敬之何施而得斯於民也對曰墟墓之間未施哀

於民而民哀殷人作誓而民始畔周人作會而民始疑

苟無禮義忠信誠慤之心以涖之雖固結之民其不解乎

齊大饑黔敖為食於路以待餓者而食之有餓者蒙袂輯屨貿貿然來黔敖左奉食右執飲

曰嗟來食揚其目而視之曰予唯不食嗟來之食以至於斯也從而謝焉終不食而死曾子

聞之曰微與其嗟也可去其謝也可食。

晉獻文子成室。晉大夫發焉。張老曰美哉輪焉美哉奐焉歌於斯哭於斯聚國族於斯文子曰武也得歌於斯哭於斯聚國族於斯是全要領以從先大夫於九京也北面再拜稽首君子謂之善頌善禱。

趙文子與叔譽觀乎九原文子曰死者如可作也吾誰與歸叔譽曰其陽處父乎文子曰行并植於晉國不沒其身其知不足稱也其舅犯乎文子曰見利不顧其君其仁不足稱也我則隨武子乎利其君不忘其身謀其身不遺其友晉人謂文子知人文子其中退然如不勝衣其言吶吶然如不出其口所舉於晉國管庫之士七十有餘家生不交利死不屬其子焉。

成人有其兄死而不為衰者聞子皋將為成宰遂為衰成人曰蠶則績而蟹有匡范則冠而蟬有緌兄則死而子皋為之衰。

禮運 節錄

昔者仲尼與於蜡賓事畢出遊於觀之上喟然而歎仲尼之歎蓋歎魯也言偃在側曰君子何歎孔子曰大道之行也與三代之英丘未之逮也而有志焉大道之行也天下為公選賢與能講信修睦故人不獨親其親不獨子其子使老有所終壯有所用幼有所長矜寡孤獨廢疾者皆有所養男有分女有歸貨惡其弃於地也不必藏於己力惡其不出於身也不必

為己。是故謀閉而不興盜竊亂賊而不作故外戶而不閉是謂大同今大道既隱天下為家。

各親其親各子其子貨力為己大人世及以為禮城郭溝池以為固禮義以為紀以正君臣

以篤父子以睦兄弟以和夫婦以設制度以立田里以賢勇知以功為己故謀用是作而兵

由此起禹湯文武成王周公由此其選也此六君子者未有不謹於禮者也以著其義以考

其信著有過刑仁講讓示民有常如有不由此者在執者去衆以為殃是謂小康言偃復問

曰如此乎禮之急也孔子曰夫禮先王以承天之道以治人之情故失之者死得之者生詩

曰相鼠有體人而無禮胡不遄死是故夫禮必本於天殽於地列於鬼神達於喪

祭射御冠昏朝聘故聖人以禮示之故天下國家可得而正也

故聖人耐以天下為一家以中國為一人者非意之也必知其情辟於其義明於其利達於

其患然後能為之何謂人情喜怒哀懼愛惡欲七者弗學而能何謂人義父慈子孝兄良

弟夫義婦聽長惠幼順君仁臣忠十者謂之人義講信修睦謂之人利爭奪相殺謂之人患

故聖人之所以治人七情修十義講信修睦尚辭讓去爭奪舍禮何以治之飲食男女人之

大欲存焉死亡貧苦人之大惡存焉故欲惡者心之大端也人藏其心不可測度也美惡皆

在其心不見其色也欲一以窮之舍禮何以哉

夫禮必本於天動而之地列而之事變而從時協於分藝其居人也曰養其行之以貨力辭

讓。飲食冠昏喪祭射御朝聘。故禮義也者人之大端也。所以講信修睦而固人之肌膚之會

筋骸之束也。所以養生送死事鬼神之大端也。所以達天道順人情之大竇也。故唯聖人為

知禮之不可以已也。故壞國喪家亡人必先去其禮。故禮之於人也。猶酒之有蘗也。君子以

厚小人以薄。故聖王修義之柄禮之序以治人情。故人情者聖王之田也。修禮以耕之陳義

以種之講學以耨之本仁以聚之播樂以安之。故禮也者義之實也。協諸義而協則禮雖先

王未之有可以義起也。義者藝之分仁之節也。協於藝講於仁得之者強。仁者義之本也順

之體也得之者尊。故治國不以禮猶無耜而耕也。為禮不本於義猶耕而弗種也。為義而不

講之以學。猶種而弗耨也。講之於學而不合之以仁。猶耨而弗穫也。合之以仁而不安之以

樂。猶穫而弗食也。安之以樂而不達於順。猶食而弗肥也。四體既正膚革充盈人之肥也。父

子篤兄弟睦夫婦和家之肥也。大臣法小臣廉官職相序君臣相正國之肥也。天子以德為

車以樂為御諸侯以禮相與大夫以法相序士以信相考百姓以睦相守天下之肥也。是謂

大順。大順者所以養生送死事鬼神之常也。故事大積焉而不苑並行而不繆細行而不失

深而通茂而有間連而不相及也。動而不相害也。此順之至也。故明於順然後能守危也。故

禮之不同也。不豐也。不殺也。所以持情而合危也。故聖王所以順山者不使居川不使渚者

居中原而弗敝也。用水火金木飲食必時合男女頒爵位必當年德用民必順故無水旱昆

蟲之災。民無凶饑妖孽之疾。故天不愛其道。地不愛其寶。人不愛其情。故天降膏露。地出醴泉。山出器車。河出馬圖。鳳皇麒麟皆在郊橄。龜龍在宮沼。其餘鳥獸之卵胎皆可俯而闚也。則是無故先王能修禮以達義體信以達順之實也。

內則 節錄

子能食食教以右手能言男唯女俞男鞶革女鞶絲六年教之數與方名七年男女不同席。不共食八年出入門戶及卽席飲食必後長者始教之讓九年教之數日十年出就外傅居宿於外學書計衣不帛襦袴禮帥初朝夕學幼儀請肄簡諒十有三年學樂誦詩舞勺成童舞象學射御二十而冠始學禮可以衣裘帛舞大夏惇行孝弟博學不教內而不出三十而有室始理男事博學無方孫友視志四十始仕方物出謀發慮道合則服從不可則去五十命爲大夫服官政七十致事。

學記 節錄

發慮憲求善良足以謏聞不足以動衆。就賢體遠足以動衆未足以化民君子如欲化民成俗其必由學乎玉不琢不成器人不學不知道是故古之王者建國君民教學爲先兌命曰念終始典于學其此之謂乎雖有嘉肴弗食不知其旨也雖有至道弗學不知其善也是故學然後知不足教然後知困知不足然後能自反也知困然後能自強也故曰教學相長也。

兌命曰學學半其此之謂乎古之教者家有塾黨有庠術有序國有學比年入學中年考校

一年視離經辨志三年視敬業樂羣五年視博習親師七年視論學取友謂之小成九年知

類通達強立而不反謂之大成夫然後足以化民易俗近者說服而遠者懷之此大學之道

也記曰蛾子時術之其此之謂乎

大學之教也時教必有正業退息必有居學不學操縵不能安弦不學博依不能安詩不學

雜服不能安禮不興其藝不能樂學故君子之於學也藏焉修焉息焉遊焉夫然故安其學

而親其師樂其友而信其道是以雖離師輔而不反兌命曰敬孫務時敏厥修乃來其此之

謂乎今之教者呻其佔畢多其訊言及于數進而不顧其安使人不由其誠教人不盡其材

其施之也悖其求之也佛夫然故隱其學而疾其師苦其難而不知其益也雖終其業其去

之必速教之不刑其此之由乎大學之法禁於未發之謂豫當其可之謂時不陵節而施之

謂孫相觀而善之謂摩此四者教之所由興也發然後禁則扞格而不勝時過然後學則勤

苦而難成雜施而不孫則壞亂而不修獨學而無友則孤陋而寡聞燕朋逆其師燕辟廢其

學此六者教之所由廢也君子既知教之所由興又知教之所由廢然後可以為人師也故

君子之教喻也道而弗牽強而弗抑開而弗達道而弗牽則和強而弗抑則易開而弗達則

思和易以思可謂善喻矣學者有四失教者必知之人之學也或失則多或失則寡或失則

易或失則止此四者心之莫同也。知其心然後能救其失也。教也者長善而救其失者也。善歌者使人繼其聲善教者使人繼其志其言也約而達微而臧罕譬而喻可謂繼志矣。君子知至學之難易而知其美惡然後能博喻能博喻然後能爲師能爲師然後能爲長能爲長然後能爲君故師也者所以學爲君也。是故擇師不可不愼也。記曰三王四代唯其師此之謂乎凡學之道嚴師爲難師嚴然後道尊道尊然後民知敬學是故君之所不臣於其臣者二當其爲尸則弗臣也當其爲師則弗臣也大學之禮雖詔於天子無北面所以尊師也善學者師逸而功倍又從而庸之不善學者師勤而功半又從而怨之善問者如攻堅木先其易者後其節目及其久也相說以解不善問者反此善待問者如撞鐘叩之以小者則小鳴叩之以大者則大鳴待其從容然後盡其聲不善答問者反此此皆進學之道也記問之學不足以爲人師必也其聽語乎力不能問然後語之語之而不知雖舍之可也

樂記 節錄

凡音之起由人心生也人心之動物使之然也。感於物而動故形於聲聲相應故生變變成方謂之音比音而樂之及干戚羽旄謂之樂樂者音之所由生也其本在人心之感於物也是故其哀心感者其聲噍以殺其樂心感者其聲嘽以緩其喜心感者其聲發以散其怒心感者其聲粗以厲其敬心感者其聲直以廉其愛心感者其聲和以柔六者非性也感於物

而动。是故先王愼所以感之者。故禮以道其志。樂以和其聲。政以一其行。刑以防其姦禮

樂刑政其極一也。所以同民心而出治道也。

凡音者。生於人心者也。樂者。通倫理者也。是故知聲而不知音

者。衆庶是也。唯君子爲能知樂。是故審聲以知音。審音以知樂。審樂以知政。而治道備矣。是

故不知聲者。不可與言音。不知音者。不可與言樂。知樂則幾於禮矣。禮樂皆得謂之有德。德

者得也。是故樂之隆。非極音也。食饗之禮。非致味也。清廟之瑟。朱弦而疏越。壹倡而三歎。有

遺音者矣。大饗之禮。尚玄酒而俎腥魚。大羹不和。有遺味者矣。是故先王之制禮樂也。非以

極口腹耳目之欲也。將以教民平好惡。而反人道之正也。人生而靜。天之性也。感於物而動。

性之欲也。物至知知。然後好惡形焉。好惡無節於內。知誘於外。不能反躬。天理滅矣。夫物之

感人無窮。而人之好惡無節。則是物至而人化物也。人化物也者。滅天理而窮人欲者也。於

是有悖逆詐偽之心。有淫泆作亂之事。是故強者脅弱。衆者暴寡。知者詐愚。勇者苦怯。疾病

不養。老幼孤獨不得其所。此大亂之道也。是故先王之制禮樂。人爲之節。衰麻哭泣。所以節

喪紀也。鐘鼓干戚。所以和安樂也。昏姻冠笄。所以別男女也。射鄉食饗。所以正交接也。禮節

民心。樂和民聲。政以行之。刑以防之。禮樂刑政。四達而不悖。則王道備矣。

凡姦聲感人。而逆氣應之。逆氣成象。而淫樂興焉。正聲感人。而順氣應之。順氣成象。而和樂

與焉倡和有應回邪曲直各歸其分而萬物之理各以類相動也是故君子反情以和其志。

比類以成其行姦聲亂色不留聰明淫樂慝禮不接心術惰慢邪辟之氣不設於身體使耳

目鼻口心知百體皆由順正以行其義然後發以聲音而文以琴瑟動以干戚飾以羽旄從

以簫管奮至德之光動四氣之和以著萬物之理是故清明象天廣大象地終始象四時周

還象風雨五色成文而不亂八風從律而不姦百度得數而有常小大相成終始相生倡和

清濁迭相為經故樂行而倫清耳目聰明血氣和平移風易俗天下皆寧故曰樂者樂也君

子樂得其道小人樂得其欲以道制欲則樂而不亂以欲忘道則惑而不樂是故君子反情

以和其志廣樂以成其教樂行而民鄉方可以觀德矣德者性之端也樂者德之華也金石

絲竹樂之器也詩言其志也歌詠其聲也舞動其容也三者本於心然後樂器從之是故情

深而文明氣盛而化神和順積中而英華發外唯樂不可以為偽

樂也者情之不可變者也禮也者理之不可易者也樂統同禮辨異禮樂之說管乎人情矣

窮本知變樂之情也著誠去偽禮之經也禮樂偵天地之情達神明之德降興上下之神而

凝是精粗之體領父子君臣之節是故大人舉禮樂則天地將為昭焉天地訢合陰陽相得

煦嫗覆育萬物然後草木茂區萌達羽翼奮角觡生蟄蟲昭蘇羽者嫗伏毛者孕鬻胎生者

不殰而卵生者不殈則樂之道歸焉耳樂者非謂黃鐘大呂弦歌干揚也樂之末節也故童

者舞之鋪筵席陳尊俎列籩豆以升降為禮者禮之末節也故有司掌之樂師辨乎聲詩故

北面而弦宗祝辨乎宗廟之禮故後尸商祝辨乎喪禮故後主人是故德成而上藝成而下

行成而先事成而後是故先王有上有下有先有後然後可以有制於天下也

君子曰禮樂不可斯須去身致樂以治心則易直子諒之心油然生矣易直子諒之心生則

樂樂則安安則久久則天天則神天則不言而信神則不怒而威致樂以治心者也致禮以

治躬則莊敬莊敬則嚴威心中斯須不和不樂而鄙詐之心入之矣外貌斯須不莊不敬而

易慢之心入之矣故樂也者動於內者也禮也者動於外者也樂極和禮極順內和而外順

則民瞻其顏色而弗與爭也望其容貌而民不生易慢焉故德輝動於內而民莫不承聽理

發諸外而民莫不承順故曰致禮樂之道舉而錯之天下無難矣

祭義 節錄

祭不欲數數則煩煩則不敬祭不欲疏疏則怠怠則忘是故君子合諸天道春禘秋嘗霜露

既降君子履之必有悽愴之心非其寒之謂也春雨露既濡君子履之必有怵惕之心如將

見之樂以迎來哀以送往故禘有樂而嘗無樂致齊於內散齊於外齊之日思其居處思其

笑語思其志意思其所樂思其所嗜齊三日乃見其所為齊者祭之日入室僾然必有見乎

其位周還出戶肅然必有聞乎其容聲出戶而聽愾然必有聞乎其歎息之聲是故先王之

孝也。色不忘乎目。聲不絕乎耳。心志嗜欲不忘乎心。致愛則存。致慤則著。著存不忘乎心夫

安得不敬乎君子生則敬養死則敬享思終身弗辱也

孝子將祭慮事不可以不豫比時具物不可以不備虛中以治之宮室既修牆屋既設百物

既備夫婦齊戒沐浴盛服奉承而進之洞洞乎屬屬乎如弗勝如將失之其孝敬之心至也

與薦其薦俎序其禮樂備其百官奉承而進之於是諭其志意以其慌惚以與神明交庶或

饗之庶或饗之孝子之志也孝子之祭也盡其慤而慤焉盡其信而信焉盡其敬而敬焉盡

其禮而不過失焉進退必敬如親聽命則或使之也孝子之祭可知也其立之也敬以詘其

進之也敬以愉其薦之也敬以欲退而立如將受命已徹而退敬齊之色不絕於面孝子之

祭也立而不詘固也進而不愉疏也薦而不欲不愛也退立而不如受命敖也已徹而退無

敬齊之色忘本也如是而祭失之矣

經解 節錄

孔子曰入其國其教可知也其為人也溫柔敦厚詩教也疏通知遠書教也廣博易良樂教

也絜靜精微易教也恭儉莊敬禮教也屬辭比事春秋教也故詩之失愚書之失誣樂之失

奢易之失賊禮之失煩春秋之失亂其為人也溫柔敦厚而不愚則深於詩者也疏通知遠

而不誣則深於書者也廣博易良而不奢則深於樂者也絜靜精微而不賊則深於易者也

九四

恭儉莊敬而不煩。則深於禮者也。屬辭比事而不亂。則深於春秋者也。

禮之於正國也猶衡之於輕重也繩墨之於曲直也規矩之於方圓也故衡誠縣不可欺以輕重繩墨誠陳不可欺以曲直規矩誠設不可欺以方圓君子審禮不可誣以姦詐是故隆禮由禮謂之有方之士不隆禮不由禮謂之無方之民敬讓之道也故以奉宗廟則敬以入朝廷則貴賤有位以處室家則父子親兄弟和以處鄉里則長幼有序孔子曰安上治民莫善於禮此之謂也故朝覲之禮所以明君臣之義也聘問之禮所以使諸侯相尊敬也喪祭之禮所以明臣子之恩也鄉飲酒之禮所以明長幼之序也昏姻之禮所以明男女之別也夫禮禁亂之所由生猶坊止水之所自來也故以舊坊為無所用而壞之者必有水敗以舊禮為無所用而去之者必有亂患故昏姻之禮廢則夫婦之道苦而淫辟之罪多矣鄉飲酒之禮廢則長幼之序失而爭鬬之獄繁矣喪祭之禮廢則臣子之恩薄而倍死忘生者衆矣聘覲之禮廢則君臣之位失諸侯之行惡而倍畔侵陵之敗起矣故禮之教化也微其止邪也於未形使人日徙善遠罪而不自知也是以先王隆之也易曰君子慎始差若豪氂繆以千里此之謂也

孔子閒居

孔子閒居子夏侍子夏曰敢問詩云凱弟君子民之父母何如斯可謂民之父母矣孔子曰

夫民之父母乎必達於禮樂之原以致五至而行三無以橫於天下四方有敗必先知之此之謂民之父母矣子夏曰民之父母既得而聞之矣敢問何謂五至孔子曰志之所至詩亦至焉詩之所至禮亦至焉禮之所至樂亦至焉樂之所至哀亦至焉哀樂相生是故正明目而視之不可得而見也傾耳而聽之不可得而聞也志氣塞乎天地此之謂五至子夏曰五至既得而聞之矣敢問何謂三無孔子曰無聲之樂無體之禮無服之喪此之謂三無子夏曰三無既得略而聞之矣敢問何詩近之孔子曰夙夜其命宥密無聲之樂也威儀逮逮不可選也無體之禮也凡民有喪匍匐救之無服之喪也子夏曰言則大矣美矣盛矣言盡於此而已乎孔子曰何為其然也君子之服之也猶有五起焉子夏曰何如孔子曰無聲之樂氣志不違無體之禮威儀遲遲無服之喪內恕孔悲無聲之樂氣志既得無體之禮威儀翼翼無服之喪施及四國無聲之樂氣志既從無體之禮上下和同無服之喪以畜萬邦無聲之樂日聞四方無服之喪日就月將無體之禮純德孔明無聲之樂氣志既起無體之禮施及四海無服之喪施于孫子子夏曰三王之德參於天地敢問何如斯可謂參於天地矣孔子曰奉三無私以勞天下子夏曰敢問何謂三無私孔子曰天無私覆地無私載日月無私照奉斯三者以勞天下此之謂三無私其在詩曰帝命不違至于湯齊湯降不遲聖敬日齊昭假遲遲上帝是祗帝命式于九圍是湯之德也天有四時春秋冬夏風雨霜露無非教也

地載神氣神氣風霆風霆流形庶物露生無非敎也淸明在躬氣志如神嗜欲將至有開必

先天降時雨山川出雲其在詩曰嵩高惟嶽峻極于天惟嶽降神生甫及申惟周

之翰四國于蕃四方于宣此文武之德也三代之王也必先其令聞詩云明明天子令聞不

已三代之德也弛其文德協此四國大王之德也子夏蹶然而起貞牆而立曰弟子敢不承

乎。

坊記 節錄

子言之君子之道辟則坊與坊民之所不足者也大爲之坊民猶踰之故君子禮以坊德刑

以坊淫命以坊欲

子云小人貧斯約富斯驕約斯盜驕斯亂禮者因人之情而爲之節文以爲民坊者也故聖

人之制富貴也使民富不足以驕貧不至於約貴不慊於上故亂益亡

子云君子弛其親之過而敬其美論語曰三年無改於父之道可謂孝矣高宗云三年其惟

不言言乃讙子云從命不忿微諫不倦勞而不怨可謂孝矣詩云孝子不匱子云睦於父母

之黨可謂孝矣故君子因睦以合族詩云此令兄弟綽綽有裕不令兄弟交相爲瘉子云於

父之執可以乘其車不可以衣其衣君子以廣孝也子云小人皆能養其親君子不敬何以

辨子云父子不同位以厚敬也書云厥辟不辟忝厥祖子云父母在不稱老言孝不言慈閨

門之內戲而不歎君子以此坊民民猶薄於孝而厚於慈

子君子不盡利以遺民詩云彼有遺秉此有不斂穧伊寡婦之利故君子仕則不稼田則

不漁食時不力珍大夫不坐羊士不坐犬詩云采葑采菲無以下體德音莫違及爾同死以

此坊民民猶忘義而爭利以亡其身

子云夫禮坊民所淫章民之別使民無嫌以爲民紀者也故男女無媒不交無幣不相見恐

男女之無別也詩云伐柯如之何匪斧不克取妻如之何匪媒不得蓺麻如之何橫從其畝

取妻如之何必告父母此坊民民猶有自獻其身

表記·節錄

子曰仁之難成久矣惟君子能之是故君子不以其所能者病人不以人之所不能者愧人

是故聖人之制行也不制以己使民有所勸勉愧恥以行其言禮以節之信以結之容貌以

文之衣服以移之朋友以極之欲民之有壹也小雅曰不愧于人不畏于天是故君子服其

服則文以君子之容有其容則文以君子之辭遂其辭則實以君子之德是故君子恥服其

服而無其容恥有其容而無其辭恥有其辭而無其德恥有其德而無其行是故君子衰絰

則有哀色端冕則有敬色甲胄則有不可辱之色詩云惟鵜在梁不濡其翼彼記之子不稱

其服

子曰君子不以辭盡人故天下有道則行有枝葉天下無道則辭有枝葉是故君子於有喪

者之側不能賻焉則不問其所費於有病者之側不能饋焉則不問其所舍故君子之接如水小人之接如醴君子淡以成小人甘以壞小雅曰盜言孔甘

亂是用餤。

子曰君子不以口譽人則民作忠故君子問人之寒則衣之問人之飢則食之稱人之美則

爵之國風曰心之憂矣於我歸說

子曰口惠而實不至怨菑及其身是故君子與其有諾責也寧有己怨國風曰言笑晏晏信

誓旦旦不思其反反是不思亦已焉哉

子曰君子不以色親人情疏而貌親在小人則穿窬之盜也與

子曰情欲信辭欲巧

緇衣 節錄

子曰夫民教之以德齊之以禮則民有格心教之以政齊之以刑則民有遯心故君民者子

以愛之則民親之信以結之則民不倍恭以涖之則民有孫心甫刑曰苗民匪用命制以刑

惟作五虐之刑曰法是以民有惡德而遂絕其世也

子曰下之事上也不從其所令從其所行上好是物下必有甚者矣故上之所好惡不可不

慎也是民之表也。

子曰王言如絲其出如綸王言如綸其出如綍故大人不倡游言可言也不可行君子弗言也可行也不可言君子弗行也則民言不危行而行不危言矣詩云淑慎爾止不愆于儀。

子曰君子道人以言而禁人以行故言必慮其所終而行必稽其所敝則民謹於言而慎於行詩云慎爾出話敬爾威儀大雅曰穆穆文王於緝熙敬止。

子曰長民者衣服不貳從容有常以齊其民則民德壹詩云彼都人士狐裘黃黃其容不改。

出言有章行歸于周萬民所望

子曰小人溺於水君子溺於口大人溺於民皆在其所褻也夫水近於人而溺人德易狎而難親也易以溺人口費而煩易出難悔易以溺人夫民閉於人而有鄙心可敬不可慢易以溺人故君子不可以不慎也太甲曰毋越厥命以自覆也若虞機張往省括于厥度則釋兌命曰惟口起羞惟甲胄起兵惟衣裳在笥惟干戈省厥躬太甲曰天作孽可違也自作孽不可以逭尹吉曰惟尹躬先見于西邑夏自周有終相亦惟終

三年問

三年之喪何也曰稱情而立文因以飾羣別親疏貴賤之節而弗可損益也故曰無易之道也創鉅者其日久痛甚者其愈遲三年者稱情而立文所以為至痛極也斬衰苴杖居倚廬。

食粥寢苫塊所以爲至痛飾也三年之喪二十五月而畢哀痛未盡思慕未忘然而服以

是斷之者豈不送死有已復生有節也哉凡生天地之間者有血氣之屬必有知有知之屬

莫不知愛其類今是大鳥獸則失喪其羣匹越月踰時焉則必反巡過其故鄉翔回焉鳴號

焉躑躅焉踟躕焉然後乃能去之小者至於燕雀猶有啁噍之頃焉然後乃能去之故有血

氣之屬者莫知於人故人於其親也至死不窮將由夫患邪淫之人與則彼朝死而夕忘之

然而從之則是曾鳥獸之不若也夫焉能相與羣居而不亂乎將由夫修飾之君子與則三

年之喪二十五月而畢若駟之過隙然而遂之則是無窮也故先王焉爲之立中制節壹使

足以成文理則釋之矣然則何以至期也曰至親以期斷是何也曰天地則已易矣四時則

已變矣其在天地之中者莫不更始焉以是象之也然則何以三年也曰加隆焉爾也焉使

倍之故再期也由九月以下何也曰焉使弗及也故三年以爲隆緦小功以爲殺期九月以

爲閒上取象於天下取法於地中取則於人人之所以羣居和壹之理盡矣故三年之喪人

道之至文者也夫是之謂至隆是百王之所同古今之所壹也未有知其所由來者也孔子

曰子生三年然後免於父母之懷夫三年之喪天下之達喪也

儒行

魯哀公問於孔子曰夫子之服其儒服與孔子對曰丘少居魯衣逢掖之衣長居宋冠章甫

之冠。丘聞之也君子之學也博其服也鄉丘不知儒服哀公曰敢問儒行孔子對曰遽數之不能終其物悉數之乃留更僕未可終也哀公命席孔子侍曰儒有席上之珍以待聘夙夜強學以待問懷忠信以待舉力行以待取其自立有如此者儒有衣冠中動作慎其大讓如慢小讓如偽大則如威小則如愧其難進而易退也粥粥若無能也其容貌有如此者儒有居處齊難其坐起恭敬言必先信行必中正道塗不爭險易之利冬夏不爭陰陽之和愛其死以有待也養其身以有為也其備豫有如此者儒有不寶金玉而忠信以為寶不祈土地立義以為土地不祈多積多文以為富難得而易祿也易祿而難畜也非時不見不亦難得乎非義不合不亦難畜乎先勞而後祿不亦易祿乎其近人有如此者儒有委之以貨財淹之以樂好見利不虧其義劫之以眾沮之以兵見死不更其守鷙蟲攫搏不程勇者引重鼎不程其力往者不悔來者不豫過言不再流言不極不斷其威不習其謀其特立有如此者儒有可親而不可劫也可近而不可迫也可殺而不可辱也其居處不淫其飲食不溽其過失可微辨而不可面數也其剛毅有如此者儒有忠信以為甲冑禮義以為干櫓戴仁而行抱義而處雖有暴政不更其所其自立有如此者儒有一畝之宮環堵之室篳門圭窬蓬戶甕牖易衣而出并日而食上答之不敢以疑上不答不敢以諂其仕有如此者儒有今人與居古人與稽今世行之後世以為楷適弗逢世上弗援下弗推讒諂之民有比黨而危之者

身可危也而志不可奪也。雖危起居竟信其志。猶將不忘百姓之病也。其憂思有如此者。儒有博學而不窮篤行而不倦幽居而不淫上通而不困禮之以和為貴忠信之美優游之法。慕賢而容衆毀方而瓦合其寬裕有如此者儒有內稱不辟親外舉不辟怨程功積事推賢而進達之不望其報。君得其志苟利國家不求富貴其舉賢援能有如此者儒有聞善以相告也見善以相示也爵位相先也患難相死也久相待也遠相致也其任舉有如此者儒有澡身而浴德陳言而伏靜而正之上弗知也蟲而翹之又不急為也不臨深而為高不加少而為多。世治不輕世亂不沮同弗與異弗非也其特立獨行有如此者儒有上不臣天子下不事諸侯慎靜而尚寬強毅以與人博學以知服近文章砥厲廉隅雖分國如錙銖不臣不仕其規為有如此者儒有合志同方營道同術並立則樂相下不厭久不相見聞流言不信其行本方立義同而進不同而退其交友有如此者溫良者仁之本也敬慎者仁之地也寬裕者仁之作也孫接者仁之能也禮節者仁之貌也言談者仁之文也歌樂者仁之和也分散者仁之施也儒皆兼此而有之猶且不敢言仁也其尊讓有如此者儒有不隕穫於貧賤不充詘於富貴不慁君王不累長上不閔有司故曰儒今衆人之命儒也妄常以儒相詬病孔子至舍哀公館之聞此言也言加信行加義終沒吾世不敢以儒為戲

冠義

凡人之所以為人者禮義也禮義之始在於正容體齊顏色順辭令容體正顏色齊辭令順

而后禮義備以正君臣親父子和長幼君臣正父子親長幼和而后禮義立故冠而后服

服備而后容體正顏色齊辭令順故曰冠者禮之始也是故古者聖王重冠古者冠禮筮日

筮賓所以敬冠事敬冠事所以重禮重禮所以為國本也故冠於阼以著代也醮於客位三

加彌尊加有成也已冠而字之成人之道也見於母母拜之見於兄弟兄弟拜之成人而與

為禮也玄冠玄端奠摯於君遂以摯見於鄉大夫鄉先生以成人見也成人之者將責成人

禮焉也責成人禮焉者將責為人子為人弟為人臣為人少者之禮行焉將責四者之行於

人其禮可不重與故孝弟忠順之行立而后可以為人可以為人而后可以治人也故聖王

重禮故曰冠者禮之始也嘉事之重者也是故古者重冠重冠故行之於廟行之於廟者所

以尊重事尊重事而不敢擅重事不敢擅重事所以自卑而尊先祖也

昏義　節錄

昏禮者將合二姓之好上以事宗廟而下以繼後世也故君子重之是以昏禮納采問名納

吉納徵請期皆主人筵几於廟而拜迎於門外揖讓而升聽命於廟所以敬慎重正昏禮

也父親醮子而命之迎男先於女也子承命以迎主人筵几於廟而拜迎於門外揖讓入

揖讓升堂再拜奠鴈蓋親受之於父母也降出御婦車而授綏御輪三周先俟于門外婦

至婿揖婦以入共牢而食合卺而酳所以合體同尊卑以親之也敬慎重正而后親之禮之

大體而所以成男女之別而立夫婦之義也男女有別而后夫婦有義夫婦有義而后父子

有親父子有親而后君臣有正故曰昏禮者禮之本也夫禮始於冠本於昏重於喪祭尊於

朝聘和於射鄉此禮之大體也

以上小戴禮記

曾子立孝

曾子曰君子立孝其忠之用禮之貴<small>案羣書治要用字貴字之下、皆有也字、</small>故為人子而不能孝其父者不敢

言人父不能畜其子者為人弟而不能承其兄者不敢言人兄不能順其弟者為人臣而不

能事其君者不敢言人君不能使其臣者也故與父言言畜子與子言言孝父與子言言順

弟與弟言言承兄與君言言使臣與臣言言事君君子之孝也忠愛以敬反是亂也盡力而

有禮莊敬而安之微諫不倦聽從而不怠懽欣忠信咎故不生可謂孝矣盡力無禮則小人

也致敬而不忠則不入也是故禮以將其力敬以入其忠飲食移味居處溫愉著心於此濟

其志也子曰可人也吾任其過不可人也吾辭其罪詩云有子七人莫慰母心子之辭也夙

興夜寐無忝爾所生言不自舍也不恥其親君子之孝也是故未有君而忠臣可知者孝子

之謂也未有長而順下可知者弟弟之謂也未有治而能仕可知者先修之謂也故曰孝子

善事君弟弟善事長君子一孝一悌可謂知終矣。

曾子大孝 節錄

曾子曰孝有三大孝尊親其次不辱其下能養公明儀問於曾子曰夫子可謂孝乎曾子曰是何言與是何言與君子之所謂孝者先意承志諭父母於道參直養者也安能為孝乎身者親之遺體也行親之遺體敢不敬乎故居處不莊非孝也事君不忠非孝也蒞官不敬非友也朋友不信非孝也戰陣無勇非孝也五者不遂災及乎身敢不敬乎故烹熟鮮作〔身一作親〕羶香嘗而進之非孝也養也君子之所謂孝者國人皆願焉曰幸哉有子如此所謂孝也民之本教曰孝其行之曰養養可能也敬為難可能也安為難久為難可能也卒為難父母既歿慎行其身不遺父母惡名可謂能終也孝有三大孝不匱中孝用勞小孝用力博施備物可謂不匱矣尊仁安義可謂用勞矣父母愛之喜而不忘父母惡之懼而無怨諫而不逆父母既歿以哀祀之加之如此謂禮終矣樂正子春下堂而傷其足瘳數月不出猶有憂色門弟子問曰夫子傷足瘳矣數月不出猶有憂色何也樂正子春曰善如爾之問也吾聞之曾子曾子聞諸夫子曰天之所生地之所養人為大矣父母全而生之子全而歸之可謂孝矣不虧其體可謂全矣故君子頃步之不敢忘也今予忘夫孝之道矣予是以有憂色故君子一舉足不敢忘父母一出言不敢忘

父母。一舉足不敢忘父母。故道而不徑舟而不游。不敢以先父母之遺體行殆也。一出言不

敢忘父母。是故惡言不出於口忿言不及於己然后不辱其身不憂其親則可謂孝矣草木

以時伐焉禽獸以時殺焉夫子曰伐一木殺一獸不以其時非孝也

曾子制言上

曾子曰夫行也者行禮之謂也夫禮貴者敬焉老者孝焉幼者慈焉少者友焉賤者惠焉此

禮也行之則行也立之則義也今之所謂行者犯其上危其下衡道而彊立之天下無道故

若天下有道則有司之所求也故君子不貴與道之士而貴有恥之士也若由富貴與道者

與貧賤吾恐其或失也若由貧賤與道者與富貴吾恐其贏驕也夫有恥之士富而不以道

則恥之貧而不以道則恥之弟子無曰不我知也鄙夫鄙婦相會于廬陰可謂密矣明日則

或揚其言矣故士執仁與義而不聞 <small>不聞二字原本作明字，今據群書治要校改，</small>

也殺六畜不當及親吾信之矣使民不時失國吾信之矣蓬生麻中不扶自直白沙在泥與

之皆黑是故人之相與也譬如舟車然相濟達也已先則援之彼先則推之是故人非人不

濟馬非馬不走土非上不高水非水不流君子之為弟也行則為人貪無席則寢其趾使之

為夫人則否近市無賈往田無野行無據旅苟若此則夫杖可因篤焉富以苟不如貧以譽。

生以辱不如死以榮辱可避避之而已矣及其不可避也君子視死若歸父母之讎不與同

生。兄弟之讎不與聚國朋友之讎不與聚鄉族人之讎不與聚隣良賈深藏如虛君子有盛

敎如無。弟子問於曾子曰夫士何如則可以爲達矣曾子曰不能則學疑則問欲行則比賢

雖有險道循行達矣今之弟子病下人不知事賢恥不知而又不問欲作則其知不足是以

惑闇惑闇終其世而已矣是謂窮民也曾子門弟子或將之晉曰吾無知焉曾子曰何必然。

往矣有知焉謂之友無知焉謂之主且夫君子執仁立志先行後言千里之外皆爲兄弟苟

是之不爲則雖汝親庸孰能親汝乎

曾子疾病

曾子疾病曾元抑首曾華抱足曾子曰微乎吾無夫顏氏之言吾何以語汝哉然而君子之

務盡有之矣夫華繁而實寡者天也言多而行寡者人也鷹鶡以山爲卑而曾巢其上魚鼈

黿鼉以淵爲淺而蹷穴其中卒其所以得之者餌也是故君子苟無以利害義則辱何由至

哉。親戚不悅不敢外交近者不親不敢求遠小者不審不敢言大故人之生也百歲之中有

疾病焉有老幼焉故君子思其不可復者而先施焉親戚旣歿雖欲孝誰爲孝年旣耆者艾雖

欲弟誰爲弟故孝有不及弟有不時其此之謂與言不遠身言之主也行不遠身行之本也

言有主行有本謂之有聞矣君子尊其所聞則高明矣行其所聞則廣大矣高明廣大不

在於他在加之志而已矣與君子游苾乎如入蘭芷之室久而不聞則與之化矣與小人游

貸脈（一作乎）如入鮑魚之次久而不聞則與之化矣。是故君子慎其所去就與君子游如長日加益而不自知也。與小人游如履薄冰每履而下幾何而不陷乎哉。吾不見好學盛而不衰者矣。吾不見好教如食疾子者矣。吾不見日省而月考之其友者矣。吾不見孜孜而與來而改者矣。

武王踐阼

武王踐阼三日召士大夫而問焉曰惡有藏之約行之行萬世可以為子孫常者乎諸大夫對曰未得聞也然後召師尚父而問焉曰黃帝顓頊之道存乎意亦忽不可得見與師尚父曰在丹書王欲聞之則齊矣三日王端冕師尚父亦端冕奉書而入負屏而立王下堂南面而立師尚父曰先王之道不北面王行西折而南東面而立師尚父西面道書之言曰敬勝怠者吉怠勝敬者滅義勝欲者從欲勝義者凶凡事不強則枉弗敬則不正枉者滅廢敬者萬世藏之約行之行可以為子孫常者此言之謂也且臣聞之以仁得之以仁守之其量百世以不仁得之以仁守之其量十世以不仁得之以不仁守之必及其世王聞書之言畏若恐懼退而為戒書於席之四端為銘焉於机為銘焉於鑑為銘焉於盥盤為銘焉於楹為銘焉於杖為銘焉於帶為銘焉於屨履為銘焉於觴豆為銘焉於戶為銘焉於牖為銘焉於劍為銘焉於弓為銘焉於矛為銘焉席前左端之銘曰安樂必敬前右端之銘曰無行可悔後

左端之銘曰一反一側亦不可以忘後右端之銘曰所監不遠邇所代机之銘曰皇皇惟
敬口生咶口戕口鑑之銘曰見爾前慮爾後盥盤之銘曰與其溺於人也寧溺於淵溺於淵
猶可游也溺於人不可救也楹之銘曰毋曰胡殘其禍將然毋曰胡害其禍將大毋曰胡傷
其禍將長杖之銘曰惡乎危於忿懥惡乎失道於嗜慾惡乎相忘於富貴帶之銘曰火滅修
容愼戒必恭恭則壽履屨之銘曰愼之勞勞則富食自杖食自杖戒之憍憍則
逃戶之銘曰夫名難得而易失無懃弗志而曰我知之乎無懃弗及而曰我知之乎擾阻以
泥之若風將至必先搖搖雖有聖人不能爲謀也牖之銘曰隨天時地之財敬祀皇天敬以
先時劍之銘曰帶之以爲服動必行德行德則興倍德則崩弓之銘曰屈伸之義廢與之行
無忘目過矛之銘曰造矛造矛少閒弗忍終身之羞予一人所聞以戒後世子孫

本命　節錄

分於道謂之命形於一謂之性化於陰陽象形而發謂之生化窮數盡謂之死故命者性之
終也則必有終矣人生而不具者五目無見不能食不能行不能言不能化三月而徹朐然
後能有見八月生齒然後食碁而生臏然後能行三年囟合然後能言十有六情通然後能
化陰窮反陽陽窮反陰故陰以陽化陽以陰變故男以八月而生齒八歲而毀齒一陰一
陽然後成道二八十六然後情通然後其施行女七月生齒七歲而毀二七十四然後其化

成。合於三也小節也中古男三十而娶女二十而嫁。合於五也中節也太古男五十而室女

三十而嫁備於三五。合於八八也八者維剛也天地以發明故聖人以合陰陽之數也男者

任也子者孿也男子者言任天地之道如長萬物之義也故謂之丈夫丈者長也夫者扶也。

言長萬物也知可爲者知不可爲者知可言者知不可言者知可行者知不可行者是故審

論而明其別謂之知所以正夫德者女者如也子者孿也女子者言如男子之教而長其義

理者也故謂之婦人婦人仗於人也是故無專制之義有三從之道在家從父適人從夫夫

死從子無所敢自遂也故令不出閨門事在饋食之閒而已矣是故女及日乎閨門之內不

百里而犇喪事無獨爲行無獨成之道參知而後動可驗而後言宵夜行燭宮事必量六畜

蕃于宮中謂之信也所以正婦德也女有五不取逆家子不取亂家子不取世有刑人不取

世有惡疾不取喪婦長子不取逆家子者爲其逆德也亂家子者爲其弃於天也喪婦長子

者爲其無所受命也婦有七去不順父母去無子去淫去妬去有惡疾去多言去竊盜去不

順父母去爲其逆德也無子爲其絕世也淫爲其亂族也妬爲其亂家也有惡疾爲其不可

與共粢盛也口多言爲其離親盜竊爲其反義也婦有三不去有所取無所歸不去與更三

年喪不去前貧賤後富貴不去

以上大戴禮記

經傳治要卷一

經傳十種

春秋左氏傳

春秋本魯史記之名孔子刪定之自隱公元年至哀公十四年凡千二公三百四十二年後世編年史之所本也傳春秋者有公羊穀梁左氏三家經與傳合其文互異所傳事實亦微有不同故後儒依傳說經經不離傳而立左氏名邱明為魯太史與孔子同峙孔子嘗稱之見論語其論春秋也不斤斤于論斷所述事蹟惟資本諸國史文辭燦爛雖時有浮誇近誣者然自周室東遷七雄以前二三百年間列國之盛衰賢哲之言行惟此傳記載至為詳盡不獨說經者必以是書為根據即考論春秋時之人物學說亦當視之若漁獵之資山海焉。

鄭莊公克段于鄢 隱公元年

初鄭武公娶于申曰武姜生莊公及共叔段莊公寤生驚姜氏故名曰寤生遂惡之愛共叔段欲立之亟請于武公公弗許及莊公即位為之請制公曰巖邑也虢叔死焉他邑唯命請京使居之謂之京城大叔祭仲曰都城過百雉國之害也先王之制大都不過參國之一中五之一小九之一今京不度非制也君將不堪公曰姜氏欲之焉辟害對曰姜氏何厭之有不如早為之所無使滋蔓蔓難圖也蔓草猶不可除況君之寵弟乎公曰多行不義必自斃子姑待之既而大叔命西鄙北鄙貳于己公子呂曰國不堪貳君將若之何欲與大叔臣

請事之若弗與則請除之無生民心公曰無庸將自及大叔又收貳以爲己邑至于廩延子

封曰可矣厚將得衆公曰不義不暱厚將崩大叔完聚繕甲兵具卒乘將襲鄭夫人將啟之

公聞其期曰可矣命子封帥車二百乘以伐京京叛大叔段段入于鄢公伐諸鄢五月辛丑

太叔出奔共書曰鄭伯克段于鄢段不弟故不言弟如二君故曰克稱鄭伯譏失教也謂之

鄭志不言出奔難之也遂寘姜氏于城潁而誓之曰不及黃泉無相見也既而悔之潁考叔

爲潁谷封人聞之有獻于公公賜之食食舍肉公問之對曰小人有母皆嘗小人之食矣未

嘗君之羹請以遺之公曰爾有母遺繄我獨無潁考叔曰敢問何謂也公語之故且告之悔

對曰君何患焉若闕地及泉隧而相見其誰曰不然公從之公入而賦大隧之中其樂也融

融姜出而賦大隧之外其樂也洩洩遂爲母子如初君子曰潁考叔純孝也愛其母施及莊

公詩曰孝子不匱永錫爾類其是之謂乎

衛石碏殺州吁及子厚　隱公三年四年

衛莊公娶于齊東宮得臣之妹曰莊姜美而無子衛人所爲賦碩人也又娶于陳曰厲媯生

孝伯早死其娣戴媯生桓公莊姜以爲己子公子州吁嬖人之子也有寵而好兵公弗禁莊

姜惡之石碏諫曰臣聞愛子教之以義方弗納于邪驕奢淫泆所自邪也四者之來寵祿過

也將立州吁乃定之矣若猶未也階之爲禍夫寵而不驕驕而能降降而不憾憾而能眕者

一二四

鮮矣且夫賤妨貴少陵長遠閒親新閒舊小加大淫破義所謂六逆也君義臣行父慈子孝兄愛弟敬所謂六順也去順效逆所以速禍也君人者將禍是務去而速之無乃不可乎弗聽其子厚與州吁游禁之不可桓公立乃老

魯臧哀伯諫納郜鼎 桓公二年

四年春衛州吁弑桓公而立宋殤公之即位也公子馮出奔鄭鄭人欲納之及衛州吁立將修先君之怨於鄭而求寵於諸侯以和其民使告于宋曰君若伐鄭以除君害君為主敝邑以賦與陳蔡從則衛國之願也宋人許之於是陳蔡方睦於衛故宋公陳侯蔡人衛人伐鄭圍其東門五日而還公問於眾仲曰衛州吁其成乎對曰臣聞以德和民不聞以亂以亂猶治絲而棼之也夫州吁阻兵而安忍阻兵無眾安忍無親眾叛親離難以濟矣夫兵猶火也弗戢將自焚也夫州吁弑其君而虐用其民於是乎不務令德而欲以亂成必不免矣州吁未能和其民厚問定君於石子石子曰王覲為可曰何以得觀曰陳桓公方有寵於王陳衛方睦若朝陳使請必可得也厚從州吁如陳石碏使告于陳曰衛國褊小老夫耄矣無能為也此二人者實弑寡君敢即圖之陳人執之而請涖于衛九月衛人使右宰醜涖殺州吁于濮石碏使其宰獳羊肩涖殺石厚于陳君子曰石碏純臣也惡州吁而厚與焉大義滅親其是之謂乎

夏四月取郜大鼎于宋戊申納于大廟非禮也臧哀伯諫曰君人者將昭德塞違以臨照百官猶懼或失之故昭令德以示子孫是以清廟茅屋大路越席大羹不致粢食不鑿昭其儉也袞冕黻珽帶裳幅舄衡紞紘綖昭其度也藻率鞞鞛鞶厲游纓昭其數也火龍黼黻昭其文也五色比象昭其物也錫鸞和鈴昭其聲也三辰旂旗昭其明也夫德儉而有度登降有數文物以紀之聲明以發之以臨照百官百官於是乎戒懼而不敢易紀律今滅德立違而寘其賂器於太廟以明示百官百官象之其又何誅焉國家之敗由官邪也官之失德寵賂章也郜鼎在廟章孰甚焉武王克商遷九鼎於雒邑義士猶或非之而況將昭違亂之賂器于太廟其若之何公不聽周內史聞之曰臧孫達其有後於魯乎君違不忘諫之以德

魯曹劌論戰　莊公十年

春齊師伐我公將戰曹劌請見其鄉人曰肉食者謀之又何閒焉劌曰肉食者鄙未能遠謀乃入見問何以戰公曰衣食所安弗敢專也必以分人對曰小惠未徧民弗從也公曰犧牲玉帛弗敢加也必以信對曰小信未孚神弗福也公曰小大之獄雖不能察必以情對曰忠之屬也可以一戰戰則請從公與之乘戰于長勺公將鼓之劌曰未可齊人三鼓劌曰可矣齊師敗績公將馳之劌曰未可下視其轍登軾而望之曰可矣遂逐齊師既克公問其故對曰夫戰勇氣也一鼓作氣再而衰三而竭彼竭我盈故克之夫大國難測也懼有伏焉吾視

其轍亂望其旗靡故逐之。

齊桓公救邢 閔公元年

狄人伐邢管仲言於齊侯曰戎狄豺狼不可厭也諸夏親暱不可棄也宴安酖毒不可懷也詩云豈不懷歸畏此簡書簡書同惡相恤之謂也請救邢以從簡書齊人救邢

衞文公中興 閔公二年

衞文公大布之衣大帛之冠務材訓農通商惠工敬教勸學授方任能元年革車三十乘季年乃三百乘

齊桓公召陵之盟 僖公四年

春齊侯以諸侯之師侵蔡蔡潰遂伐楚楚子使與師言曰君處北海寡人處南海唯是風馬牛不相及也不虞君之涉吾地也何故管仲對曰昔召康公命我先君大公曰五侯九伯女實征之以夾輔周室賜我先君履東至于海西至于河南至于穆陵北至于無棣爾貢包茅不入王祭不共無以縮酒寡人是徵昭王南征而不復寡人是問對曰貢之不入寡君之罪也敢不共給昭王之不復君其問諸水濱師進次于陘夏楚子使屈完如師師退次于召陵齊侯陳諸侯之師與屈完乘而觀之齊侯曰豈不穀是為先君之好是繼與不穀同好如何對曰君惠徼福於敝邑之社稷辱收寡君寡君之願也齊侯曰以此眾戰誰能禦之以此攻

城何城不克對曰君若以德綏諸侯誰敢不服君若以力楚國方城以爲城漢水以爲池雖

衆無所用之屈完及諸侯盟。

齊桓公寧母之盟　僖公七年

秋。盟于寧母謀鄭故也管仲言於齊侯曰臣聞之招攜以禮懷遠以德德禮不易無人不懷

齊侯修禮於諸侯諸侯官受方物鄭伯使大子華聽命於會言於齊侯曰洩氏孔氏子人氏

三族實違君命若君去之以鄭爲內臣君亦無所不利焉齊侯將許之管仲曰君

以禮與信屬諸侯而以姦終之無乃不可乎子父不姦之謂禮守命共時之謂信違此二者

姦莫大焉公曰諸侯有討於鄭未捷今苟有釁從之不亦可乎對曰君若綏之以德加之以

訓辭而帥諸侯以討鄭鄭將覆亡之不暇豈敢不懼若總其罪人以臨之鄭有辭矣何懼且

夫合諸侯以崇德也會而列姦何以示後嗣夫諸侯之會其德刑禮義無國不記姦之位

君盟替矣而不記非盛德也君其勿許鄭必受盟夫子華既爲大子而求介於大國以弱

其國亦必不免鄭有叔詹堵叔師叔三良爲政未可間也齊侯辭焉子華由是得罪於鄭冬

鄭伯使請盟于齊

齊桓公葵丘之盟　僖公九年

夏會于葵丘尋盟且修好禮也王使宰孔賜齊侯胙曰天子有事于文武使孔賜伯舅胙齊

侯將下拜孔曰且有後命天子使孔曰以伯舅耋老加勞賜一級無下拜對曰天威不違顏

咫尺小白余敢貪天子之命無下拜恐隕越于下以遺天子羞敢不下拜登受秋齊侯

盟諸侯于葵丘曰凡我同盟之人既盟之後言歸于好宰孔先歸遇晉侯曰可無會也齊侯

不務德而勤遠略故北伐山戎南伐楚西爲此會也東略之不知西則否矣其在亂乎君務

靖亂無勤於行晉侯乃還

附錄　孟子五霸者章

孟子曰五霸者三王之罪人也今之諸侯五霸之罪人也今之大夫今之諸侯之罪人也

天子適諸侯曰巡狩諸侯朝于天子曰述職春省耕而補不足秋省斂而助不給入其疆

土地辟田野治養老尊賢俊傑在位則有慶慶以地入其疆土地荒蕪遺老失賢掊克在

位則有讓一不朝則貶其爵再不朝則削其地三不朝則六師移之是故天子討而不伐

諸侯伐而不討五霸者摟諸侯以伐諸侯者也故曰五霸者三王之罪人也五霸桓公爲

盛葵丘之會諸侯束牲載書而不歃血初命曰誅不孝無易樹子無以妾爲妻再命曰尊

賢育才以彰有德三命曰敬老慈幼無忘賓旅四命曰士無世官官事無攝取士必得無

專殺大夫五命曰無曲防無遏糴無有封而不告曰凡我同盟之人既盟之後言歸于好

今之諸侯皆犯此五禁故曰今之諸侯五霸之罪人也長君之惡其罪小逢君之惡其罪

大今之大夫皆逢君之惡故曰今之大夫今之諸侯之罪人也。

宋襄公用鄶子于社　僖公十九年

夏宋公使邾文公用鄶子于次睢之社欲以屬東夷司馬子魚曰古者六畜不相爲用小事不用大牲而況敢用人乎祭祀以爲人也民神之主也用人其誰饗之齊桓公存三亡國以屬諸侯義士猶曰薄德今一會而虐二國之君又用諸淫昏之鬼將以求霸不亦難乎得死爲幸

魯臧文仲諫焚巫尪　僖公二十一年

夏大旱公欲焚巫尪藏文仲曰非旱備也修城郭貶食省用務穡勸分此其務也巫尪何爲天欲殺之則如勿生若能爲旱焚之滋甚公從之是歲也饑而不害

宋襄公及楚人戰于泓　僖公二十二年

楚人伐宋以救鄭宋公將戰大司馬固諫曰天之棄商久矣君將興之弗可赦也已弗聽冬十一月己巳朔宋公及楚人戰于泓宋人既成列楚人未既濟司馬曰彼衆我寡及其未既濟也請擊之公曰不可既濟而未成列又以告公曰未可既陳而後擊之宋師敗績公傷股門官殲焉國人皆咎公公曰君子不重傷不擒二毛古之爲軍也不以阻隘也寡人雖亡國之餘不鼓不成列子魚曰君未知戰勍敵之人隘而不列天贊我也阻而鼓之不亦可乎猶

一二○

有懼焉且今之勍者皆吾敵也雖及胡耇獲則取之何有於二毛明恥教戰求殺敵也傷未

及死如何勿重若愛重傷則如勿傷愛其二毛則如服焉三軍以利用也金鼓以聲氣也利

而用之阻隘可也聲盛致志鼓儳可也

晉公子重耳之亡 僖公二十三年

晉公子重耳之及於難也晉人伐諸蒲城蒲城人欲戰重耳不可曰保君父之命而享其生

祿於是乎得人有人而校罪莫大焉吾其奔也遂奔狄從者狐偃趙衰顛頡魏武子司空季

子狄人伐廧咎如獲其二女叔隗季隗納諸公子公子取季隗生伯儵叔劉以叔隗妻趙衰

生盾將適齊謂季隗曰待我二十五年不來而後嫁對曰我二十五年矣又如是而嫁則就

木焉請待子處狄十二年而行過衛衛文公不禮焉出於五鹿乞食於野人野人與之塊公

子怒欲鞭之子犯曰天賜也稽首受而載之及齊齊桓公妻之有馬二十乘公子安之從者

以為不可將行謀於桑下蠶妾在其上以告姜氏姜氏殺之而謂公子曰子有四方之志其

聞之者吾殺之矣公子曰無之姜曰行也懷與安實敗名公子不可姜與子犯謀醉而遣之

醒以戈逐子犯及曹曹共公聞其駢脅欲觀其裸浴薄而觀之僖負羈之妻曰吾觀晉公子

之從者皆足以相國若以相夫子必反其國反其國必得志於諸侯得志於諸侯而誅無禮

曹其首也子盍蚤自貳焉乃饋盤殱寘璧焉公子受殱反璧及宋宋襄公贈之以馬二十乘

及鄭鄭文公亦不禮焉叔詹諫曰臣聞天之所啟人弗及也晉公子有三焉天其或者將建

諸君其禮焉男女同姓其生不蕃晉公子姬出也而至于今一也離外之患而天不靖晉國

始將啟之二也有三士足以上人而從之三也晉鄭同儕其過子弟固將禮焉況天之所啟

乎弗聽及楚楚子饗之曰公子若反晉國則何以報不穀對曰子女玉帛則君有之羽毛齒

革則君地生焉其波及晉國者君之餘也其何以報君曰雖然何以報我對曰若以君之靈

得反晉國晉楚治兵遇於中原其辟君三舍若不獲命其左執鞭弭右屬櫜鞬以與君周旋

子玉請殺之楚子曰晉公子廣而儉文而有禮其從者肅而寬忠而能力晉侯無親外內惡

之吾聞姬姓唐叔之後衰者也其將由晉公子乎天將興之誰能廢之違天必有大咎晉侯

乃送諸秦秦伯納女五人懷嬴與焉奉匜沃盥既而揮之怒曰秦晉匹也何以卑我公子懼

降服而囚他日公享之子犯曰吾不如衰之文也請使衰從公子賦河水公賦六月趙衰曰

重耳拜賜公降拜稽首公降一級而辭焉曰君稱所以佐天子者命重耳重耳敢不拜

富辰諫以狄伐鄭　僖公二十四年

鄭之入滑也滑人聽命師還又卽衞鄭公子士洩堵俞彌帥師伐滑王使伯服游孫伯如鄭

請滑鄭伯怨惠王之入而不與厲公爵也又怨襄王之與衞滑也故不聽王命而執二子王

怒將以狄伐鄭富辰諫曰不可臣聞之大上以德撫民其次親親以相及也昔周公弔二叔

之不威故封建親戚以蕃屏周管蔡郕霍魯衛毛聃郜雍曹滕畢原酆郇文之昭也邘晉應

韓武之穆也凡蔣邢茅胙祭周公之胤也召穆公思周德之不類故糾合宗族于成周而作

詩曰常棣之華鄂不韡韡凡今之人莫如兄弟其四章曰兄弟鬩于牆外禦其侮如是則兄

弟雖有小忿不廢懿親今天子不忍小忿以棄鄭親其若之何庸勳親親暱近尊賢德之大

者也卽聲從昧與頑用嚚姦之大者也棄德崇姦禍之大者也鄭有平惠之勳又有厲宣之

親棄嬖寵而用三良於諸姬為近四德具矣耳不聽五聲之和為聾目不別五色之章為昧

心不則德義之經口不道忠信之言為嚚狄皆則之四姦具矣周之有懿德也猶曰莫

如兄弟故封建之其懷柔天下也猶懼有外侮扞禦侮者莫如親親故以親屏周召穆公亦

云今周德既衰於是乎又渝周召以從諸姦無乃不可乎民未忘禍王又興之其若文武何

王弗聽使頹叔桃子出狄師夏狄伐鄭取櫟王德狄人將以其女為后富辰諫曰不可臣聞

之曰報者倦矣施者未厭狄固貪惏王又啟之女德無極婦怨無終狄必為患王又弗聽初

甘昭公有寵於惠后惠后將立之未及而卒昭公奔齊王復之又通於隗氏王替隗氏頹叔

桃子曰我實使狄狄其怨我遂奉大叔以狄師攻王王御士將禦之王曰先后其謂我何寧

使諸侯圖之王遂出及坎欿國人納之秋頹叔桃子奉大叔以狄師伐周大敗周師獲周公

忌父原伯毛伯富辰王出適鄭處于氾大叔以隗氏居于溫

晉文公之文教　僖公二十七年

晉侯始入而教其民二年欲用之子犯曰民未知義未安其居於是乎出定襄王入務利民
民懷生矣將用之子犯曰民未知信未宣其用於是乎伐原以示之信民易資者不求豐焉
明徵其辭公曰可矣乎子犯曰民未知禮未生其共於是乎大蒐以示之禮作執秩以正其
官民聽不惑而後用之出穀戍釋宋圍一戰而霸文之教也

郤文公論利民　文公十三年

邾文公卜遷于繹史曰利於民而不利於君邾子曰苟利於民孤之利也天生民而樹之君
以利之也民既利矣孤必與焉命可長也君何弗爲邾子曰命在養民死之短長時
也民苟利矣遷也吉莫如之遂遷于繹五月邾文公卒君子曰知命

魯季文子諫納莒僕　文公十八年

莒紀公生大子僕又生季佗愛季佗而黜僕且多行無禮於國僕因國人以弒紀公以其寶
玉來奔納諸宣公公命與之邑曰今日必授季文子使司寇出諸竟曰今日必達公問其故
季文子使大史克對曰先大夫臧文仲教行父事君之禮行父奉以周旋弗敢失隊曰見有
禮於其君者事之如孝子之養父母也見無禮於其君者誅之如鷹鸇之逐鳥雀也先君周
公制周禮曰則以觀德德以處事事以度功功以食民,作誓命曰毀則爲賊掩賊爲藏竊賄

為盜。盜器為姦。主藏之名賴姦之用為大凶德有常無赦在九刑不忘行父還觀莒僕莫可

則也孝敬忠信為吉德盜賊藏姦為凶德夫莒僕則其孝敬則弒君父矣則其忠信則竊寶

玉矣其人則盜賊也其器則姦兆也保而利之則主藏也以訓則昏民無則焉不度於善而

皆在於凶德是以去之昔高陽氏有才子八人蒼舒隤敳檮戭大臨尨降庭堅仲容叔達齊

聖廣淵明允篤誠天下之民謂之八愷高辛氏有才子八人伯奮仲堪叔獻季仲伯虎仲熊

叔豹季貍忠肅共懿宣慈惠和天下之民謂之八元此十六族也世濟其美不隕其名以至

於堯堯不能舉舜臣堯舉八愷使主后土以揆百事莫不時序地平天成舉八元使布五教

于四方父義母慈兄友弟共子孝內平外成昔帝鴻氏有不才子掩義隱賊好行凶德醜類

惡物頑嚚不友是與比周天下之民謂之渾敦少皞氏有不才子毀信廢忠崇飾惡言靖譖

庸回服讒蒐慝以誣盛德天下之民謂之窮奇顓頊氏有不才子不可教訓不知話言告之

則頑舍之則囂傲很明德以亂天常天下之民謂之檮杌此三族也世濟其凶增其惡名以

至于堯堯不能去縉雲氏有不才子貪于飲食冒于貨賄侵欲崇侈不可盈厭聚斂積實不

知紀極不分孤寡不恤窮匱天下之民以比三凶謂之饕餮舜臣堯賓于四門流四凶族渾

敦窮奇檮杌饕餮投諸四裔以禦螭魅是以堯崩而天下如一同心戴舜以為天子以其舉

十六相去四凶也故虞書數舜之功曰慎徽五典五典克從無違教也曰納于百揆百揆時

序無廢事也曰賓于四門四門穆穆無凶人也舜有大功二十而爲天子今行父雖未獲一

吉人去一凶矣於舜之功二十之一也庶幾免於戾乎

王孫滿對楚莊王問鼎 宣公三年

楚子伐陸渾之戎遂至於雒觀兵于周疆定王使王孫滿勞楚子楚子問鼎之大小輕重焉

對曰在德不在鼎昔夏之方有德也遠方圖物貢金九牧鑄鼎象物百物而爲之備使民知

神姦故民入川澤山林不逢不若螭魅罔兩莫能逢之用能協于上下以承天休桀有昏德

鼎遷于商載祀六百商紂暴虐鼎遷于周德之休明雖小重也其姦回昏亂雖大輕也天祚

明德有所底止成王定鼎於郟鄏卜世三十卜年七百天所命也周德雖衰天命未改鼎之

輕重未可問也

晉欒武子論師之壯老 宣公十二年

晉師在敖鄗之閒鄭皇戌使如晉師曰鄭之從楚社稷之故也未有貳心楚師驟勝而驕其

師老矣而不設備子擊之鄭師爲承楚師必敗鄭於此在矣必許之欒武子

曰楚自克庸以來其君無日不討國人而訓之于民生之不易禍至之無日戒懼之不可以

怠在軍無日不討軍實而申儆之于勝之不可保紂之百克而卒無後訓之以若敖蚡冒篳

路藍縷以啟山林箴之曰民生在勤勤則不匱不可謂驕先大夫子犯有言曰師直爲壯曲

為老我則不德而徼怨于楚我曲楚直不可謂老其君之戎分為二廣廣有一卒偏之兩。

右廣初駕數及日中左則受之以至于昏內官序當其夜以待不虞不可謂無備子良鄭之

良也師叔入盟子良在楚楚鄭親矣來勸我戰我克則來不克遂往以我卜

也鄭不可從

楚莊王論武有七德 宣公十二年

丙辰楚重至於邲遂次于衡雍潘黨曰君盍築武軍而收晉尸以為京觀臣聞克敵必示子

孫以無忘武功楚子曰非爾所知也夫文止戈為武武王克商作頌曰載戢干戈載櫜弓矢

我求懿德肆于時夏允王保之又作武其卒章曰定爾功其三曰鋪時繹思我徂惟求定

其六曰綏萬邦屢豐年夫武禁暴戢兵保大定功安民和眾豐財者也故使子孫無忘其章

今我使二國暴骨暴矣觀兵以威諸侯兵不戢矣暴而不戢安能保大猶有晉在焉得定功

所違民欲猶多民何安焉無德而強爭諸侯何以和眾利人之幾而安人之亂以為己榮何

以豐財武有七德我無一焉何以示子孫其為先君宮告成事而已武非吾功也古者明王

伐不敬取其鯨鯢而封之以為大戮於是乎有京觀以懲淫慝今罪無所而民皆盡忠以死

君命又可以為京觀乎祀于河作先君宮告成事而還

定王使單襄公責晉獻齊捷 成公二年

晉侯使鞏朔獻齊捷于周王弗見使單襄公辭焉曰蠻夷戎狄不式王命淫湎毀常王命伐之則有獻捷王親受而勞之所以懲不敬勸有功也兄弟甥舅侵敗王略王命伐之告事而已不獻其功所以敬親暱禁淫慝也今叔父克遂有功于齊而不使命卿鎮撫王室所使來撫余一人而鞏伯實來未有職司於王室又奸先王之禮余雖欲於鞏伯其敢廢舊典以忝叔父夫齊甥舅之國也而大師之後也寧不亦淫從其欲以怒叔父抑豈不可諫誨士莊伯不能對王使委於三吏禮之如侯伯克敵使大夫告慶之禮降於卿禮一等王以鞏伯宴而私賄之使相告之曰非禮也勿籍

劉康公論成子受脤不敬　成公十三年

三月。公及諸侯朝王遂從劉康公成肅公會晉侯伐秦成子受脤于社不敬劉子曰吾聞之民受天地之中以生所謂命也是以有動作禮義威儀之則以定命也能者養之以福不能者敗以取禍是故君子勤禮小人盡力勤禮莫如致敬盡力莫如敦篤敬在養神篤在守業國之大事在祀與戎祀有執膰戎有受脤神之大節也今成子惰棄其命矣其不反乎五月。

成肅公卒于瑕。

晉厲公使呂相絕秦　成公十三年

晉侯使呂相絕秦曰昔逮我獻公及穆公相好戮力同心申之以盟誓重之以昏姻天禍晉

國文公如齊惠公如秦無祿獻公卽世穆公不忘舊德俾我惠公用能奉祀于晉又不能成

大勳而爲韓之師亦悔于厥心用集我文公是穆之成也文公躬擐甲胄跋履山川踰越險

阻征東之諸侯虞夏商周之胤而朝諸秦則亦旣報舊德矣鄭人怒君之疆場我文公帥諸

侯及秦圍鄭秦大夫不詢于我寡君擅及鄭盟諸侯疾之將致命于秦文公恐懼綏靜諸

秦師克還無害則是我有大造于西也無祿文公卽世穆爲不弔蔑死我君寡我襄公迭我

殽地奸絕我好伐我保城殄滅我費滑散離我兄弟撓亂我同盟傾覆我國家我襄公未忘

君之舊勳而懼社稷之隕是以有殽之師猶願赦罪于穆公穆公弗聽而卽楚謀我天誘其

衷成王隕命穆公是以不克逞志于我穆襄卽世康靈卽位康公我之自出又欲闕翦我公

室傾覆我社稷帥我蝥賊以來蕩搖我邊疆我是以有令狐之役康猶不悛入我河曲伐我

涑川俘我王官翦我羈馬我是以有河曲之戰東道之不通則是康公絕我好也及君之嗣

也我君景公引領西望曰庶撫我乎君亦不惠稱盟利吾有狄難入我河縣焚我箕郜芟夷

我農功虔劉我邊陲我是以有輔氏之聚君亦悔禍之延而欲徼福于先君獻穆使伯車來

命我景公曰吾與女同好棄惡復修舊德以追念前勳言誓未就景公卽世我寡君是以有

令狐之會君又不祥背棄盟誓白狄及君同州君之仇讐而我之昏姻也君來賜命曰吾與

女伐狄寡君不敢顧昏姻畏君之威而受命于吏君有二心於狄曰晉將伐女狄應且憎是

用告我。楚人惡君之二三其德也。亦來告我曰秦背令狐之盟。而來求盟于我。昭告昊天上帝秦三公楚三王曰余雖與晉出入。余唯利是視不穀惡其無成德。是用宣之以懲不壹。諸侯備聞此言斯是用痛心疾首。就寡人帥以聽命唯好是求。君若惠顧諸侯矜哀寡人而賜之盟則寡人之願也。其承寧諸侯以退。豈敢徼亂君若不施大惠寡人不佞其不能以諸侯退矣。敢盡布之執事俾執事實利圖之。

晉魏絳諫伐戎 襄公四年

無終子嘉父使孟樂如晉。因魏莊子納虎豹之皮。以請和諸戎晉侯曰戎狄無親而貪不如伐之。魏絳曰諸侯新服。陳新來和。將觀於我。我德則睦否則攜貳勞師於戎而楚伐陳必弗能救。是棄陳也。諸華必叛戎禽獸也。獲戎失華無乃不可乎。夏訓有之曰有窮后羿公曰后羿何如對曰昔有夏之方衰也。后羿自鉏遷於窮石。因夏民以代夏政。恃其射也。不修民事。而淫於原獸棄武羅伯因熊髡尨圉而用寒浞寒浞伯明氏之讒子弟也。伯明后寒棄之夷羿收之信而使之。以為己相。浞行媚于內而施賂于外。愚弄其民而虞羿于田。樹之詐慝以取其國家外內咸服。羿猶不悛。將歸自田。家眾殺而亨之。以食其子其子不忍食諸死于窮門靡奔有鬲氏。浞因羿室生澆及豷。恃其讒慝詐偽而不德于民使澆用師滅斟灌及斟尋氏處澆于過處豷于戈靡自有鬲氏收二國之燼以滅浞而立少康少康滅澆于過后杼滅

殄于戈有窮由是遂亡失人故也昔周辛甲之為大史也命百官官箴王闕於虞人之箴曰

芒芒禹迹盡為九州經啟九道民有寢廟獸有茂草各有攸處德用不擾在帝夷羿冒于原

獸忘其國恤而思其麀牡武不可重用不恢于夏家獸臣司原敢告僕夫虞箴如是可不懲

乎於是晉侯好田故魏絳及之公曰然則莫如和戎乎對曰和戎有五利焉戎狄薦居貴貨

易土土可賈焉一也邊鄙不聳民狎其野穡人成功二也戎狄事晉四鄰振動諸侯威懷三

也以德綏戎師徒不勤甲兵不頓四也鑒于后羿而用德度遠至邇安五也君其圖之公說

使魏絳盟諸戎修民事田以時

晉師曠論衛人出其君 襄公十四年

師曠侍於晉侯晉侯曰衛人出其君不亦甚乎對曰或者其君實甚良君將賞善而刑淫養

民如子蓋之如天容之如地民奉其君愛之如父母仰之如日月敬之如神明畏之如雷霆

其可出乎夫君神之主也民之望也若困民之主匱神乏祀百姓絕望社稷無主將安用之

弗去何為天生民而立之君使司牧之勿使失性有君而為之貳使師保之勿使過度是故

天子有公諸侯有卿卿置側室大夫有貳宗士有朋友庶人工商皂隸牧圉皆有親暱以相

輔佐也善則賞之過則匡之患則救之失則革之自王以下各有父兄子弟以補察其政史

為書瞽為詩工誦箴諫大夫規誨士傳言庶人謗商旅于市百工獻藝故夏書曰遒人以木

鐸徇于路官師相規工執藝事以諫正月孟春於是乎有之諫失常也天之愛民甚矣豈其

使一人肆於民上以從其淫而棄天地之性必不然矣。

魯臧武仲論詰盜 襄公二十一年

邾庶其以漆閭丘來奔季武子以公姑姊妻之皆有賜於其從者。於是魯多盜季孫謂臧武

仲曰子盍詰盜武仲曰不可詰也紇又不能季孫曰我有四封而詰其盜何故不可子為司

寇將盜是務去之何不能武仲曰子召外盜而大禮焉以止吾盜子為正卿而來外盜

使紇去之將何以能庶其竊邑於邾以來子以姬氏妻之而與之邑其從者皆有賜焉若大

盜禮焉以君之姑姊與其大邑其次卑牧與馬其小者衣裳劍帶是賞盜也賞而去之其或

難焉紇也聞之在上位者洒濯其心壹以待人軌度其信可明徵也而後可以治人夫上之

所為民之歸也上所不為而民或為之是以加刑罰焉而莫敢不懲若上之所為而民亦為

之乃其所也又可禁乎夏書曰念茲在茲釋茲在茲名言茲在茲允出茲在茲惟帝念功將

謂由己壹也信由己壹而後功可念也庶其非卿也以地來雖賤必書重地也

魯叔孫豹論不朽 襄公二十四年

穆叔如晉范宣子逆之問焉曰古人有言曰死而不朽何謂也穆叔未對宣子曰昔匄之

祖自虞以上為陶唐氏在夏為御龍氏在商為豕韋氏在周為唐杜氏晉主夏盟為范氏其

春

是之謂乎穆叔曰以豹所聞此之謂世祿非不朽也魯有先大夫曰臧文仲既沒其言立其是之謂乎豹聞之大上有立德其次有立功其次有立言雖久不廢此之謂不朽若夫保姓受氏以守宗祊世不絕祀無國無之祿之大者不可謂不朽

鄭子產寓書范宣子論重幣　襄公二十四年

范宣子為政諸侯之幣重鄭人病之二月鄭伯如晉子產寓書於子西以告宣子曰子為晉國四鄰諸侯不聞令德而聞重幣僑也惑之僑聞君子長國家者非無賄之患而無令名之難夫諸侯之賄聚於公室則諸侯貳若吾子賴之則晉國貳諸侯貳則晉國壞晉國貳則子之家壞何沒沒也將焉用賄夫令名德之輿也德國家之基有基無壞無亦是務乎有德則樂樂則能久詩云樂只君子邦家之基有令德也夫上帝臨女無貳爾心有令名也夫恕思以明德則令名載而行之是以遠至邇安毋寧使人為子子浚我以生乎象有齒以焚其身賄也宣子說乃輕幣

齊晏子不死君難　襄公二十五年

崔武子見棠姜而美之遂取之莊公通焉崔子弑之晏子立於崔氏之門外其人曰死乎曰獨吾君也乎哉吾死也曰行乎曰吾罪也乎哉吾亡也曰歸乎曰君死安歸君民者豈以陵民社稷是主臣君者豈為其口實社稷是養故君為社稷死則死之為社稷亡則亡之若為

已死而爲已亡。非其私暱。誰敢任之。且人有君而弒之。吾焉得死之。而焉得亡之。將庸何歸。

門啟而入。枕尸股而哭。興。三踴而出。人謂崔子必殺之。崔子曰民之望也。舍之得民

宋子罕論弭兵 襄公二十七年。

宋向戌善於趙文子。又善於令尹子木。欲弭諸侯之兵以爲名。如晉告趙孟。趙孟謀於諸大

夫。韓宣子曰兵民之殘也。財用之蠹。小國之大菑也。將或弭之雖曰不可。必將許之弗許楚

將許之以召諸侯。則我失爲盟主矣。晉人許之。如楚楚亦許之。如齊齊人難之。陳文子曰晉

楚許之。我焉得已且人曰弭兵而我弗許。則固攜吾民矣。將焉用之。齊人許之。告於秦秦亦

許之。皆告於小國。爲會於宋

宋左師請賞曰請免死之邑。公與之邑六十。以示子罕。子罕曰凡諸侯小國。晉楚所以兵威

之。畏而後上下慈和。慈和而後能安靖其國家。以事大國。所以存也。無威則驕。驕則亂

生。亂所以亡也。天生五材。民並用之。廢一不可。誰能去兵。兵之設久矣。所以威不軌而昭

文德也。聖人以興。亂人以廢。廢興存亡昏明之術。皆兵之由也。而子求去之。不亦誣乎以誣

道蔽諸侯。罪莫大焉。縱無大討。而又求賞無厭。誣之甚也。削而投之。左師辭邑。向氏欲攻司城

左師曰我將亡。夫子存我。德莫大焉。又可攻乎。君子曰彼其之子邦之司直樂喜之謂乎。何

以恤我。我其收之。向戌之謂乎。

吳公子札來聘請觀于周樂使工爲之歌<small>歌</small>周南召南曰美哉始基之矣猶未也然勤而不怨

矣爲之歌邶鄘衛曰美哉淵乎憂而不困者也吾聞衛康叔武公之德如是是其衛風乎爲

之歌王曰美哉思而不懼其周之東乎爲之歌鄭曰美哉其細已甚民弗堪也是其先亡乎爲

之歌齊曰美哉泱泱乎大風也哉表東海者其太公乎國未可量也爲之歌豳曰美哉蕩

乎樂而不淫其周公之東乎爲之歌秦曰此之謂夏聲夫能夏則大大之至也其周之舊乎

爲之歌魏曰美哉渢渢乎大而婉險而易行以德輔此則明主也爲之歌唐曰思深哉其有

陶唐氏之遺民乎不然何憂之遠也非令德之後誰能若是爲之歌陳曰國無主其能久乎

自鄶以下無譏焉爲之歌小雅曰美哉思而不貳怨而不言其周德之衰乎猶有先王之遺

民焉爲之歌大雅曰廣哉熙熙乎曲而有直體其文王之德乎爲之歌頌曰至矣哉直而不

倨曲而不屈邇而不逼遠而不攜遷而不淫復而不厭哀而不愁樂而不荒用而不匱廣而

不宣施而不費取而不貪處而不底行而不流五聲和八風平節有度守有序盛德之所同

也見舞象箾南籥者曰美哉猶有憾見舞大武者曰美哉周之盛也其若此乎見舞韶濩者

曰聖人之弘也而猶有慙德聖人之難也見舞大夏者曰美哉勤而不德非禹其誰能修之

見舞韶箾者曰德至矣哉大矣如天之無不幬也如地之無不載也雖甚盛德其蔑以加於

此矣。觀止矣若有他樂吾不敢請已。

子產始為政 襄公三十年

鄭子皮授子產政辭曰國小而偪族大寵多不可為也子皮曰虎帥以聽誰敢犯子子善相

之國無小小能事大國有事伯石賂與之邑子大叔曰國皆其國也奚獨賂

焉子產曰無欲實難皆得其欲以從其事而要其成非我有成其在人乎何愛於邑邑將焉

往子大叔曰四國何尤子產曰非相遺也而相從也四國何尤焉鄭書有之曰安定國家必

大焉先姑先安大以待其所歸既伯石懼而歸邑卒與之伯有既死使大史命伯石為卿辭

大史退則請命焉復命之又辭如是三乃受策入拜子產是以惡其為人也使次已位子產

使都鄙有章上下有服田有封洫廬井有伍大人之忠儉者從而與之泰侈者因而斃之豐

卷將祭請田焉弗許曰唯君有鮮眾給而已子張怒退而徵役子產奔晉子皮止之而逐豐

卷豐卷奔晉子產請其田里三年而復之反其田里及其入焉從政一年輿人誦之曰取我

衣冠而褚之取我田疇而伍之孰殺子產吾其與之及三年又誦之曰我有子弟子產誨之

我有田疇子產殖之子產而死誰其嗣之

子產論毀鄉校 襄公三十一年

鄭人遊于鄉校以論執政然明謂子產曰毀鄉校何如子產曰何為夫人朝夕退而遊焉以

議執政之善否其所善者吾則行之其所惡者吾則改之是吾師也若之何毀之我聞忠善
以損怨不聞作威以防怨豈不遽止然猶防川大決所犯傷人必多吾不克救也不如小決
使道不如吾聞而藥之也然明曰蔑也今而後知吾子之信可事也小人實不才若果行此
其鄭國實賴之豈唯二三臣仲尼聞是語也曰以是觀之人謂子產不仁吾不信也

子產論以政為學　襄公三十一年

子皮欲使尹何為邑子產曰少未知可否子皮曰愿吾愛之不吾叛也使夫往而學焉夫亦
愈知治矣子產曰不可人之愛人求利之也今吾子愛人則以政猶未能操刀而使割也其
傷實多子之愛人傷之而已其誰敢求愛於子子於鄭國棟也棟折榱崩僑將厭焉敢不盡
言子有美錦不使人學製焉大官大邑身之所庇也而使學者製焉其為美錦不亦多乎僑
聞學而後入政未聞以政學者也若果行此必有所害譬如田獵射御貫則能獲禽若未嘗
登車射御則敗績厭覆是懼何暇思獲子皮曰善哉虎不敏吾聞君子務知大者遠者小人
務知小者近者我小人也衣服附在吾身我知而慎之大官大邑所以庇身也我遠而慢之
微子之言吾不知也他日我曰子為鄭國我為吾家以庇焉其可也今而後知不足自今請
雖吾家聽子而行子產曰人心之不同如其面焉吾豈敢謂子面如吾面乎抑心所謂危亦
以告也子皮以為忠故委政焉子產是以能為鄭國

晏子使晉與叔向各論國情 昭公三年

齊侯使晏嬰請繼室於晉曰寡君使嬰曰寡人願事君朝夕不倦將奉質幣以無失時則國

家多難是以不獲不腆先君之適以備內官焜燿寡人之望則又無祿早世隕命寡人失望

君若不忘先君之好顧齊國辱收寡人徼福於大公丁公照臨敝邑鎮撫其社稷則猶有

先君之適及遺姑姊妹若而人君若不棄敝邑而辱使董振擇之以備嬪嬙寡人之望也韓

宣子使叔向對曰寡君之願也寡君不能獨任其社稷之事未有伉儷在縗絰之中是以未

敢請君有辱命惠莫大焉若惠顧敝邑撫有晉國賜之內主豈惟寡君舉羣臣實受其貺其

自唐叔以下實寵嘉之既成昏晏子受禮叔向從之宴相與語叔向曰齊其何如晏子曰此

季世也吾弗知齊其為陳氏矣公棄其民而歸於陳氏齊舊四量豆區釜鍾四升為豆各自

其四以登於釜釜十則鍾陳氏三量皆登一焉鍾乃大矣以家量貸而以公量收之山木如

市弗加於山魚鹽蜃蛤弗加於海民參其力二入於公而衣食其一公聚朽蠹而三老凍餒

國之諸市屨賤踊貴民人痛疾而或燠休之其愛之如父母而歸之如流水欲無獲民將焉

辟之箕伯直柄虞遂伯戲其相胡公大姬已在齊矣叔向曰然雖吾公室今亦季世也戎馬

不駕卿無軍行公乘無人卒列無長庶民罷敝而宮室滋侈道殣相望而女富溢尤民聞公

命如逃寇讎欒郤胥原狐續慶伯降在皁隸政在家門民無所依君日不悛以樂慆憂公室

之卑其何日之有讒鼎之銘曰昧旦丕顯後世猶怠況日不悛其能久乎晏子曰子將若何

叔向曰晉之公族盡矣肸聞之公室將卑其宗族枝葉先落則公從之肸之宗十一族唯羊

舌氏在而已肸又無子公室無度幸而得死豈其獲祀初景公欲更晏子之宅曰子之宅近

市湫隘囂塵不可以居請更諸爽塏者辭曰君之先臣容焉臣侈矣且小

人近市朝夕得所求小人之利也敢煩里旅公笑曰子近市識貴賤乎對曰既利之敢不識

乎公曰何貴何賤於是景公繁於刑有鬻踊者故對曰踊貴屨賤既已告於君故與叔向語

而稱之景公爲是省於刑君子曰仁人之言其利溥哉晏子一言而齊侯省刑詩曰君子如

祉亂庶遄已其是之謂乎及晏子如晉公更其宅反則成矣既拜乃毀之而爲里室皆如其

舊則使宅人反之且諺曰非宅是卜唯鄰是卜二三子先卜鄰矣違卜不祥君子不犯非禮

小人不犯不祥古之制也吾敢違諸乎卒復其舊宅公弗許因陳桓子以請乃許之

晉叔向與鄭子產論鑄刑書　昭公六年

三月鄭人鑄刑書叔向使詒子產書曰始吾有虞於子今則已矣昔先王議事以制不爲刑

辟懼民之有爭心也猶不可禁禦是故閑之以義糾之以政行之以禮守之以信奉之以仁

制爲祿位以勸其從嚴斷刑罰以威其淫懼其未也故誨之以忠聳之以行教之以務使之

以和臨之以敬涖之以彊斷之以剛猶求聖哲之上明察之官忠信之長慈惠之師民於是

乎可任使也而不生禍亂民知有辟則不忌於上並有爭心以徵於書而徼幸以成之弗可
為矣。夏有亂政而作禹刑。商有亂政而作湯刑。周有亂政而作九刑。三辟之興皆叔世也。今
吾子相鄭國作封洫立謗政制參辟鑄刑書將以靖民不亦難乎。詩曰儀式刑文王之德日
靖四方。又曰儀刑文王萬邦作孚。如是何辟之有。民知爭端矣。將棄禮而徵於書錐刀之末。
將盡爭之。亂獄滋豐賄賂並行終子之世。鄭其敗乎。肸聞之。國將亡必多制。其此之謂乎。復
書曰若吾子之言。僑不才不能及子孫。吾以救世也。既不承命敢忘大惠。

鄭人相驚以伯有曰伯有至矣。則皆走。不知所往。鑄刑書之歲二月。或夢伯有介而行曰壬
子余將殺帶也。明年壬寅。余又將殺段也。及壬子駟帶卒。國人益懼。齊燕平之月壬寅。公孫
段卒。國人愈懼。其明月。子產立公孫洩及良止以撫之。乃止。子大叔問其故。子產曰鬼有所
歸。乃不為厲。吾為之歸也。大叔曰公孫洩何為。子產曰說也。為身無義而圖。說從政有所反
之以取媚也。不媚不信。不信民不從也。及子產適晉。趙景子問焉。曰伯有猶能為鬼乎。子產
曰能。人生始化曰魄。既生魄。陽曰魂。用物精多則魂魄強。是以有精爽至於神明。匹夫匹婦
強死。其魂魄猶能馮依於人。以為淫厲。況良霄我先君穆公之胄子良之孫子耳之子敝邑
之卿。從政三世矣。鄭雖無腆。抑諺曰蕞爾國。而三世執其政柄。其用物也弘矣。其取精也多

矣。其族又大。所憑厚矣。而強死能為鬼。不亦宜乎。

楚子革諷諫靈王 昭公十二年

楚子狩于州來。次于潁尾。使蕩侯潘子司馬督囂尹午陵尹喜帥師圍徐以懼吳。楚子次于乾谿。以為之援。雨雪。王皮冠秦復陶翠被豹舄。執鞭以出。僕析父從。右尹子革夕。王見之。去冠被。舍鞭。與之語曰。昔我先王熊繹。與呂伋王孫牟燮父禽父。並事康王。四國皆有分。我獨無有。今吾使人於周求鼎以為分。王其與我乎。對曰。與君王哉。昔我先王熊繹。辟在荊山。篳路藍縷。以處草莽。跋涉山林。以事天子。唯是桃弧棘矢。以共禦王事。齊王舅也。晉及魯衞。王母弟也。楚是以無分。而彼皆有。今周與四國服事君王。將唯命是從。豈其愛鼎。王曰。昔我皇祖伯父昆吾。舊許是宅。今鄭人貪賴其田。而不我與。我若求之。其與我乎。對曰。與君王哉。周不愛鼎。鄭敢愛田。王曰。昔諸侯遠我而畏晉。今我大城陳蔡不羹。賦皆千乘。子與有勞焉。諸侯其畏我乎。對曰。畏君王哉。是四國者專足畏也。又加之以楚。敢不畏君王哉。工尹路請曰。君王命剝圭以為鏚柲。敢請命。王入視之。析父謂子革。吾子楚國之望也。今與王言如響。國其若之何。子革曰。摩厲以須。王出吾刃將斬矣。王出復語。左史倚相趨過。王曰。是良史也。子善視之。是能讀三墳五典八索九邱。對曰。臣嘗聞焉。昔穆王欲肆其心。周行天下。將皆有車轍馬迹焉。祭公謀父作祈招之詩以止王心。王是以獲沒於祇宮。臣問其詩而不知也。若

問遠焉其爲能知之王曰子能乎對曰能其詩曰祈招之愔愔式昭德音思我王度式如玉

式如金形民之力而無醉飽之心王揖而入饋不食寢不寐數日不能自克以及於難仲尼

曰古也有志克己復禮仁也信善哉楚靈王若能如是豈其辱於乾谿

子產論天道遠 昭公十七年十八年

冬有星孛于辰西及漢申須曰彗所以除舊布新也天事恆象今除於火火出必布焉諸侯

其有火災乎鄭裨竈言於子產曰宋衞陳鄭將同日火若我用瓘斝玉瓚鄭必不火子產弗

與次年五月火始昏見丙子風梓愼曰是謂融風火之始也七日其火作乎戊寅風甚壬午

大甚宋衞陳鄭皆火裨竈曰不用吾言鄭又將火鄭人請用之子產不可大叔曰寶以保

民也若有火國幾亡可以救亡子何愛焉子產曰天道遠人道邇非所及也何以知之竈焉

知天道是亦多言矣豈不或信遂不與亦不復火

晏子論和同與無死 昭公二十年

齊侯至自田晏子侍于遄臺子猶馳而造焉公曰唯據與我和夫晏子對曰據亦同也焉得

爲和公曰和與同異乎對曰異和如羹焉水火醯醢鹽梅以烹魚肉燀之以薪宰夫和之齊

之以味濟其不及以洩其過君子食之以平其心君臣亦然君所謂可而有否焉臣獻其否

以成其可君所謂否而有可焉臣獻其可以去其否是以政平而不干民無爭心故詩曰亦

有和羹既戒既平鬷嘏無言。時靡有爭先王之濟五味和五聲也以平其心成其政也聲亦如味一氣二體三類四物五聲六律七音八風九歌以相成也清濁大小長短疾徐哀樂剛柔遲速高下出入周疏以相濟也君子聽之以平其心心平德和故詩曰德音不瑕今據不然君所謂可據亦曰可君所謂否據亦曰否若以水濟水誰能食之若琴瑟之專壹誰能聽之同之不可也如是飲酒樂公曰古而無死其樂若何晏子對曰古而無死則古之樂也君何得焉昔爽鳩氏始居此地季荝因之有逢伯陵因之蒲姑氏因之而後大公因之古若無死爽鳩氏之樂非君所願也

子產與大叔論為政寬猛 昭公二十年

鄭子產有疾謂子大叔曰我死子必為政唯有德者能以寬服民其次莫如猛夫火烈民望而畏之故鮮死焉水懦弱民狎而翫之則多死焉故寬難疾數月而卒大叔為政不忍猛而寬鄭國多盜取人於萑苻之澤大叔悔之曰吾早從夫子不及此興徒兵以攻萑苻之盜盡殺之盜少止仲尼曰善哉政寬則民慢慢則糾之以猛猛則民殘殘則施之以寬寬以濟猛猛以濟寬政是以和詩曰民亦勞止汔可小康此中國以綏四方施之以寬也毋從詭隨以謹無良式遏寇虐慘不畏明糾之以猛也柔遠能邇以定我王平之以和也又曰不競不絿不剛不柔布政優優百祿是遒和之至也及子產卒仲尼聞之出涕曰古之遺愛也

鄭子大叔論禮儀　昭公二十五年

子大叔見趙簡子簡子問揖讓周旋之禮焉對曰是儀也非禮也簡子曰敢問何謂禮對曰吉也聞諸先大夫子產曰夫禮天之經也地之義也民之行也天地之經而民實則之則天之明因地之性生其六氣用其五行氣爲五味發爲五色章爲五聲淫則昏亂民失其性是故爲禮以奉之爲六畜五牲三犧以奉五味爲九文六采五章以奉五色爲九歌八風七音六律以奉五聲爲君臣上下以則地義爲夫婦外內以經二物爲父子兄弟姑姊甥舅昏媾姻亞以象天明爲政事庸力行務以從四時爲刑罰威獄使民畏忌以類其震曜殺戮爲溫慈惠和以效天之生殖長育民有好惡喜怒哀樂生于六氣是故審則宜類以制六志哀有哭泣樂有歌舞喜有施舍怒有戰鬪喜生於好怒生於惡是故審行信令禍福賞罰以制死生生好物也死惡物也好物樂也惡物哀也哀樂不失乃能協于天地之性是以長久簡子曰甚哉禮之大也對曰禮上下之紀天地之經緯也民之所以生也是以先王尙之故人之能自曲直以赴禮者謂之成人大不亦宜乎簡子曰鞅也請終身守此言也

晏子論讓彗與禮可爲國　昭公二十六年

齊有彗星齊侯使禳之晏子曰無益也祗取誣焉天道不謟不貳其命若之何禳之且天之有彗也以除穢也君無穢德又何禳焉若德之穢禳之何損詩曰惟此文王小心翼翼昭事

上帝聿懷多福厥德不回以受方國君無違德方國將至何患於彗詩曰我無所監夏后及
商用亂之故民卒流亡若德回亂史之爲無能補也公說乃止齊侯與晏子坐
于路寢公歎曰美哉室其誰有此乎晏子曰敢問何謂也公曰吾以爲在德對曰如君之言
其爲陳氏乎陳氏雖無大德而有施於民豆區釜鍾之數其取之公也薄其施之民也厚公厚
斂焉陳氏厚施焉民歸之矣詩曰雖無德與女式歌且舞陳氏之施民歌舞之矣後世若少
惰陳氏而不亡則國其國也已公曰善哉是可若何對曰唯禮可以已之在禮家施不及國
民不遷農不移工賈不變士不濫官不滔大夫不收公利公曰善哉我不能矣吾今而後知
禮之可以爲國也對曰禮之可以爲國也久矣與天地並君令臣共臣共而不貳父慈子孝夫
和而妻柔姑慈婦聽禮也君令而不違臣共而不貳父慈而教子孝而箴兄愛而友弟敬而順
夫和而義妻柔而正姑慈而從婦聽而婉禮之善物也公曰善哉寡人今而後聞此禮之上
也對曰先王所稟於天地以爲其民也是以先王上之

附錄　晏子春秋六章幷劉向晏子春秋敍錄

景公之時雨雪三日而不霽公被狐白之裘坐堂側陛晏子入見立有閒公曰怪哉雨雪
三日而天不寒晏子對曰天不寒乎公笑晏子曰嬰聞古之賢君飽而知人之飢溫而知
人之寒逸而知人之勞今君不知也公曰善寡人聞命矣乃令出裘發粟與飢寒令所睹

于塗者無問其鄉所睹于里者無問其家循國計數無言其名士既事者兼月疾者兼歲

孔子聞之曰晏子能明其所欲景公能行其所善也

景公使圉人養所愛馬暴死公怒令人操刀解養馬者是時晏子侍前左右執刀而進晏子止而問于公曰堯舜支解人從何軀始公矍然曰從寡人始遂不支解公曰以屬獄晏子曰此不知其罪而死臣爲君數之使知其罪然後致之獄公曰可晏子數之曰（或作子曰有馬其圉人殺之公怒援戈將自擊之晏子曰此不知其罪而死臣請爲君數之令知其罪而殺之公曰諾晏子舉戈而臨之曰云云）爾罪有三公使汝養馬而殺之當死罪一也又殺公之所最善馬當死罪二也使公以一馬之故而殺人百姓聞之必怨吾君諸侯聞之必輕吾國汝殺公馬使怨積于百姓兵弱于鄰國汝當死罪三也今以屬獄公喟然歎曰夫子釋之夫子釋之勿傷吾仁也

叔向問晏子曰嗇吝愛之於行何如晏子對曰嗇者君子之道吝愛者小人之行也叔向曰何謂也晏子曰稱財多寡而節用之富無金藏貧不假貸謂之嗇積多不能分人而厚自養謂之吝不能分人又不能自養謂之愛故夫嗇者君子之道吝愛者小人之行也

靈公好婦人而丈夫飾者國人盡服之公使吏禁之曰女子而男子飾者裂其衣斷其帶裂衣斷帶相望而不止晏子見公問曰寡人使吏禁女子而男子飾裂斷其衣帶相望而

不止者何也晏子對曰君使服之於內而禁之於外猶懸牛首于門而賣馬肉於內也公何以不使內勿服則外莫敢爲也公曰善使內勿服踰月而國莫之服。

晏子使楚以晏子短楚人爲小門于大門之側而延晏子晏子不入曰使狗國者從狗門入今臣使楚不當從此門入儐者更道從大門入見楚王王曰齊無人耶晏子對曰臨淄三百閭張袂成陰揮汗成雨比肩繼踵而在何爲無人王曰然則子何爲使乎晏子對曰齊命使各有所主其賢者使使賢王不肖者使使不肖王嬰最不肖故直使楚矣。

晏子將至楚楚聞之謂左右曰晏嬰齊之習辭者也今方來吾欲辱之何以也左右對曰爲其來也臣請縛一人過王而行王曰何爲者也對曰齊人也王曰何坐曰坐盜晏子至楚王賜晏子酒酒酣吏二縛一人詣王王曰縛者曷爲者也對曰齊人也坐盜王視晏子曰齊人固善盜乎晏子避席對曰嬰聞之橘生淮南則爲橘生于淮北則爲枳葉徒相似其實味不同所以然者何水土異也今民生長於齊不盜入楚則盜得無楚之水土使民善盜耶王笑曰聖人非所與熙也寡人反取病焉

護左都水使者光祿大夫臣向言所校中書晏子十一篇臣向謹與長社尉臣參校讐太史書五篇臣向書一篇參書十三篇凡中外書三十篇爲八百三十八章除復重二十二篇六百三十八章定著八篇二百一十五章外書無有三十六章中書無有七十一章中

外皆有以相定中書以天爲芳又爲備先爲牛章爲長如此類者多謹頗略櫛皆已定以

殺青書可繕寫晏子名嬰謚平仲萊人萊者今東萊地也晏子博聞彊記通于古今事齊

靈公莊公景公以節儉力行盡忠極諫道齊國君得以正行百姓得以附親不用則退耕

于野用則必不詘義不可脅以邪白刃雖交胸絡不受崔杼之劫諫齊君懸而至順而刻

及使諸侯莫能詘其辭其博通如此蓋次管仲內能親親外能厚賢居相國之位受萬鍾

之祿故親戚待其祿而衣食五百餘家處士待而舉火者亦甚衆晏子衣苴布之衣麋鹿

之裘駕敝車疲馬盡以祿給親戚朋友齊人以此重之晏子書六篇皆忠諫其君

文章可觀義理可法皆合六經之義又有復重文辭頗異不敢遺失復列以爲一篇又有

頗不合經術似非晏子言疑後世辯士所爲者故亦不敢失復以爲一篇凡八篇其六篇

可常置旁御觀謹第錄臣向昧死上

孔子相魯會齊侯于夾谷 定公十年

夏公會齊侯于祝其實夾谷孔丘相犂彌言於齊侯曰孔丘知禮而無勇若使萊人以兵劫

魯侯必得志焉齊侯從之孔丘以公退曰士兵之兩君合好而裔夷之俘以兵亂之非齊君

所以命諸侯也裔不謀夏夷不亂華俘不干盟兵不偪好於神爲不祥於德爲愆義於人爲

失禮君必不然齊侯聞之遽辟之將盟齊人加於載書曰齊師出竟而不以甲車三百乘從

我者有如此盟。孔丘使茲無還揖對曰而不反我汶陽之田吾以共命者亦如之齊侯將享

公孔丘謂梁丘據曰齊魯之故吾子何不聞焉事既成矣而又享之是勤執事也且犧象不

出門。嘉樂不野合饗而既具。是棄禮也。若其不具用秕稗也。用秕稗君辱棄禮。名惡子盍圖

之夫享所以昭德也不昭不如其已也乃不果享齊人來歸鄆讙龜陰之田

經傳治要卷一

經傳十種

春秋公羊傳　舊說公羊高撰實高所傳述而其玄孫壽及胡母子都錄為書高子夏弟子是書解釋經旨多由口耳授受不無附益失聖人之意者而大義相傳終有所受後漢末何休作解詁好引讖緯所謂黜周王魯變周文從殷質之類公羊皆無明文蓋為其學者相承有此說耳

元年春王正月　隱公元年

元年春王正月元年者何君之始年也春者何歲之始也王者孰謂謂文王也曷為先言王而後言正月王正月也何言乎王正月大一統也公何以不言即位成公意也何成乎公之意公將平國而反之桓曷為反之桓幼而貴隱長而卑其為尊卑也微國人莫知隱長又賢諸大夫扳隱而立之隱於是焉而辭立則未知桓之將必得立也且如桓立則恐諸大夫之不能相幼君也故凡隱之立為桓立也隱長又賢何以不宜立立適以長不以賢立子以貴不以長桓何以貴母貴也母貴則子何以貴子以母貴母以子貴

癸未葬宋繆公　隱公三年

癸未葬宋繆公葬者曷為或日或不日不及時而日渴葬也不及時而不日慢葬也過時而

日。隱之也。過時而不日謂之不能葬也。當時而不日正也。當時而何
危爾。宣公謂繆公曰。以吾愛與夷則不若愛女以為社稷宗廟主則與夷不若女盡終為君
矣。宣公死繆公立繆公逐其二子莊公馮與左師勃曰。爾為吾子生毋相見死毋相哭與夷
復曰。先君之所為不與臣國而納國乎與夷者以君可以為社稷宗廟主也。今君逐君之二子
而將致國乎與夷此非先君之意也。且使子而可逐則先君其逐臣矣。繆公曰。先君之不爾
逐可知矣。吾立乎此攝也。終致國乎與夷莊公馮弒與夷。故君子大居正宋之禍宣公為之
也。

公薨　隱公十一年

冬十有一月壬辰公薨何以不書葬隱之也。何隱爾弒也。弒則何以不書葬春秋君弒賊不
討不書葬以為無臣子也。子沈子曰君弒臣不討賊非臣也。子不復讎非子也。葬生者之事
也。春秋君弒賊不討不書葬以為不繫乎臣子也。公薨何以不地不忍言也

宋人執鄭祭仲　桓公十一年

秋七月葬鄭莊公九月宋人執鄭祭仲。祭仲者何。鄭相也。何以不名賢也。何賢乎祭仲以為
知權也。其為知權奈何古者鄭國處于留先鄭伯有善于鄶公者通乎夫人以取其國而遷
鄭焉。而野留莊公死已葬祭仲將往省于留。塗出于宋宋人執之謂之曰為我出忽而立突。

祭仲不從其言則君必死國必亡從其言則君可以生易死國可以存易亡少遼緩之則突可故出而忽可故反是不可得則病然後有鄭國古人之有權者祭仲之權是也權者何權者反於經然後有善者也權之所設舍死亡無所設行權有道自貶損以行權不害人以行權殺人以自生亡人以自存君子不爲也

葬桓公　桓公十八年

冬十有二月己丑葬我君桓公。賊未討。何以書葬。讎在外也。讎在外。則何以書葬君子辭也。

紀侯大去其國　莊公四年

紀侯大去其國大去者何。滅也孰滅之。齊滅之。曷爲不言齊滅之。爲襄公諱也。春秋爲賢者諱何賢乎襄公復讎也。何讎爾遠祖也。哀公亨乎周紀侯譖之以襄公之爲於此焉者事祖禰之心盡矣。盡者何襄公將復讎乎紀卜之曰師喪分焉寡人死之不爲不吉也遠祖者幾世乎九世矣九世猶可以復讎乎雖百世可也。家亦可乎曰不可。國何以可國君一體也先君之恥猶今君之恥也今君之恥猶先君之恥也。國君何以爲一體國君以國爲體諸侯世故國君爲一體也今紀無罪此非怒與曰非也古者諸侯必有明天子則紀侯必誅必無紀者紀侯之不誅至今有紀者猶無明天子也古者諸侯必有會聚之事相朝聘之道號辭必稱先君以相接然則齊紀無說焉不可以並立乎天下故將去紀侯者不得不去紀也有明天子則

襄公得爲爲若行乎曰不得也不得則襄公曷爲爲之上無天子下無方伯緣恩疾者可也。

公會齊侯盟于柯 莊公十三年

冬公會齊侯盟於柯何以不日易也其易奈何桓之盟不日其會不致信之也其不日何以始乎此莊公將會乎桓曹子進曰君之意何如莊公曰寡人之生則不若死矣曹子曰然則君請當其君臣請當其臣莊公曰諾於是會乎桓莊公升壇曹子手劍而從之管子進曰君何求乎曹子曰城壞壓竟君不圖與管子曰然則君將何求曹子曰願請汶陽之田管子顧曰君許諾桓公曰諾曹子請盟桓公下與之盟已盟曹子摽劍而去之要盟可犯而桓公不欺曹子可讎而桓公不怨桓公之信著乎天下自柯之盟始焉。

齊師宋師曹師次于聶北救邢 僖公元年

齊師宋師曹師次于聶北救邢救不言次此其言次何不及事也不及事者何邢已亡矣孰亡之蓋狄滅之曷爲不言狄滅之爲桓公諱也曷爲爲桓公諱上無天子下無方伯天下諸侯有相滅亡者桓公不能救則桓公恥之曷爲先言次而後言救君也君則其稱師何不與諸侯專封也曷爲不與諸侯專封也諸侯之義不得專封也諸侯之義不得專封則其曰實與之何上無天子下無方伯天下諸侯有相滅亡者力能救之則救之可也。

城楚丘 僖公二年

春王正月城楚丘城衞也曷爲不言城衞滅也孰滅之蓋狄滅之曷爲

桓公諱也曷爲爲桓公諱上無天子下無方伯天下諸侯有相滅亡者桓公不能救則桓公

恥之也然則孰城之桓公城之曷爲不言桓公城之曷爲不與諸侯專封也曷爲不與諸侯專封也曷爲

不與文曷爲不與諸侯之義不得專封諸侯之義不得專封則其曰實與之何上無天子下

無方伯天下諸侯有相滅亡者力能救之則救之可也

虞師晉師滅夏陽 僖公二年

虞師晉師滅夏陽虞微國也曷爲序乎大國之上使虞首惡也曷爲使虞首惡虞受賂假滅

國者道以取亡焉爲其受賂奈何獻公朝諸大夫而問焉曰寡人夜者寢而不寐其意也何諸

大夫有進對者曰寢不安與其諸侍御有不在側者與獻公不應荀息進曰虞郭見與獻公

揖而進之遂與之入而謀曰吾欲攻郭則虞救之攻虞則郭救之如之何願與子慮之荀息

對曰君若用臣之謀則今日取郭而明日取虞爾君何憂焉獻公曰然則奈何荀息曰請以

屈產之乘與垂棘之白璧往必可得也則寶出之內藏藏之外府馬出之內廄繫之外廄爾

君何喪焉獻公曰諾雖然宮之奇存焉如之何荀息曰宮之奇知則知矣雖然虞公貪而好

寶見寶必不從其言請終以往於是終以往虞公見寶許諾宮之奇果諫記曰脣亡則齒寒

虞郭之相救非相爲賜則晉今日取郭而明日虞從而亡爾君請勿許也虞公不從其言終

假之道以取郭還四年反取虞虞公抱寶牽馬而至荀息見曰臣之謀何如獻公曰子之謀

則已行矣寶則吾寶也雖然吾馬之齒亦已長矣蓋戲之也夏陽者何郭之邑也曷爲不繫

于郭國之也曷爲國之君存焉爾

楚屈完來盟于師 僖公四年

楚屈完來盟于師盟于召陵屈完者何楚大夫也何以不稱使尊屈完也曷爲尊屈完以當

桓公也其言盟于師盟于召陵何師在召陵也師在召陵則曷爲再言盟喜服楚也何言乎

喜服楚楚有王者則後服無王者則先叛夷狄也而亟病中國南夷與北狄交中國不絕若

線桓公救中國而攘夷狄卒怗荆以此爲王者之事也其言來何與桓爲主也前此者有事

矣後此者有事矣則曷爲獨於此焉與桓公爲主序績也

晉里克弑其君卓子及其大夫荀息 僖公十年

晉里克弑其君卓子及其大夫荀息及者何累也弑君多矣舍此無累者乎曰有孔父仇牧

皆累也舍孔父仇牧無累者乎曰有有則此何以書賢也荀息可謂不食其言

矣其不食其言奈何奚齊卓子者驪姬之子也荀息傅焉驪姬者國色也獻公愛之甚欲立

其子於是殺世子申生申生者里克傅之獻公病將死謂荀息曰士何如則可謂之信矣荀

息對曰使死者反生生者不愧乎其言則可謂信矣獻公死奚齊立里克謂荀息曰君殺正

而立不正廢長而立幼。如之何。願與子慮之。荀息曰君嘗訊臣矣臣對曰。使死者反生生者

不愧乎其言則可謂信矣里克知其不可與謀退弒奚齊荀息立卓子里克弒卓子荀息死

之荀息可謂不食其言矣

春王正月戊申朔隕石于宋五是月六鶂退飛過宋都　僖公十六年

十有六年春王正月戊申朔隕石于宋五是月六鶂退飛過宋都曷為先言隕而後言石。

石記聞聞其磌然視之則石察之則五是月者何僅逮是月也何以不日。日也晦則何以

不言晦春秋不書晦也朔有事則書晦雖有事不書曷為先言六而後言鶂六鶂退飛記見

也視之則六察之則鶂徐而察之則退飛五石六鶂何以書記異也外異不書此何以書為

王者之後記異也。

晉趙盾衛孫免侵陳　宣公六年

六年春晉趙盾衛孫免侵陳趙盾弒君此其復見何。親弒君者趙穿也。親弒君者趙穿

為加之趙盾不討賊也何以謂之不討賊晉史書賊曰晉趙盾弒其君夷獔趙盾曰天乎無辜

吾不弒君誰謂吾弒君者乎史曰爾為仁為義人弒爾君而復國不討賊此非弒君而趙

盾之復國奈何靈公為無道使諸大夫皆內朝然後處乎臺上引彈而彈之己趨而辟丸是

樂而已矣趙盾已朝而出與諸大夫立於朝有人荷畚自閨而出者趙盾曰彼何也夫畚曷

為出乎閭呼之不至曰子大夫也欲視之則就而視之趙盾就而視之則赫然死人也趙盾

曰是何也曰膳宰也熊蹯不熟公怒以斗擊而殺之支解將使我棄之趙盾曰嘻趨而入靈

公望見趙盾愬而再拜趨巡北面再拜稽首趨而出靈公心怍焉欲殺之於是使勇士

某者往殺之勇士入其大門則無人門焉者入其閨則無人閨焉者上其堂則無人焉俯而

闚其戶方食魚殆勇士曰嘻子誠仁人也吾入子之大門則無人焉吾入子之閨則無人焉上

子之堂則無人焉是子之易也子為晉國重卿而食魚殆是子之儉也君將使我殺子吾不

忍殺子也雖然吾亦不可復見君矣遂刎頸而死靈公聞之怒滋欲殺之甚衆莫可使往

者於是伏甲于宮中召趙盾而食之趙盾之車右祁彌明者國之力士也仡然從乎趙盾而

入放乎堂下而立趙盾已食靈公謂盾曰吾聞子之劍蓋利劍也子以示我將觀焉趙盾

起將進劍祁彌明自下呼之曰盾食飽則出何故拔劍於君所祁彌明逃而走靈公有

周狗謂之獒呼獒而屬之獒亦躇階而從之祁彌明逆而踆之絕其頷趙盾顧曰君之獒不

若臣之獒也然而宮中甲鼓而起有起于甲中者抱趙盾而乘之趙盾顧曰吾何以得此于

子曰子某時所食活我于暴桑下者也趙盾曰子名為誰曰吾君孰為介子之乘矣何問吾

名趙盾驅而出衆無留之者趙穿緣民衆不說起弒靈公然後迎趙盾而入與之立于朝而

立成公黑臀。案經書晉趙盾弒其君夷獋在二年傳附於此

楚人殺陳夏徵舒　宣公十一年

冬十月楚人殺陳夏徵舒此楚子也其稱人何貶曷爲貶不與外討也不與外討者因其討

平外而不與也雖內討亦不與也曷爲不與實與而文不與文曷爲不與諸侯之義不得專

討也諸侯之義不得專討則其曰實與之何上無天子下無方伯天下諸侯有爲無道者臣

弑君子弑父力能討之則討之可也

宋人及楚人平　宣公十五年

夏五月宋人及楚人平外平不書此何以書大其平乎己也何大乎其平乎己莊王圍宋軍

有七日之糧爾盡此不勝將去而歸爾於是使司馬子反乘堙而闚宋城宋華元亦乘堙而

出見之司馬子反曰子之國何如華元曰憊矣曰何如曰易子而食之析骸而炊之司馬子

反曰嘻甚矣憊雖然吾聞之也圍者柑馬而秣之使肥者應客是何子之情也華元曰吾聞

之君子見人之厄則矜之小人見人之厄則幸之吾見子之君子也是以告情于子也司馬

子反曰諾勉之矣吾軍亦有七日之糧爾盡此不勝將去而歸爾揖而去之反于莊王莊王

曰何如司馬子反曰憊矣曰何如曰易子而食之析骸而炊之莊王曰嘻甚矣憊雖然吾今

日何如司馬子反曰君亦有七日之糧爾盡此不勝將去而歸爾莊王怒曰吾使子往視

之子曷爲告之司馬子反曰以區區之宋猶有不欺人之臣可以楚而無乎是以告之也莊

取之然後而歸爾司馬子反曰不可臣已告之矣軍有七日之糧爾

王曰諾舍而止雖然吾猶取此然後歸爾司馬子反曰然則君請處于此臣請歸爾莊王曰

子去我而歸吾執與處于此吾亦從子而歸爾引師而去之故君子大其平乎己也此皆大

夫也其稱人何貶曷爲貶平者在下也

叔孫僑如會晉士燮齊高無咎宋華元衛孫林父鄭公子鰌邾婁人會吳于鍾離 成公十五年

冬十有一月叔孫僑如會晉士燮齊高無咎宋華元衛孫林父鄭公子鰌邾婁人會吳于鍾

離曷爲殊會吳外吳也曷爲外也春秋內其國而外諸夏內諸夏而外夷狄王者欲一乎天

下曷爲以外內之辭言之言自近者始也

吳子使札來聘 襄公二十九年

吳子使札來聘吳無君無大夫此何以有君有大夫賢季子也何賢乎季子讓國也其讓國

奈何謁也餘祭也夷昧也與季子同母者四季子弱而才兄弟皆愛之同欲立之以爲君謁

曰今若是迮而與季子國季子猶不受也請無與子而與弟弟兄迭爲君而致國乎季子皆

曰諾故諸爲君者皆輕死爲勇飲食必祝曰天苟有吳國尚速有悔於予身故謁也死餘祭

也立餘祭也死夷昧也立夷昧也死則國宜之季子者也季子使而亡焉僚者長庶也即之

季子使而反至而君之爾闔盧曰先君之所以不與子國而與弟者凡爲季子故也將從先

君之命與則國宜之季子者也如不從先君之命與則我宜立者也僚惡得為君乎於是使專諸刺僚而致國乎季子季子不受曰爾弑吾君吾受爾國是吾與爾為篡也爾殺吾兄吾又殺爾是父子兄弟相殺終身無已也去之延陵終身不入吳國故君子以其不受為義以其不殺為仁賢季子則吳何以有君有大夫以季子為臣則宜有君者也札者何吳季子之名也春秋賢者不名此何以名許夷狄者不壹而足也季子者所賢也曷為不足乎季子許人臣者必使臣人子者必使子也

葬許悼公 昭公十九年

冬葬許悼公賊未討何以書葬不成于弑也曷為不成于弑止進藥而藥殺也止進藥而藥殺則曷為加弑焉爾譏子道之不盡也其譏子道之不盡奈何曰樂正子春之視疾也復加一飯則脫然愈復損一飯則脫然愈復加一衣則脫然愈復損一衣則脫然愈止進藥而藥殺是以君子加弑焉爾曰許世子止弑其君買是君子之赦止也葬許悼公是君子之赦止也赦止者免止之罪辭也

蔡侯以吳子及楚人戰于伯莒楚師敗績 定公四年

冬十有一月庚午蔡侯以吳子及楚人戰于伯莒楚師敗績吳何以稱子夷狄也而憂中國其憂中國奈何伍子胥父誅乎楚挾弓而去楚以干闔廬闔廬曰士之甚勇之甚將為之興

師而復讎于楚伍子胥復曰諸侯不爲匹夫興師且臣聞之事君猶事父也虧君之義復父

之讎臣不爲也於是止蔡昭公朝乎楚有美裘焉囊瓦求之昭公不與爲是拘昭公於南郢

數年然後歸之於其歸焉用事乎河曰天下諸侯苟有能伐楚者寡人請爲之前列楚人聞

之怒爲是興師使囊瓦將而伐蔡蔡請救於吳伍子胥復曰蔡非有罪也楚人爲無道君如

有憂中國之心則若時可矣於是興師而救蔡曰事君猶事父也此其爲可以復讎奈何曰

父不受誅子復讎可也父受誅子復讎推刃之道也復讎不除害朋友相衞而不相迿古之

道也。

公會晉侯及吳子于黃池　哀公十三年

公會晉侯及吳子于黃池吳何以稱子吳主會也吳主會則曷爲先言晉侯不與夷狄之主中國也其

言及吳子何會兩伯之辭也不與夷狄之主中國則曷爲以會兩伯之辭言之重吳也曷爲

重吳吳在是則天下諸侯莫敢不至也

西狩獲麟　哀成十四年

十有四年春西狩獲麟何以書記異也何異爾非中國之獸也然則孰狩之薪采者也薪采

者則微者也曷爲以狩言之大之也曷爲大之爲獲麟大之也曷爲爲獲麟大之麟者仁獸

也有王者則至無王者則不至有以告者曰有麕而角者孔子曰孰爲來哉孰爲來哉反袂

拭面涕沾袍顏淵死子曰噫天喪予子路死子曰噫天祝予西狩獲麟孔子曰吾道窮矣春
秋何以始乎隱祖之所逮聞也所見異辭所聞異辭所傳聞異辭何以終乎哀十四年曰備
矣君子曷為春秋撥亂世反諸正莫近諸春秋則未知其為是與其諸君子樂道堯舜之
道與未不亦樂乎堯舜之知君子也制春秋之義以俟後聖以君子之為亦有樂乎此也

經傳治要卷一

經傳十種

春秋穀梁傳

周穀梁赤所述而傳其學者錄爲書赤與公羊氏同師子夏其傳之文體亦最相近大抵由其師弟先有問答之詞而後集錄爲書與左氏記事者異派而與公羊氏同宗惟持論顏有異趣而說者以其傳義之精或有非公羊氏所能及者也。

元年春王正月　隱公元年

元年春王正月雖無事必舉正月謹始也公何以不言即位成公志也焉成之言君之不取爲公也君之不取爲公何也將以讓桓也讓桓正乎曰不正春秋成人之美不成人之惡隱不正而成之何也將以惡桓也其惡桓何也隱將讓而桓弒之則桓惡矣桓弒而隱讓則隱善矣善則其不正焉何也春秋貴義而不貴惠信道而不信邪孝子揚父之美不揚父之惡先君之欲與桓非正也邪也雖然既勝其邪心以與隱矣已探先君之邪志而遂以與桓則是成父之惡也兄弟天倫也爲子受之父爲諸侯受之君已廢天倫而忘君父以行小惠曰小道也若隱者可謂輕千乘之國蹈道則未也。

鄭伯克段于鄢　隱公元年

夏。五月鄭伯克段于鄢克者何能也何能也能殺也何以不言殺見段之有徒衆也段鄭伯弟也何以知其爲弟也殺世子母弟目君以其目君知其爲弟也段鄭伯弟也而弗謂公子貶之也段失子弟之道矣賤段而甚鄭伯也何甚乎鄭伯甚鄭伯之處心積慮成於殺也于鄢遠也猶曰取之其母之懷中而殺之云爾甚之也然則爲鄭伯者宜奈何緩追逸賊親親之道也

元年春王正月公即位 桓公元年

元年。春王桓無王其曰王何也謹始也其曰無王何也桓弟弒兄臣弒君天子不能定諸侯不能救百姓不能去以爲無王之道遂可以至爲爾元年有王所以治桓也正月公即位繼故不言即位正也繼故不言即位之爲正何也曰先君不以其道終則子弟不忍即位也繼故而言即位則是與聞乎弒也繼故而言即位是爲與聞乎弒何也曰先君不以其道終已正即位之道而即位是無恩於先君也

公子翬如齊逆女九月齊侯送姜氏于讙公會齊侯于讙夫人姜氏至自

齊 桓公三年

公子翬如齊逆女逆女親者也使大夫非正也九月齊侯送姜氏于讙禮送女父不下堂母不出祭門諸母兄弟不出闕門父戒之曰謹慎從爾舅之言母戒之曰謹慎從爾姑之言諸

母般申之曰謹慎爾父母之言送女踰竟非禮也公會齊侯于讙無譏乎曰為禮也齊侯來

也公之逆而會之可也夫人姜氏至自齊其不言翬何也公親受之于齊侯也子貢

曰冕而親迎不已重乎孔子曰合二姓之好以繼萬世之後何謂已重乎

城楚丘 僖公二年

春王正月城楚丘楚丘者何衞邑也國而曰城此邑也其曰城何也封衞也則其不言城衞

何也衞未遷也其不言衞之遷焉何也不與齊侯專封也其言城之者專辭也故非天子不

得專封諸侯諸侯不得專封諸侯雖通其仁以義而不與也故曰仁不勝道

虞師晉師滅夏陽 僖公二年

虞師晉師滅夏陽非國而曰滅重夏陽也虞無師其曰師何也以其先晉不可以不言師也

其先晉何也為主乎滅夏陽也夏陽者虞虢之塞邑也滅夏陽而虞虢舉矣虞之為主乎滅

夏陽何也晉獻公欲伐虢荀息曰君何不以屈產之乘垂棘之璧而借道乎虞也公曰此晉

國之寶也如受吾幣而不借吾道則如之何荀息曰此小國之所以事大國也彼不借吾道

必不敢受吾幣如受吾幣而借吾道則是我取之中府而藏之外府取之中廄而置之外廄

也公曰宮之奇存焉必不使受之也荀息曰宮之奇之為人也達心而懦又少長於君達心

則其言略懦則不能彊諫少長於君則君輕之且夫玩好在耳目之前而患在一國之後此

中知以上乃能慮之臣料虞君中知以下也公遂借道而伐虢宮之奇諫曰晉國之使者其
辭卑而幣重必不便於虞虞公弗聽遂受其幣而借之道宮之奇諫曰脣亡則齒寒其
斯之謂與契其妻子以奔曹獻公亡虢五年而後舉虞荀息牽馬操璧而前曰璧則猶是也
而馬齒加長矣

公及齊侯宋公陳侯衛侯鄭伯許男曹伯會王世子于首戴秋八月諸侯

盟于首戴 僖公五年

公及齊侯宋公陳侯衛侯鄭伯許男曹伯會王世子于首戴及以會尊之也何尊焉王世子
云者唯王之貳也云可以重之存焉尊之也何重焉天子天下也秋八月諸侯盟於
首戴無中事而復舉諸侯何也尊王世子而不敢與盟也盟則其不敢與盟者不相
信也故謹信也不敢以所不信而加之尊者桓諸侯也不能朝天子也王世子也
塊然受諸侯之尊己而立乎其位是不子也桓不臣王世子不子則其所善焉何也是則變
之正也天子微諸侯不享觀桓挾大國扶小國統諸侯不能以朝天子亦不敢致天王尊王
世子於首戴乃所以尊天王之命也世子含王命會齊桓亦所以尊天王之命也世子受之
可乎是亦變之正也天子微諸侯不享觀世子受諸侯之尊己而天王尊矣世子受之可也

晉殺其大夫里克 僖公十年

晉殺其大夫里克。稱國以殺，罪累上也。里克弑二君與一大夫，其以累上之辭言之，何也？其殺之不以其罪也。其殺之不以其罪奈何？里克所爲弑者，爲重耳也。夷吾曰：是又將殺我乎。故殺之不以其罪也。其爲重耳弑奈何？晉獻公伐虢，得麗姬，獻公私之，有二子，長曰奚齊，稚曰卓子。麗姬欲爲亂，故謂君曰：吾夜者夢夫人趨而來，曰吾苦畏，胡不使大夫將衞士而衞冢乎。公曰：孰可使。曰：臣莫尊於世子，則世子可。故君謂世子曰：麗姬夢夫人趨而來，曰吾畏女，其將衞士而往衞冢乎。世子曰：敬諾。築宮，宮成。麗姬又曰：吾夜者夢夫人趨而來，曰吾苦飢，世子之宮已成，則何爲不使祠也。故獻公謂世子曰：其祠。世子祠，已祠，致福於君。君田而不在，麗姬以酖爲酒，藥脯以毒。獻公田來，麗姬曰：世子已祠，故致福於君。君將食，麗姬跪曰：食自外來者，不可不試也。覆酒於地，而地賁，以脯與犬，犬死。麗姬下堂而啼呼曰：天乎天乎，國子之國也，子何遲於爲君。君喟然嘆曰：吾與女未有過切，是何與我之深也。使人謂世子曰：爾其圖之。世子之傅里克謂世子曰：入自明則可以生，不入自明則不可以生。世子曰：吾君已老矣，已昏矣，若此而入自明，則麗姬必死，麗姬死則吾君不安，所以使吾君不安者，吾不若自死，吾寧自殺以安吾君，以重耳爲寄矣。刎脰而死。故里克所爲弑者，爲重耳也。夷吾曰：是又將殺我也。

春王正月戊申朔隕石于宋五是月六鶂退飛過宋都　僖公十六年

十有六年春王正月戊申朔隕石于宋五先隕而後石何也隕而後石也于宋四竟之內曰

宋後數散辭也耳治也是月六鷁退飛過宋都是月者決不日而月也六鷁退飛過宋都先

數聚辭也目治也石何無知之物鷁微有知之物石無知故日之鷁微有知之物故月之

君子之於物無所茍而已石鷁且猶盡其辭而況於人乎故五石六鷁之辭不設則王道不

亢矣民所聚曰都

滅項 僖公十七年

夏滅項執滅之桓公也何以不言桓公也為賢者諱也項國也不可滅而滅之乎桓公知項

之可滅也而不知己之不可以滅也既滅人之國矣何賢乎君子惡惡疾其始善善樂其終

王札子殺召伯毛伯 宣公十五年

桓公嘗有存亡繼絕之功故君子為之諱也

王札子殺召伯毛伯王札子者當上之辭也殺召伯毛伯不言其何也兩下相殺也兩下相

殺不志乎春秋此其志何也矯王命以殺之非忿怒相殺也故曰以王命殺也以王命殺則

何志焉為天下主者天也繼天者君也君之所存者命也為人臣而侵其君之命而用之是

不臣也為人君而失其命是不君也君不君臣不臣此天下所以傾也

楚子蔡侯陳侯許男頓子胡子沈子淮夷伐吳執齊慶封殺之 昭公四年

秋七月。楚子蔡侯陳侯許男頓子胡子沈子淮夷伐吳。執齊慶封殺之。此入而殺其不言入。

何也慶封封乎吳鍾離其不言伐鍾離何也不與吳封也慶封其以齊氏何也為齊討也靈

王使人以慶封令於軍中曰有若齊慶封弒其君者乎慶封曰子一息我亦且一言曰有若

楚公子圍弒其兄之子而代之為君者乎軍人粲然皆笑慶封弒其君而不以弒君之罪罪

之者慶封不為靈王服也不與楚討也春秋之義用賤治不肖不以亂治亂也孔

子曰懷惡而討雖死不服其斯之謂與

夏五月戊辰許世子止弒其君買 <small>昭公十九年</small>

夏。五月戊辰許世子止弒其君買日弒正卒也正卒則止不弒也不弒而日弒責止也止曰

我與夫弒者不立乎其位以與其弟虺哭泣歠飦粥嗌不容粒未踰年而死故君子卽止自

責而責之也

冬葬許悼公 <small>昭公十九年</small>

冬葬許悼公日卒時葬不使止為弒父也曰子既生不免乎水火母之罪也羈貫成童不就

師傅父之罪也就師學問無方心志不通身之罪也心志既通而名譽不聞友之罪也名譽

既聞有司不舉有司之罪也有司舉之王者不用王者之過也許世子止不知嘗藥累及許

君也

公會齊侯于頰谷公至自頰谷 定公十年

夏公會齊侯于頰谷公至自頰谷公至自頰谷公至頰谷之會孔子相焉兩君就壇兩相揖齊人鼓譟而起欲以執魯君孔子歷階而上不盡一等而視歸乎齊侯曰兩君合好夷狄之民何爲來爲命司馬止之齊侯逡巡而謝曰寡人之過也退而屬其二三大夫曰夫人率其君與之行古人之道二三子獨率我而入夷狄之俗何爲罷會齊人使優施舞於魯君之幕下孔子曰笑君者罪當死使司馬行法焉首足異門而出齊人來歸鄆讙龜陰之田者蓋爲此也因是以見雖有文事必有武備孔子於頰谷之會見之矣

經傳治要卷一

經傳十種

孝經　舊說孔子爲曾子陳孝道而作後儒有以其文字不類繫辭論語者因疑爲僞作清四庫全書提要曰觀其文去二戴所記爲近要爲七十子徒之遺書使河間獻王采入一百三十一篇內則亦禮記之一爲此言可謂得其要矣（案孝經有今文古文二本今文十八章古文二十二章其文字亦略有不同宋朱熹取古文本作孝經勘誤分爲經一章傳十四章於今文中刪去子曰者二引書者一引詩者四凡六十一字此編所錄經一章卽從朱本）

經一章

仲尼閒居曾子侍坐子曰參先王有至德要道以順天下民用和睦上下無怨女知之乎曾子辟席曰參不敏何足以知之子曰夫孝德之本也教之所由生也復坐吾語女身體髮膚受之父母不敢毀傷孝之始也立身行道揚名於後世以顯父母孝之終也夫孝始於事親中於事君終於立身愛親者不敢惡於人敬親者不敢慢於人愛敬盡於事親而德教加於百姓刑於四海蓋天子之孝也在上不驕高而不危制節謹度滿而不溢高而不危所以長守貴也滿而不溢所以長守富也富貴不離其身然後能保其社稷而和其民人蓋諸侯之

孝也。非先王之法服不敢服。非先王之法言不敢道。非先王之德行不敢行。是故非法不言。

非道不行。口無擇言。身無擇行。言滿天下無口過。行滿天下無怨惡。三者備矣。然後能守其

宗廟。蓋卿大夫之孝也。資於事父以事母而愛同。資於事父以事君而敬同。故母取其愛。而

君取其敬。兼之者父也。故以孝事君則忠。以敬事長則順。忠順不失。以事其上。然後能保其

祿位而守其祭祀。蓋士之孝也。用天之道。因地之利。謹身節用。以養父母。此庶人之孝也。故

自天子已下至於庶人。孝無終始而患不及者。未之有也。

經傳治要卷二

經傳序論

卜商　周衞人字子夏孔子弟子與子游並列文學科先儒謂發明章句始於子夏故兩漢傳經大師多出於卜氏之徒濟四庫著錄有易傳詩序其提要則皆斷爲依託

詩序

關雎后妃之德也風之始也所以風天下而正夫婦也故用之鄉人焉用之邦國焉風風也教也風以動之教以化之詩者志之所之也在心爲志發言爲詩情動於中而形於言之不足故嗟歎之嗟歎之不足故永歌之永歌之不足不知手之舞之足之蹈之也情發於聲聲成文謂之音治世之音安以樂其政和亂世之音怨以怒其政乖亡國之音哀以思其民困故正得失動天地感鬼神莫近于詩先王以是經夫婦成孝敬厚人倫美教化移風俗故詩有六義焉一曰風二曰賦三曰比四曰興五曰雅六曰頌上以風化下下以風刺上主文而譎諫言之者無罪聞之者足以戒故曰風至於王道衰而禮義廢政教失國異政家殊俗而變風變雅作矣國史明乎得失之迹傷人倫之廢哀刑政之苛吟詠情性以風其上達於事變而懷其舊俗者也故變風發乎情止乎禮義發乎情民之性也止乎禮義先王之澤也

是以一國之事繫一人之本謂之風言天下之事形四方之風謂之雅雅者正也言王政之所由廢興也政有小大故有小雅焉有大雅焉頌者美盛德之形容以其成功告于神明者也是謂四始詩之至也然則關雎麟趾之化王者之風故繫之周公南言化自北而南也鵲巢騶虞之德諸侯之風也先王之所以致故繫之召公周南召南正始之道王化之基是以關雎樂得淑女以配君子憂在進賢不淫其色哀窈窕思賢才而無傷善之心焉是關雎之義也。

孔安國

孔安國　字子國孔子十二世孫漢武帝時魯恭王壞孔子舊宅於壁中得古文尚書及左傳論語孝經皆蝌蚪文安國以今文讀之顏有所增承詔作書傳又為古文孝經論語訓釋惟今所傳書傳及書序近儒皆斷為依託而謂司馬遷作史記嘗問業於安國故史記中尚略存古文學之梗概云。

尚書序

古者伏羲氏之王天下也始畫八卦造書契以代結繩之政由是文籍生焉伏羲神農黃帝之書謂之三墳言大道也少昊顓頊高辛唐虞之書謂之五典言常道也至於夏商周之書雖設敎不倫雅誥奧義其歸一揆是故歷代寶之以為大訓八卦之說謂之八索求其義也九州之志謂之九邱邱聚也言九州所有土地所生風氣所宜皆聚此書也春秋左氏傳曰楚左史倚相能讀三墳五典八索九邱卽謂上世帝王遺書也先君孔子生於周末觀史籍

之煩文懼覽之者不一。遂乃定禮樂明舊章刪詩為三百篇約史記而修春秋讚易道以黜
八索述職方以除九邱討論墳典斷自唐虞以下訖于周芟夷煩亂翦截浮辭舉其宏綱撮
其機要足以垂世立教典謨訓誥誓命之文凡百篇所以恢宏至道示人主以軌範也帝王
之制坦然明白可舉而行三千之徒並受其義及秦始皇滅先代典籍焚書坑儒天下學士
逃難解散我先人用藏其家書於屋壁漢室龍興開設學校旁求儒雅以闡大猷濟南伏生
年過九十失其本經口以傳授裁二十餘篇以其上古之書謂之尚書百篇之義世莫得聞
至魯恭王好治宮室壞孔子舊宅以廣其居於壁中得先人所藏古文虞夏商周之書及傳
論語孝經皆科斗文字王又升孔子堂聞金石絲竹之音乃不壞宅悉以書還孔氏科斗書
廢已久時人無能知者以所聞伏生之書考論文義定其可知者為隸古定更以竹簡寫之
增多伏生二十五篇伏生又以舜典合於堯典益稷合於皋陶謨盤庚三篇合為一康王之
誥合於顧命復出此篇并序凡五十九篇為四十六卷其餘錯亂摩滅不可復知悉上送官。
藏之書府以待能者承詔為五十九篇作傳於是遂研精覃思博考經籍采摭羣言以立訓
傳約文申義敷暢厥旨庶幾有補於將來書序所以為作者之意昭然義見宜相附近故
引之各冠其篇首定五十八篇既畢會國有巫蠱事經籍道息用不復以聞傳之子孫以貽
後世若好古博雅君子與我同志亦所不隱也。

劉歆　漢楚元王五世孫字子駿後改名秀字穎叔成帝時與父向領校祕書逮集六藝羣書種別爲七略班固因之作漢書藝文志後世經籍目錄之學自此始歆治經尊古文學哀帝時歆欲建立左氏春秋及毛詩逸禮古文尚書於學官諸儒博士皆不肯與議歆因移書讓之是爲後世古文學與今文學爭辯之開端

移讓太常博士書

昔唐虞既衰而三代迭興聖帝明王累起相襲其道甚著周室既微而禮樂不正道之難全也如此是故孔子憂道之不行歷國應聘自衞反魯然後樂正雅頌乃得其所修易序書制作春秋以紀帝王之道及夫子歿而微言絕七十子終而大義乖重遭戰國棄籩豆之禮理軍旅之陳孔氏之道抑而孫吳之術與陵夷至於暴秦燔經書殺儒士設挾書之法行是古之罪道術由是遂滅漢興去聖帝明王遐遠仲尼之道又絕法度無所因襲時獨有一叔孫通略定禮儀天下惟有易卜未有它書至於孝惠之世乃除挾書之律然公卿大臣絳灌之屬咸介冑武夫莫以爲意至孝文皇帝始使掌故鼂錯從伏生受尚書尚書初出於屋壁朽折散絕今其書見在時師傳讀而已詩始萌牙天下衆書往往頗出皆諸子傳說猶廣立於學官爲置博士在朝之儒惟賈生而已至孝武皇帝然後鄒魯梁趙頗有詩禮春秋先師皆起於建元之閒當此之時一人不能獨盡其經或爲雅或爲頌相合而成泰誓後得博士集而讀之故詔書稱曰禮壞樂崩書缺簡脫朕甚閔焉時漢興已七八十年離於全經固已遠矣

及魯恭王壞孔子宅欲以爲宮而得古文於壞壁之中。逸禮有三十九篇書十六篇天漢之

後孔安國獻之遭巫蠱倉卒之難未及施行及春秋左氏邱明所修皆古文舊書多者二十

餘通藏於祕府伏而未發孝成皇帝愍學殘文缺稍離其眞乃陳發祕藏校理舊文得此三

事以考學官所傳經或脫簡傳或閒編傳問民閒則有魯國桓公趙國貫公膠東庸生之遺

學與此同抑而未施此乃有識者之所惜閔士君子之所嗟痛也往者綴學之士不思廢絕

之闕苟因陋就寡分文析字煩言碎辭學者罷老且不能究其一藝信口說而背傳記是末

師而非往古至於國家將有大事若立辟雍封禪巡狩之儀則幽冥而莫知其源猶欲保殘

守缺挾恐見破之私意而無從善服義之公心或懷妒嫉不考情實雷同相從隨聲是非抑

此三學以尚書爲備謂左氏爲不傳春秋豈不哀哉今聖上德通神明繼統揚業亦閔文學

錯亂學士若茲雖昭其情猶依違謙讓樂與士君子同之故下明詔試左氏可立不遣近臣

奉指衝命將以輔弱扶微與二三君子比意同力冀得廢遺今則不然深閉固距而不肯試

猥以不誦絕之欲以杜塞餘道絕滅微學夫可與樂成難與慮始此乃衆庶之所爲耳非所

望於士君子也且此數家之事皆先帝所親論今上所考視其古文舊書皆有徵驗外內相

應豈苟而已哉夫禮失求之於野古文不猶愈於野乎往者博士書有歐陽春秋公羊易則

施孟然孝宣皇帝猶復廣立穀梁春秋梁邱易大小夏侯尚書義雖相反猶並置之何則與

其過而廢之也寧過而立之傳曰文武之道未墜於地在人賢者志其大者不賢者志其小者今此數家之言所以兼包大小之義豈可偏絕哉若必專己守殘黨同門妒道眞違明詔。失聖意以陷於文吏之議甚爲二三君子不取也

王充　後漢上虞人字仲任好博覽不守章句著有論衡列於雜家充於經學雖無專書而生近西漢其論衡中所述經學本末多可信從以爲考證之資

正說篇　論衡

儒者說五經多失其實前儒不見本末空生虛說後儒信前師之言隨舊述故滑習辭語苟名一師之學趨爲師教授及時蚤仕汲汲競進不暇留精用心考實根核故虛說傳而不絕實事沒而不見五經並失其實尙書春秋事較易略正題目蟲蟲之說以照篇中微妙之文。說尙書者或以爲本百兩篇後遭秦燔詩書遺在者二十九篇夫言秦燔詩書是也言本百兩篇者妄也蓋尙書本百兩篇孔子以授也遭秦燔詩書詩濟南伏生抱百篇藏於山中孝景皇帝時始存尙書伏生已出山中景帝遣鼂錯往從受尙書二十餘篇伏生老死書殘不竟鼂錯傳於倪寬至孝宣皇帝之時河內女子發老屋得逸易禮尙書各一篇奏之宣帝下示博士然後易禮尙書各盆一篇而尙書二十九篇始定矣至孝景帝時魯共王壞孔子敎授堂以爲殿得百篇尙書於墻壁中武帝使使者取視莫能讀者遂祕於中外不

得見至孝成皇帝時徵爲古文尙書學東海張霸案百篇之序空造百兩之篇獻之成帝帝

出祕百篇以校之皆不相應於是下霸於吏吏白霸罪當至死成帝高其才而不誅亦惜其

文而不滅故百兩之篇傳在世間者傳見之人則謂尙書本有百兩篇矣。

或言秦燔詩書者燔詩書經之書也其經不燔焉夫詩經五經之總名也傳曰

子不讀經則有博戲之心子路使子羔爲費宰孔子曰賊夫人之子子路曰有民人焉有社

稷焉何必讀書然後爲學五經總名爲書傳者不知秦燔書所起故不審燔書之實秦始皇

三十四年置酒咸陽宮博士七十人前爲壽僕射周青臣進頌秦始皇齊人淳于越進諫以

爲始皇不封子弟卒有田常六卿之難無以救也讖青臣之頌謂之爲諛秦始皇下其議丞

相府丞相斯以爲越言不可用因此謂諸生之言惑亂黔首乃令史官盡燒五經有敢藏諸

書百家語者刑唯博士官乃得有之五經皆燔非獨諸家之書也傳者信之見言詩書則獨

謂經謂之書矣。

傳者或知尙書爲秦所燔而謂二十九篇其遺脫不燒者也審若此言尙書二十九篇火之

餘也七十一篇爲炭灰二十九篇獨遺耶夫伏生年老蟲錯從之學時適得二十餘篇伏生

死矣故二十九篇獨見七十一篇遺脫遺脫者七十一篇反謂二十九篇遺脫矣

或說尙書二十九篇者法北斗七宿也四七二十八篇其一曰斗矣故二十九。夫尙書滅絕

於秦。其見在者二十九篇。安得有法乎。宣帝之時。得佚尚書及易禮各一篇。禮易篇數亦始足。

為得有法案百篇之序闕遺者七十一篇。獨為二十九篇立法如何。或說曰孔子更選二十

九篇。二十九篇獨有法也。蓋俗儒之說也。未必傳記之明也。二十九篇殘而不足。有傳之者。

因不足之數立取法之說。失聖人之意。違古今之實。夫經之有篇也。猶有章句也。有章句也。猶

有文字也。文字有意以立句。句有數以連章。章有體以成篇。篇則章句之大者也。謂篇有所

法。是謂章句復有所法也。詩經舊時亦數千篇。孔子刪去復重正而存三百篇。猶二十九篇

也。謂二十九篇有法。是謂三百五篇復有法也。

或說春秋十二月也。春秋十二公猶尚書之百篇。百篇無所法。十二公安得法。說春秋者曰。

二百四十二年。人道浹。王道備。善善惡惡。撥亂反正。莫近於春秋。若此者。人道王道適

具足也。三軍六師萬二千人。足以陵敵伐寇橫行天下。令行禁止。未必有所法也。孔子作春

秋紀魯十二公。猶三軍之有六師也。士眾萬二千。猶年有二百四十二也。六師萬二千人足

以成軍。十二公二百四十二年。足以立義說事。好神道恢義不肖以遭禍。是故經傳篇數

皆有所法。考實根本論其文義與彼賢者作書詩無以異也。故聖人作經賢者作書義窮理

竟。文辭備足。則為篇矣。其立篇也。種類相從。科條相附。殊種異類。論說不同。更別為篇。意異

則文殊事改。則篇更。據事意作。安得法象之義乎。

或說春秋二百四十二年者。上壽九十。中壽八十。下壽七十。孔子據中壽三世而作三八二世。故二百四十年也又說爲赤制之中數也又說二百四十二年人道浹王道備夫據三世則浹備之說非言浹備之說爲是則據三世之論誤二者相伐而立其義聖人之意何定哉凡紀事言年月日者詳悉重之也洪範五紀歲月日星紀事之文非法象之言也紀十二公享國之年凡有二百四十二凡此以立三世之說矣實孔子紀十二公者以爲十二公事不適足以見王義耶據三世三世之數適得十二公而足也如據十二公則二百四十二年不爲三世見也如據三世取三八之數二百四十年而已何必取二說者又曰欲合隱公之元也不取二年隱公元年不載於經夫春秋自據三世之數則中斷如中斷以備三世隱公元年之事爲始是竟以備足爲義據三世之說不復用矣證隱公享國五十年將盡紀之據三世二百四十二年中之日月必有數矣年據三世月多少何據哉夫春秋之有年元年以來耶中斷以備三八之數也如盡紀元年以來則中斷如中斷以備三世也猶尚書之有章章以首義年以紀事謂春秋之年有據是謂尚書之章亦有據也說易者皆謂伏羲作八卦文王演爲六十四夫聖王起河出圖洛出書伏羲王河圖從河水中出易卦是也禹之時得洛書書從洛水中出洪範九章是也故伏羲以卦治天下禹按洪

範以治洪水古者烈山氏之王得河圖夏后因之曰連山烈山氏之王得河圖殷人因之曰

歸藏伏羲氏之王得河圖周人曰周易其經卦皆六十四文王周公因象十八章究六爻世

之傳說易者言伏羲作八卦不實其本則謂伏羲眞作八卦也伏羲得八卦非作之文王得

成六十四非演之也或時連山歸藏或時周易案禮夏殷周三家相損益之制較著

圖又不知存於俗何家易也演作之言生於俗傳苟信一文使夫眞是幾滅不存既不知易之爲河

不同如以周家在後論今爲周易則禮亦宜爲周禮六典不與今禮相應今禮未必爲周則

亦疑今易未必爲周也案左邱明之傳引周家以卦與今易相應殆周易也

說者皆知禮也爲禮何家禮也孔子曰殷因於夏禮所損益可知也周因於殷禮所損益

可知也由此言之夏殷周禮方今禮耶夏殷周禮謂之周禮案今禮經不

見六典或時殷禮未絕而六典之禮不傳世因謂此爲周禮也案周官之法不與今禮相應

然則周禮六典是也其不傳猶古文尚書春秋左氏不興矣

說論語者皆知說文解語而已不知論語本幾篇但周以八寸爲尺不知論語所獨一尺

之意夫論語者弟子共紀孔子之言行勑已之時甚多數十百篇以八寸爲尺紀之約省懷

持之便也以其遺非經傳文紀識恐忘故但以八寸尺也漢與失亡至武帝發

取孔子壁中古文得二十一篇齊魯二河間九篇三十篇至昭帝女讀二十一篇宣帝下太

常博士時尚稱書難曉名之曰傳後更隸寫以傳誦初孔子孫孔安國以教魯人扶卿官至

荊州刺史始曰論語今時稱論語二十篇又失齊魯河閒九篇本三十篇分布亡失或二十

一篇目或多或少文贊或是或誤說論語者但知以剝解之問以纖微之難不知存問本根

篇數章目溫故知新可以為師今不知古稱師如何

孟子曰王者之迹熄而詩亡詩亡然後春秋作晉之乘楚之檮杌魯之春秋一也若孟子之

言春秋者魯史記之名乘檮杌同孔子因舊故之名以號春秋之經未必有奇說異意深美

之據也今俗儒說之春者歲之始秋者其終也春秋之經可以奉始養終故號為春秋春秋

之經何以異尚書尚者以為上古帝王之書或以為上所書下所書授事相實而為名不

矣其年月尚大難失日者微小易忘也蓋紀以善惡為實不以日月為意若夫公羊穀梁之

傳日月不具輒為意使失平常之事有怪異之說徑直之文有曲折之義非孔子之心夫春

秋實及言夏不言者亦與不書日月同　實也

冬十月朔日有食之不書日官失之也謂官失之言也史官記事若今時縣官之書

依違作意以見奇說尚書者得經之實說春秋者失聖之意矣春秋左氏傳桓公十有七年

唐虞夏殷周者土地之名堯以唐侯嗣位舜從虞地得達禹由夏而起湯因殷而興武王階

周而伐皆本所與昌之地重本不忘始故以為號若人之有姓矣說尚書謂之有天下之代

號唐虞夏殷周者功德之名盛隆之意也故唐之爲言蕩蕩也虞者樂也夏者大也殷者中

也周者至也堯則蕩蕩民無能名舜則天下虞樂禹承二帝之業使道尙蕩蕩民無能名殷

則道得中周武則功德無不至其立義美也其褒五家大矣然而違其正實失其初意唐虞故

夏殷周猶秦之爲秦漢起於秦漢興於漢中故曰猶秦漢猶王莽從新都侯起故

曰亡新使秦漢在經傳之上說者將復爲秦漢作道德之說矣。

堯老求禪四嶽舉舜堯曰我其試哉說尙書者曰試者用也我其用之爲天子也文爲天子

也文又曰女于時觀厥刑于二女觀者觀爾虞舜於天下不謂堯自觀之也若此者高大堯

舜以爲聖人相見已審不須觀試精耀相炤曠然相信又曰四門穆穆入於大麓烈風雷雨

不迷言大麓三公之位也居一公之位大總錄二公之事眾多並吉若疾風大雨夫聖人才

高未必相知也聖成事舜難知佞使皋陶陳知人之法佞難知聖亦難別堯之才猶舜之知

也舜知佞知堯知聖聞舜賢四嶽舉之心知其奇而未必知其能故言我其試哉試之於職。

妻以二女觀其夫婦之法職治修而不廢夫道正而不僻復令人庶之野而觀其聖逢烈風

疾雨終不迷惑堯乃知其聖授以天下夫文言觀試觀試其才也說家以爲譬喻增飾使事

失正是誠而不存曲折失意使爲說傳而不絕造說之傳失之久矣後生精者苟欲明經不

原實而原之者亦校古隨舊重是之文以爲說證經之傳不可從五經皆多失實之說尙書

春秋行事成文較著可見故頗獨論。

鄭玄　高密人字康成師事扶風馬融三年既歸客耕東萊授徒甚衆會黨禍作遂杜門修業建安中拜大司農。尋卒年七十四所著書凡百餘萬言自謂念述先聖之元意思整百家之不齊范曄論曰鄭玄囊括大典網羅百家刪裁繁誣刊改漏失自是學者略知所歸近代儒者以謂漢儒之有鄭氏猶宋儒之有朱子俱一代不祧之大宗今所存者有毛詩箋周禮儀禮禮記注又有高密遺書十四種（六藝論易注尚書注尚書大傳注毛詩譜箋膏肓釋廢疾發墨守喪服變除駁五經異義答臨孝存周禮難三禮目錄魯禘祫義論語注鄭志鄭記）則皆爲後人所搜輯非其原帙矣。

詩譜序

詩之興也諒不于上皇之世大庭軒轅逮于高辛其時有亡載籍亦蔑云焉虞書曰詩言志歌永言律和聲然則詩之道放於此乎有夏承之篇章泯棄靡有孑遺邇及商王不風不雅何者論功頌德所以將順其美刺過譏失所以匡救其惡各于其黨則爲法者彰顯爲戒者著明周自后稷播種百穀黎民阻飢茲時乃粒自傳於此名也陶唐之末中葉公劉亦世修其業以明民共財至於太王王季克堪顧天文武之德光熙前緒以集大命于厥身遂及天下父母使民有政有居其時詩風有周南召南雅有鹿鳴文王之屬及成王周公致太平制禮作樂而有頌聲興焉盛之至也本之繇此風雅而來故皆錄之謂之詩之正經後王稍更

陵遲懿王始受諸亨齊哀公夷身失禮之後邶不尊賢自是而下屬也幽也政教尤衰周室

大壞十月之交民勞板蕩勃爾俱作衆國紛然刺怨相尋五霸之末上無天子下無方伯善

者誰賞惡者誰罰故孔子錄懿王夷王時詩訖于陳靈公淫亂之事謂之變風變雅以爲勤

民恤功昭昭事上帝則受頌聲弘福如彼若違而勿用則被劫殺大禍如此吉凶之所縣憂娛

之萌漸昭昭在斯足後王之鑒于是止矣夷屬已上歲數不明太史年表自共和始歷宣

幽平王而得春秋次第以立斯譜欲知源流清濁之所處則循其上下而省之欲知風化芳

臭氣澤之所及則傍行而觀之此詩之大綱也舉一綱而萬目張解一卷而衆篇明于力則

鮮于思則寡其諸君子亦有樂於是與

六藝論 依嚴可均全後漢文輯本

六藝者圖所生也 公羊疏。序疏。

河圖洛書皆天神言語所以教告王者也 毛詩文王正義。路史前紀九。

太平嘉瑞圖書之出必龜龍銜負焉黃帝堯舜周公是其正也 若禹觀河見長人皋陶于洛

見黑公湯登堯臺見黑烏至武王渡河白魚躍文王赤雀止于尸秦穆公白雀集于車是其

變也。 王詩文正義。

易者陰陽之象天地之所變化政教之所自生自生皇初起 禮記大題正義。路史前紀五。後紀一。

太昊帝庖犧氏姓風蛇身人首有聖德燧人沒宓犧皇生其世有五十九姓羲皇始序制作

遂皇之後歷六紀九十一代

案曲禮正義引燧人。至伏羲始作十二言之敎。禮記大題前紀正義凡義皇一百八十七代。又五。九頭紀一,五龍紀,攝提紀,合洛紀,連通紀,序命紀,序命紀四,凡九十一代也。又凡又五。十。案正義引方叔機注云六紀者九頭一五龍二攝提三合洛四連通六紀也。左氏定四年正義又云伏羲後紀一作十言之敎下有以厚君臣之別六字。息。此二字當衍。又路史引伏羲紀始一引之敎下有曰乾坤震巽坎離艮兊之別六字。

法度皆以木德王也制嫁娶之禮受龍圖以龍紀官故曰龍師

唐釋法琳辨正論注一。

宓羲氏爲網罟以畋取犧牲以充庖廚故曰庖犧氏。辨正論注一。

炎帝神農氏姓姜人身牛首有火瑞即以火德王有七世合五百年也。辨正論注一。

神農斲木爲耒揉木爲耒始教天下種五穀故號爲神農也。辨正論注一。

軒皇姓公孫二十五月而生有珠衡日角之相以土德王天下建寅月爲歲首生子二十五

人有十二姓凡十三世合治一千七百七十二年夢受帝籙遂與天老巡河而受之得河圖書師

于牧馬小童拜廣成丈人于崆峒山。辨正論注一。

黃帝佐官有七人蒼頡造書字大撓造甲子隸首造算數容成造曆日岐伯造醫方鬼臾區

占候奚仲造車作律管與埴壇禮也。辨正論注一。

軒皇有景雲之瑞用雲紀官少昊帝有鳳鳥之瑞故以鳥名官焉。辨正論注一。

夏曰連山殷曰歸藏周曰周易連山者象山之出雲連連不絕歸藏者萬物莫不歸藏于其

中周易者言周道周普无所不備義八論。周易正義。

易之為名也。一言而函三義易簡一也變易二也不易三也。故繫辭云乾坤其易之蘊邪又

云。易之門戶邪又云夫乾確然示人易矣夫坤隤然示人簡矣易則易知簡則易從此言其

易簡之法則也又云其為道也屢遷變動不居周流六虛上下无常剛柔相易不可以為典

要唯變所適此則言其順時變易出入移動者也又云天尊地卑乾坤定矣卑高以陳貴賤

位矣動靜有常剛柔斷矣此則言其張設布列不易者也據茲三義之說易之道廣矣大矣。

周易正義八論。世說新語文學篇注。

尚書緯云孔子求書得黃帝玄孫帝魁之書迄于秦穆公凡三千二百四十篇斷遠取近定

可以為世法者百二十篇以百二篇為尚書十八篇為中候正義。尚書序

若堯知命在舜舜知命在禹猶求于羣臣舉于側陋上下交讓務在服人孔子曰民可使由

之不可使知之此之謂也。尚書堯典正義。

民閒得泰醫正義。尚書序

詩者弦歌諷諭之聲也。案六百八、俱引此句。北堂書鈔九十五、御

自書契之與朴略尚質面稱不為詔目諫不

為謗君臣之接如朋友然在于懇誠而已斯道稍衰姦偽以生上下相犯及其制禮尊君卑

臣君道剛嚴臣道柔順于是箴諫者希情志不通故作詩者以誦其美而譏其過。〔毛詩譜序正義〕

奔秋緯演孔圖云詩含五際六情。〔毛詩關〕

唐虞始造其初至周分爲六詩。〔毛詩關雎正義　毛詩譜序正義　關雎正義〕

孔子錄周衰之歌及衆國聖賢之遺風自文王創基至于魯僖四百年間凡取三百五篇合

爲國風雅頌。〔毛詩譜序正義〕

河閒獻王好學其博士毛公善說詩獻王號之曰毛詩。〔毛詩國風正義〕

未有若今傳訓章句。〔毛詩關雎正義〕

注詩宗毛爲主毛義若隱略則更表明如有不同即下己意使可識別也。〔毛詩鄭氏箋釋文〕

禮者序尊卑之制崇讓合敬也。〔北堂書鈔九十　御覽六百八〕

禮其初起蓋與詩同時。〔毛詩譜序正義〕

唐虞有三禮至周分爲五禮。〔毛詩序正義　周禮官疏〕

漢與高堂生得禮十七篇後得孔氏壁中古文禮凡五十六篇作五十七篇。〔案奔喪正義　記百三十一篇〕

周禮六篇其十七篇與高堂生所傳同而字多異其十七篇外則逸禮是也。〔禮記大題正義　奔喪正義釋文〕

序錄案大題正義又引云。周官壁中所得六篇。

案漢書藝文志儒林傳云傳禮者十三家唯高堂生及五傳弟子戴德戴聖名在也。〔題禮記大正義〕

今禮行于世者戴德戴聖之學也。禮記。大題正義。

戴德傳記八十五篇戴聖傳記四十九篇。禮記大題正義。

春秋者右史所記之制動作之事也右史記事左史記言。禮記玉藻正義。公羊序疏御覽六百八。案公羊疏引作春秋者國史所記人君動作之事。左史所記爲尚書。右史所記爲春秋。右史所記爲尚書。

孔子記西狩獲麟自號素王爲後世所命之君制明王之法。左傳序正義。

左氏善于禮公羊善于讖穀梁善于經。穀梁序疏。

治公羊者胡母生董仲舒董仲舒弟子嬴公嬴公弟子睦孟睦孟弟子莊彭祖及顏安樂安樂弟子陰豐劉向王彥。公羊序疏。

玄又爲之注。孝經序疏。案此謂春秋。

孔子以六藝題目不同指意殊別。恐道離散後世莫知根源故作孝經以總會之。孝經序疏。

玄又爲之注。孝經序疏。案此謂孝經。

遭黨錮之事逃難注禮黨錮事解注古文尚書毛詩論語爲袁譚所逼來至元城乃注周易。

自序孝經序幷注正義。唐會要七十七。文苑英華七百六十六。

趙岐　長陵人字邠卿嘗與兄襲得罪中常寺唐衡避禍變姓名賣餅北海市中衡死乃出徵拜議郎擢太常建安中卒著有孟子章句、三輔決錄。

孟子題辭

孟子題辭者所以題號孟子之書本末指義文辭之表也孟姓也子者男子之通稱也此書
孟子之所作也故揔謂之孟子其篇目則各自有名孟子鄒人也名軻字則未聞也鄒本春
秋邾子之國至孟子時改曰鄒矣國近魯後爲魯所并又言邾爲楚所并非魯也今鄒縣是
也或曰孟子魯公族孟孫之後故孟子仕於齊喪母而歸葬於魯也三桓子孫旣以衰微分
適他國孟子生有淑質夙喪其父幼被慈母三遷之敎長師孔子之孫子思治儒術之道通
五經尤長於詩書周衰之末戰國縱橫用兵爭彊以相侵奪當世取士務先權謀以爲上賢
先王大道陵遲墮廢異端並起若楊朱墨翟放蕩之言以干時惑衆者非一孟子閔悼堯舜
湯文周孔之業將遂湮微正塗壅底仁義荒怠佞僞馳騁紅紫亂朱於是則慕仲尼周流憂
世遂以儒道遊於諸侯思濟斯民然由不肯枉尺直尋時君咸謂之迂闊於事終莫能聽納
其說孟子亦自知遭蒼姬之訖錄値炎劉之未奮進不得佐興唐虞雍熙之和退不能信三
代之餘風恥沒世而無聞焉是故垂憲言以詒後人仲尼有云我欲託之空言不如載之行
事之深切著明也於是退而論集所與高第弟子公孫丑萬章之徒難疑答問又自撰其法
度之言著書七篇二百六十一章三萬四千六百八十五字包羅天地揆敍萬類仁義道德
性命禍福粲然靡所不載帝王公侯遵之則可以致隆平頌淸廟卿大夫士蹈之則可以尊

君父立忠信守志屬操者儀之則可以崇高節抗浮雲有風人之託物二雅之正言可謂直
而不倨曲而不屈命世亞聖之大才者也孔子自衛反魯然後樂正雅頌各得其所乃刪詩
定書繫周易作春秋孟子退自齊梁逃堯舜之道而著作焉此大賢擬聖而作者也七十子
之疇會集夫子所言以為論語論語者五經之錧鎋六藝之喉衿也孟子之書則而象之衞
靈公問陳於孔子孔子答以俎豆梁惠王問利國孟子對以仁義宋桓魋欲害孔子孔子稱
天生德於予魯臧倉毀鬲孟子孟子曰臧氏之子焉能使予不遇哉旨意合同若此者衆又
有外書四篇性善辯文說孝經為政其文不能弘深不與內篇相似似非孟子本真後世依
放而託之者也孟子既沒之後大道遂絀逮至亡秦焚滅經術坑儒戮孟子徒黨盡其
書號為諸子故篇籍得不泯絕漢興除秦虐禁開延道德孝文皇帝欲廣遊學之路論語孝
經孟子爾雅皆置博士後罷傳記博士獨立五經而已訖今諸經通義得引孟子以明事謂
之博文孟子長於譬喻辭不迫切而意已獨至其言曰說詩者不以文害辭不以辭害志以
意逆志為得之矣斯言殆欲使後人深求其意以解其文不但施於說詩也今諸解者往往
撫取而說之其說又乖異不同孟子以來五百餘載傳之者亦已衆多余生西京世尋丕
祚有自來矣少蒙義方訓涉典文知命之際嬰戚于天遘屯離蹇詭姓遁身經營八紘之內
十有餘年心劘形瘵何勤如焉嘗息肩弛擔於濟岱之間或有溫故知新雅德君子矜我劬

瘁睇我皓首訪論稽古慰以大道。余困者之中。精神遐漂靡所濟。集聊欲係志於翰墨得以

亂思遺老也。惟六籍之學先覺之士釋而辯之者既已詳矣。儒家惟有孟子閎遠微妙縕奧

難見宜在條理之科。於是乃述已所聞證以經傳爲之章句具載本文章別其指分爲上下

凡十四卷究而言之不敢以當達者施於新學可以寤疑辯惑愚亦未能審於是非後之明

者見其違闕儻改而正諸不亦宜乎

杜預　晉杜陵人字元凱博學多通武帝時拜鎮南大將軍都督荊州諸軍事平吳功成後潛心經籍著春秋左

氏經傳集解又作釋例盟會圖春秋長歷嘗對武帝言曰臣有左傳癖卒年六十二諡成

春秋左氏傳序

春秋者魯史記之名也記事者以事繫日以日繫月以月繫時以時繫年所以記遠近別同

異也。故史之所記必表年以首事年有四時。故錯舉以爲所記之名也。周禮有史官掌邦國

四方之事達四方之志諸侯亦各有國史大事書之於策小事簡牘而已孟子曰楚謂之檮

杌晉謂之乘而魯謂之春秋其實一也韓宣子適魯見易象與魯春秋曰周禮盡在魯矣吾

乃今知周公之德與周之所以王也韓子所見蓋周之舊典禮經也周德既衰官失其守上

之人不能使春秋昭明赴告策書諸所記注多遺舊章仲尼因魯史策書成文考其真偽而

志其典禮上以遵周公之遺制下以明將來之法其教之所存文之所害則刊而正之以示

勸戒。其餘皆即用舊史。史有文質辭有詳略。不必改也。故傳曰其善志。又曰非聖人孰能修

之蓋周公之志仲尼從而明之。左邱明受經於仲尼以為經者不刊之書也。故傳或先經以

始事或後經以終義或依經以辨理。或錯經以合異隨義而發其例之所重舊史遺文略不

盡舉非聖人所修之要故也。身為國史躬覽載籍必廣記而備言之其文緩其旨遠將令學

者。原始要終尋其枝葉究其所窮優而柔之使自求之饜而飫之使自趨之若江海之浸膏

澤之潤渙然冰釋怡然理順然後為得也其發凡以言例皆經國之常制周公之垂法史書

之舊章仲尼從而修之以成一經之通體其微顯闡幽裁成義類者皆據舊例而發義指行

事以正褒貶諸稱書不書先書故書不言不稱書曰之類皆所以起新舊發大義謂之變例。

然亦有史所不書即以為義者此蓋春秋新意故傳不言凡曲而暢之其經無義例因行

事而言則傳直言其歸趣而已非例也故發傳之體有三而為例之情有五一曰微而顯文

見於此而起義在彼稱族尊君命舍族尊夫人梁亡城緣陵之類是也。二曰志而晦約言示

制。推以知例。參會不地。與謀曰及之類是也。三曰婉而成章曲從義訓以示大順諸所諱避。

璧假許田之類是也。四曰盡而不汙直書其事具文見意丹楹刻桷天王求車齊侯獻捷之

類是也。五曰懲惡而勸善求名而亡欲蓋而章書齊豹盜三叛人名之類是也。推此五體以

尋經傳觸類而長之附于二百四十二年行事王道之正人倫之紀備矣或曰春秋以錯文

見義。若此所論則經當有事同文異而無其義也先儒所傳皆不其然答曰春秋雖以一字

為襃貶然皆須數句以成言如非八卦之爻可錯綜為六十四也故當依傳以斷古今言

左氏春秋者多矣今其遺文可見者十數家大體轉相祖述進不得為錯綜經文以盡其變

退不守邱明之傳有所不通皆沒而不說而更膚引公羊穀梁適足自亂預今

所以為異專修邱明之傳以釋經之條貫必出於傳傳之義例總歸諸凡推變例以正襃

貶簡二傳而去異端蓋邱明之志也其有疑錯則備論而闕之以俟後賢然劉子駿創通大

義賈景伯父子許惠卿皆先儒之美者也末有潁子嚴者雖淺近亦復名家故特舉劉賈許

潁之違以見同異分經之年與傳之年相附比其義類各隨而解之名曰經傳集解又別集

諸例及地名譜第歷數相與為部凡四十部十五卷皆顯其異同從而釋之名曰釋例將令

學者觀其所聚異同之說釋例詳之也或曰春秋之作左氏及穀梁無明文說者以為仲尼

自衞反魯修春秋立素王邱明為素臣言公羊者亦云黜周而王魯危行言孫以避當世之

害故微其文隱其義公羊經止獲麟而左氏經終孔邱卒敢問所安答曰異乎余所聞仲尼

曰文王既沒文不在茲乎此制作之本意也歎曰鳳鳥不至河不出圖吾已矣夫蓋傷時王

之政也麟鳳五靈王者之嘉瑞也今麟出非其時虛其應而失其歸此聖人所以為感也絕

筆於獲麟之一句者所感而起固所以為終也曰然則春秋何始於魯隱公答曰周平王東

周之始王也隱公讓國之賢君也考乎其時則相接言乎其位則列國本乎其始則周公之祚亂也若平王能祈天永命紹開中興隱公能宏宣祖業光啟王室則西周之美可尋文武之跡不墜是故因其歷數附其行事采周之舊以會成王義垂法將來所書之王即平王也所用之歷即周正也所稱之公即魯隱也安在其黜周而王魯乎子曰如有用我者吾其為東周乎此其義也若夫制作之文所以彰往考來情見乎辭言高則旨遠辭約則義微此理之常非隱之也聖人包周身之防既作之後方復隱諱以避患非所聞也子路使門人為臣孔子以為欺天而云仲尼素王邱明素臣又非通論也先儒以為制作三年文成致麟既已妖妄又引經以至仲尼卒又近誣據公羊經止獲麟而左氏小邾射不在三叛之數故余以為感麟而作作起獲麟則文止於所起為得其實至於反袂拭面稱吾道窮亦無取焉

郭璞　字景純聞喜人博學工辭賦元帝時官至尚書郎注爾雅山海經三蒼方言穆天子傳楚詞等數十萬言。

爾雅注序

夫爾雅者所以通詁訓之指歸敘詩人之興詠捴絕代之離詞辯同實而殊號者也誠九流之津涉六藝之鈐鍵學覽者之潭奧摛翰者之華苑也若乃可以博物不惑多識於鳥獸草木之名者莫近於爾雅爾雅者蓋興於中古隆於漢氏豹鼠既辯其業亦顯英儒贍聞之士洪筆麗藻之客靡不欽玩耽味為之義訓璞不揆樘昧少而習焉沈研鑽極二九載矣雖注

者十餘然猶未詳備並多紛謬有所漏略是以復綴集異聞會稡舊說考方國之語釆謠俗

之志錯綜樊孫博關羣言剟其瑕礫捃其蕭稂事有隱滯援據徵之其所易了闕而不論別

爲音圖用祛未寤輒復擁篲清道企望塵躅者以將來君子爲亦有涉乎此也

孔穎達　唐衡水人字仲達官至國子祭酒嘗受　太宗命撰五經正義考前儒之異說而求其一是遂頒示學官

著爲功令後儒皆推稱之卽今注疏本之五經疏也。

詩正義序

夫詩者論功頌德之歌止僻防邪之訓雖無爲而自發乃有益於生靈六情靜於中百物盪

於外情緣物動物感情遷若政遇醇和則歡娛被於朝野時當慘黷亦怨刺形於詠歌作之

者所以暢懷舒憤聞之者足以塞違從正發諸情性諧於律呂故曰感天地動鬼神莫近於

詩此乃詩之爲用其利大矣若夫哀樂之起冥於自然喜怒之端非由人事故燕雀表嗊嗃

之感鸞鳳有歌舞之容然則詩理之先同夫開闢詩迹所用隨運而移上皇道質故諷諭之

情寡中古政繁亦謳謌之理切唐虞乃見其初犧軒莫測其始於後時經五代篇有三千成

康沒而頌聲寢陳靈興而變風息先君宣父釐正遺文緝其精華褫其煩重上從周始下暨

魯僖四百年間六詩備矣卜商闡其業雅頌與金石同和秦正燎其書簡牘與煙塵共盡漢

氏之初詩分爲四申公騰芳於鄢郢毛詩光價於河間貫長卿傳之於前鄭康成箋之於後

晉宋二蕭之世其道大行齊魏兩河之間茲風不墜其近代爲義疏者有全緩何允舒瑗劉

軌思醜劉焯劉炫等然焯炫並聰穎特達文而又儒擢秀幹於一時騁絕轡於千里固諸

儒之所揖讓日下之無雙於其所作疏內特爲殊絕今奉敕刪定故據以爲本然焯炫等貿

恃才氣輕鄙先達同其所異異其所同或應略而反詳或宜詳而更略準其繩墨差亦未免

勘其會同時有顧躓今則削其所煩增其所簡唯意存於曲直非有心於愛憎謹與朝散大

夫行太學博士臣王德韶徵仕郎守四門博士臣齊威等對其討論辨詳得失至十六年又

奉敕與前修疏人及給事郎守太學助教雲騎尉臣趙乾叶登仕郎守四門助教雲騎尉臣

賈普耀等對敕使趙宏智覆更詳正凡爲四十卷庶以對揚聖範垂訓幼蒙故序其所見載

之於卷首云爾

禮記正義序

夫禮者經天地理人倫本其所起在天地未分之前故禮運云夫禮必本於大一是天地未

分之前已有禮也禮者理也其用以治則與天地俱故昭二十六年左傳稱晏子云禮之

可以爲國也久矣與天地並但于時質略物生則自然而有尊卑若羊羔跪乳鴻雁飛有行

列豈由敎之者哉是三才既判尊卑自然而有但天地初分之後即應有君臣治國但年代

縣遠無文以言案易緯通卦驗云天皇之先與乾曜合元君有五期輔有三名注云君之用

事五行。王亦有五期輔有三名公卿大夫也又云遂皇始出握機矩注云遂皇謂遂人在伏

羲前始王天下也矩法也言遂皇持斗機運轉之法指天以施政教既云始王天下是尊卑

之禮起于遂皇也持斗星以施政教者卽禮緯斗威儀云宮主君商主臣角主父徵主子羽

主夫少宮主婦少商主政是法北斗而為七政七政之立是禮迹所興也鄭康成六藝論云

易者陰陽之象天地之所變化政教之所生自人皇初起人皇卽遂皇也既政教所生初起

於遂皇則七政是也六藝論又云遂皇之後歷六紀九十一代至伏羲始作十二言之教然

則伏羲之時易道既彰則禮事瀰著案譙周古史考云有聖人以火德王造作鑽燧出火教

民熟食人民大悅號曰遂人次有三姓乃至伏羲制嫁娶以儷皮為禮作琴瑟以為樂又帝

王世紀云燧人氏沒包羲氏代之以此言之則嫁娶嘉禮始於伏羲也但古史考云遂皇至于

伏羲唯經三姓六藝論云歷六紀九十一代其又不同未知孰是或於三姓而為九十一代

也案廣雅云一紀二十七萬六千年方叔機注六藝論云六紀者九頭一五龍五攝提紀合

洛紀連通紀序命紀凡六紀九十一代者九頭一五龍五攝提七十二合洛三連通六序

命四凡九十一代也但伏羲之前及伏羲之後年代參差所說不一緯候紛紜各相乖背且

復煩而無用今並略之唯據六藝論之文及帝王世紀以為說也案易繫辭云包羲氏沒神

農氏作案帝王世紀云伏羲之後女媧氏亦風姓也女媧氏沒次有大庭氏柏皇氏中央氏

巢陸氏驪連氏赫胥氏尊盧氏渾沌氏昊英氏朱襄氏葛天氏陰康氏無懷氏凡十

五代皆襲伏犧之號然鄭玄以大庭氏是神農之別號案封禪書無懷氏在伏犧之前今在

伏犧之後則世紀之文未可信用世紀又云神農始教天下種穀故人號曰神農案禮運云

夫禮之初始諸飲食燔黍捭豚蕢桴而土鼓又明堂位云土鼓蕢桴伊耆氏之樂又郊特牲

云伊耆氏始為蜡蜡即田祭與種穀相協土鼓蕢籥又蕢桴土鼓相當故熊氏云伊耆氏

即神農也既云諸飲食致敬鬼神則祭祀吉禮起於神農也又史記云黃帝與蚩尤戰於

涿鹿則有軍禮也易繫辭黃帝九事章云古者葬諸中野則有凶禮也又論語撰考云軒知

地利九牧倡教既有九州之牧當有朝聘是賓禮也若然自伏犧以後至黃帝吉凶賓軍嘉

五禮始其皇氏云禮有三起禮理起于大一禮事起於遂皇禮名起於黃帝其禮理起於大

一其義通也其禮事起於遂皇名起於黃帝其義乖也且遂皇在伏犧之前禮運燔黍捭

豚在伏犧之後何得以祭祀在遂皇之時其唐堯則舜典云修五禮鄭康成以為公侯伯子

男之禮又云命伯夷典朕三禮五禮其文亦見經也案舜典云類于上帝則吉禮也百姓如

喪考妣則凶禮也羣后回朝則賓禮也舜征有苗則軍禮也嬪于虞則嘉禮也是舜時五禮

具備直云典朕三禮者據事天地與人為三禮也其餘四禮並人事兼

之也案論語云殷因於夏禮周因於殷禮則禮記摽陳虞夏商周則是虞夏商周各有當代

之禮則夏商亦有五禮鄭康成注大宗伯唯云唐虞有三禮至周分爲五禮不言夏商者但

書篇散亡夏商之禮絕滅無文以言故據周禮有文者而言耳武王沒後成王幼弱周公代

之攝政六年致大平述文武之德而制禮也故洛誥云考朕昭子刑乃單文祖德又禮記明

堂位云周公攝政六年制禮作樂頒度量於天下但所制之禮則周官儀禮也鄭作序云禮

者體也履也統之於心曰體踐而行之曰履鄭知然者禮器云禮者體也祭義云禮者履此

者也禮記既有此釋故鄭依而用之禮雖合訓體履則周官爲體儀禮爲履故鄭序又云然

則三百三千雖混同爲禮至於並立俱陳則曰此經禮也或云此威儀

也是周禮儀禮有體履之別也所以周禮爲體者周禮是立治之本統之心體以齊正於物

故爲禮賀瑒云其體有二一是物體言萬物貴賤高下小大文質各有其體二曰禮體言聖

人制法體此萬物使高下貴賤各得其宜也其儀禮但明體之所行踐履之事物雖萬體皆

同一履履無兩義也于周之禮其文大備故論語云周監于二代郁郁乎文哉吾從周也然

周既禮道大用何以老子云失道而後德失德而後仁失仁而後義失義而後禮者忠信

之薄道德之華爭愚之始故先師準緯候之文以爲三皇行道五帝行德三王行仁五霸行

義若失義而後禮豈周之成康在五霸之後所以不同者老子盛言道德質素之事無爲靜

默之教故云此也禮爲浮薄而施所以抑浮薄故云忠信之薄且聖人之王天下道德仁義

及禮並蘊於心但量時設教道德仁義及禮須用則行豈可三皇五帝之時全無仁義禮也。

殷周之時全無道德也老子意有所主不可據之以難經也既周禮爲體其周禮見於經籍

其名異者見有七處案孝經說云禮經三百一也禮器云禮經三百二也中庸云禮儀三百

三也春秋說禮經三百四也禮說云禮經有正經三百五也周官外題謂爲周禮六也漢書藝

文志周官經六篇七也七者皆云三百。故知俱是周官周禮三百六十舉其大數而云三百

也其儀禮之別亦有七處而有五名一則孝經說春秋及中庸並云威儀三千二則禮器云

曲禮三千三則禮說云動儀三千四則謂爲儀禮五則漢書藝文志謂儀禮爲古禮經凡此

七處五名稱謂並承三百之下故知卽儀禮也所以三千者其履行周官五禮之別其事委

曲條數繁廣故有三千也非謂篇有三千條耳或一篇一卷則有數條

之事今行於世者唯十七篇而已故漢書藝文志云漢初高堂生傳禮十七篇是也至武帝

時河間獻王得古禮五十六篇獻王獻之又六藝論云後得孔子壁中古文禮凡五十六篇

其十七篇與高堂生所傳同而字多異其十七篇外則逸禮是也周禮爲本則聖人體之儀

禮爲末賢人履之故鄭序云體履之謂聖履之爲賢是也既周禮爲本則重者在前故崇伯序

五禮以吉禮爲上儀禮爲末故輕者在前故儀禮先冠昏後喪祭故鄭序云二者或施而上

或循而下其周禮六藝論云周官璧中所得六篇漢書說河間獻王開獻書之路得周官有

五篇失其冬官一篇乃購千金不得取考工記以補其闕漢書云得五篇六藝論云得其六

篇其文不同未知孰是其禮記之作出自孔氏但正禮殘缺無復能明故范武子不識殽烝

趙鞅及魯君謂儀爲禮至孔子沒後七十二之徒共撰所聞以爲此記或錄舊禮之義或錄

變禮所由或兼記體履或雜序得失故編而錄之以爲記也中庸是子思伋所作緇衣公孫

尼子所撰鄭康成云月令呂不韋所修盧植云王制謂漢文時博士所錄其餘衆篇皆如此

例但未能盡知所記之人也其周禮儀禮禮記之書自漢以後各有傳授鄭君六藝論云案

漢書藝文志儒林傳禮傳者十三家唯高堂生及五傳弟子戴德戴聖名在也又案儒林

傳云漢興高堂生傳禮十七篇而魯徐生善爲容孝文時徐生以容爲禮官大夫瑕丘蕭奮

以禮至淮陽太守孟卿東海人事蕭奮以授戴德戴聖六藝論云五傳弟子者熊氏云則高

堂生蕭奮孟卿后倉及戴德戴聖爲五也此所傳皆儀禮也六藝論云今禮行於世者戴德

戴聖之學也又云戴德傳記八十五篇則大戴禮是也戴聖傳禮四十九篇則此禮記是也

儒林傳云大戴授琅琊徐氏小戴授梁人橋仁字季卿楊榮字子孫仁爲大鴻臚家世傳業

其周官者始皇深惡之至孝武帝時始開獻書之路既出於山巖屋壁復入祕府五家之儒

莫得見焉至孝成時通人劉歆校理祕書始得列序著于錄略爲衆儒排棄歆獨識之知是

周公致太平之道河南緱氏杜子春永平時初能通其讀鄭衆賈逵往授業焉其後馬融鄭

玄之等各有傳授不復繁言也。

賈公彥　永年人永徽中爲太子博士著周禮儀禮義疏發揮鄭學稱爲博洽與孔穎達之五經正義並列學官。

周禮廢興序

周公制禮之日禮致興行。後至幽王禮儀紛亂。故孔子云諸侯專行征伐十世希不失鄭注

云亦謂幽王之後也。故晉侯趙簡子見儀皆謂之禮孟僖子又不識其儀也。至於孔子更修

而定之時已不具。故儀禮注云後世衰微幽厲尤甚禮樂之書稍稍廢棄孔子曰吾自衛反

於魯然後樂正雅頌各得其所謂當時在者而復重雜亂者也。惡能存其亡者乎至孔子卒

後復更散亂。故藝文志云昔仲尼沒微言絕七十二弟子喪而大義乖諸子之書紛然散亂。

至秦患之乃燔滅文章以愚黔首又云禮經三百威儀三千及周之衰諸侯將踰法度惡其

害己滅去其籍自孔子時而不具。至秦大壞漢興至高堂生博士傳十七篇孝宣世后倉最

明禮戴德戴聖慶普皆其弟子三家立于學官案儒林傳漢興高堂生傳禮十七篇而魯徐

生善爲容孝文時徐生以容爲禮官大夫而瑕丘蕭奮以禮至淮陽太守孟卿東海人也事

蕭奮以授后倉后倉說禮數萬言號曰后氏曲臺記授戴德戴聖鄭云五傳弟子則高堂生

蕭奮孟卿后倉戴德戴聖是爲五也。此所傳者謂十七篇即儀禮也。周官孝武之時始出祕

而不傳周禮後出者以其始皇特惡之故也。是以馬融傳云秦自孝公已下用商君之法其

政酷烈。與周官相反。故始皇禁挾書特疾惡欲絕滅之。搜求焚燒之獨悉是以隱藏百年孝武帝始除挾書之律開獻書之路既出於山巖屋壁復入於祕府五家之儒莫得見焉至孝成皇帝達才通人劉向子歆校理祕書始得列序著于錄略然亡其冬官一篇以考工記足之時衆儒並出共排以為非是唯歆獨識其年尚幼務在廣覽博觀又多銳精于春秋末年乃知其周公致太平之迹迹具在斯奈遭天下倉卒兵革並起疾疫喪荒弟子死喪徒有里人河南緱氏杜子春尚在永平初年且九十家于南山能通其讀頗識其說鄭衆賈逵往受業焉衆達洪雅博聞又以經書記轉相證明為解達解行于世衆解不行兼攬二家為備多所遺闕然衆時所解說近得其實獨以書序言成王既黜殷命還歸在豐作周官則此周官也失之矣達以為六鄉大夫則家宰以下及六遂為十五萬家緝千里之地甚謬焉此比多多吾甚閔之久矣六鄉之人實居四同地故云緝千里之地者誤矣又六鄉大夫家宰以下所非者不著又云多多者如此解不著不著者多又云至六十為武都守郡小少事乃述平生之志著易尚書詩禮傳皆訖惟念前業未畢者唯周官年六十有六目瞑意倦自力補之謂之周官傳也案藝文志云成帝時以書頗散亡使謁者陳農求遺書于天下詔光祿大夫劉向校書經傳諸子詩賦向輒條其篇目撮其指意錄而奏之會向卒哀帝復使向子歆卒父業歆於是揔羣書奏其七略故有六藝七略之屬歆之錄在於哀帝之時不審馬融何云至孝

成皇帝。命劉向子歆考理祕書。始得列序。著於錄略者。成帝之時。蓋劉向父子並被帝命至

向卒哀帝命歆卒父所修者。故今文乖理則是也。故鄭玄序云世祖以來通人達士大中大

夫鄭少贛名與。及子大司農仲師名衆。故議郎衛次仲侍中賈君景伯南郡太守馬季長皆

作周禮解詁又云玄竊觀二三君子之文章。顧省竹帛之浮辭。其所變易灼然如晦之見明。

其所彌縫奄然如合符復析斯可謂雅達廣攬者也。然猶有參錯同事相違則就其原文字

之聲類考訓詁捃祕逸謂二鄭者同宗之大儒。明理于典籍怊識皇祖大經周官之義存古

字發疑正讀亦信多善徒寡且約用不顯傳于世今讚而辨之庶成此家世所訓也。○其名

周禮爲尚書周官者周天子之官也書序曰成王既黜殷命滅淮夷還歸在豐作周官是言

蓋失之矣案尚書盤庚康誥說命泰誓之屬三篇序皆云某作若干篇今多者不過三千言

又書之所作據時事爲辭君臣相誥命之語作周官之時周公又作立政上下之別正有一

篇周禮乃六篇文異數萬終始辭句非書之類難以屬之時有若茲焉得從諸又云斯道也

文武所以綱紀周國君臨天下周公定之致隆平龍鳳之瑞然則周禮起於成帝劉歆而成

于鄭玄附離之者大半故林孝存以爲武帝知周官末世瀆亂不驗之書故作十論七難以

排棄之何休亦以爲六國陰謀之書唯有鄭玄徧覽羣經知周禮者乃周公致太平之迹故

能答林碩之論難使周禮義得條通故鄭氏傳曰玄以爲括囊大典網羅眾家是以周禮大

行。後王之法易曰神而化之存乎其人此之謂也

程頤　宋洛陽人字正叔世稱伊川先生為理學大儒著易傳清四庫提要謂程子不信邵子之數故邵子以數言易而程子則言理一闡天道一切人事又著春秋傳未成而卒有經說文集語錄

易傳序

易變易也隨時變易以從道也其為書也廣大悉備將以順性命之理通幽明之故盡事物之情而示開物成務之道也聖人之憂患後世可謂至矣去古雖遠遺經尚存然而前儒失意以傳言後學誦言而忘味自秦而下蓋無傳矣予生千載之後悼斯文之湮晦將俾後人沿流而求源此傳所以作也易有聖人之道四焉以言者尚其辭以動者尚其變以制器者尚其象以卜筮者尚其占吉凶消長之理進退存亡之道備於辭推辭考卦可以知變象與占在其中矣君子居則觀其象而玩其辭動則觀其變而玩其占得於辭不達其意者有矣未有不得於辭而能通其意者也至微者理也至著者象也體用一源顯微無間觀會通以行其典禮則辭無所不備故善學者求言必自近易於近者非知言者也予所傳者辭也由辭以得意則在乎人焉

春秋傳序

天之生民必有出類之才起而君長之治之而爭奪息導之而生養遂教之而倫理明然後

二〇九

人道立天道成地道平二帝而十。聖賢世出隨時有作順乎風氣之宜不先天以開人各因
時而立政暨乎三王迭與三重既備子丑寅之建立忠質文之更尚人道備矣天運周矣聖
王既不復作有天下者雖欲倣古之跡亦私意妄爲而已事之繆秦至以建亥爲正道之悖
漢專以智力持世豈復知先王之道也夫子當周之末以聖人不復作也順天應時之治不
復有也於是作春秋爲百王不易之大法所謂考諸三王而不繆建天地而不悖質諸鬼
神而無疑百世以俟聖人而不惑者也先儒之傳游夏不能贊一辭不待贊者也言不能
與於斯爾斯道也唯顏子嘗聞之矣行夏之時乘殷之輅服周之冕樂則韶武此其準的也
後世以史視春秋謂襃善貶惡而已至於經世之大法則不知也春秋大義數十其義雖大
炳如日星乃易見也惟其微辭隱義時措從宜者爲難知也或抑或縱或予或奪或進或退。
或微或顯而得乎義理之中寬猛之宜是非之公乃制事之權衡揆道之模範也
夫觀百物然後識化工之神聚衆材然後知作室之用於一事一義而欲窺聖人之用心非
上智不能也故學春秋者必優游涵泳默識心通然後能造其微也後王知春秋之義則雖
德非禹湯尚可以法三代之治自秦而下其學不傳予悼夫聖人之志不明於後世也故作
傳以明之俾後之人通其文而求其義得其意而法其用則三代可復也是傳也雖未能極
聖人之蘊奧庶幾學者得其門而入矣

大學章句序

大學之書古之大學所以敎人之法也蓋自天降生民則旣莫不與之以仁義禮智之性矣。然其氣質之稟或不能齊是以不能皆有以知其性之所有而全之也一有聰明睿知能盡其性者出於其間則天必命之以爲億兆之君師使之治而敎之以復其性此伏羲神農黃帝堯舜所以繼天立極而司徒之職典樂之官所由設也三代之隆其法寖備然後王宮國都以及閭巷莫不有學人生八歲則自王公以下至於庶人之子弟皆入小學而敎之以灑掃應對進退之節禮樂射御書數之文及其十有五年則自天子之元子衆子以至公卿大夫元士之適子與凡民之俊秀皆入大學而敎之以窮理正心修己治人之道此又學校之敎大小之節所以分也夫以學校之設其廣如此敎人之術其次第節目之詳又如此而其所以爲敎則又皆本之人君躬行心得之餘不待求之民生日用彝倫之外是以當世之人無不學其學焉者無不有以知其性分之所固有職分之所當爲而各俛焉以盡其力此古昔盛時所以治隆於上俗美於下而非後世之所能及也及周之衰賢聖之君不作學校之

政不修致化陵夷風俗穨敗時則有若孔子之聖而不得君師之位以行其政教於是獨取先王之法誦而傳之以詔後世若曲禮少儀內則弟子職諸篇固小學之支流餘裔而此篇者則因小學之成功以著大學之明法外有以極其規模之大而內有以盡其節目之詳者也三千之徒蓋莫不聞其說而曾氏之傳獨得其宗於是作爲傳義以發其意及孟子沒而其傳泯焉則其書雖存而知者鮮矣俗儒記誦詞章之習其功倍於小學而無用異端虛無寂滅之教其高過於大學而無實其他權謀術數一切以就功名之說與夫百家衆技之流所以惑世誣民充塞仁義者又紛然雜出乎其閒使其君子不幸而不得聞大道之要其小人不幸而不得蒙至治之澤晦盲否塞反覆沈痼以及五季之衰而壞亂極矣天運循環無往不復宋德隆盛治教休明於是河南程氏兩夫子出而有以接乎孟氏之傳實始尊信此篇而表章之既又爲之次其簡編發其歸趣然後古者大學教人之法聖經賢傳之指粲然復明於世雖以熹之不敏亦幸私淑而與有聞焉顧其爲書猶頗放失是以忘其固陋采而輯之閒亦竊附己意補其闕略以俟後之君子極知僭踰無所逃罪然於國家化民成俗之意學者修己治人之方則未必無小補云淳熙己酉二月甲子新安朱熹序

中庸章句序

中庸何爲而作也子思子憂道學之失其傳而作也蓋自上古聖神繼天立極而道統之傳

有自來矣其見於經則允執厥中者堯之所以授舜也人心惟危道心惟微惟精惟一允執
厥中者舜之所以授禹也堯之一言至矣盡矣而舜復益之以三言者則所以明夫堯之一
言必如是而後可庶幾也蓋嘗論之心之虛靈知覺一而已矣而以爲有人心道心之異者
則以其或生於形氣之私或原於性命之正而所以爲知覺者不同是以或危殆而不安或
微妙而難見耳然人莫不有是形故雖上智不能無人心亦莫不有是性故雖下愚不能無
道心二者雜於方寸之間而不知所以治之則危者愈危微者愈微而天理之公卒無以勝
夫人欲之私矣精則察夫二者之間而不雜也一則守其本心之正而不離也從事於斯無
少間斷必使道心常爲一身之主而人心每聽命焉則危者安微者著而動靜云爲自無過
不及之差矣夫堯舜禹天下之大聖也以天下相傳天下之大事也而其授受之際丁寧告
戒不過如此則天下之理豈有以加於此哉自是以來聖聖
相承若成湯文武之爲君皐陶伊傅周召之爲臣既皆以此而接夫道統之傳若吾夫子則
雖不得其位而所以繼往聖開來學其功反有賢於堯舜者然當是時見而知之者惟顏氏
曾氏之傳得其宗及曾氏之再傳而復得夫子之孫子思則去聖遠而異端起矣子思懼夫
愈久而愈失其真也於是推本堯舜以來相傳之意質以平日所聞父師之言更互演繹作
爲此書以詔後之學者蓋其憂之也深故其言之也切其慮之也遠故其說之也詳其曰天

命率性則道心之謂也其曰擇善固執則精一之謂也其曰君子時中則執中之謂也世之

相後千有餘年而其言之不異如合符節歷選前聖之書所以提挈綱維開示蘊奧未有若

是其明且盡者也自是而又再傳以得孟氏為能推明是書以承先聖之統及其沒而遂失

其傳焉則吾道之所寄不越乎言語文字之間而異端之說日新月盛以至於老佛之徒出

則彌近理而大亂眞矣然而尚幸此書之不泯故程夫子兄弟者出得有所考以續夫千載

不傳之緒得有所據以斥夫二家似是之非蓋子思之功於是為大而微程夫子則亦莫能

因其語而得其心也惜乎其所以為說者不傳而凡石氏之所輯錄僅出於其門人之所記

是以大義雖明而微言未析至其門人所自為說則雖頗詳盡而多所發明然倍其師說而

淫於老佛者亦有之矣熹自蚤歲即嘗受讀而竊疑之沈潛反復蓋亦有年一旦恍然似有

以得其要領者然後乃敢會衆說而折其衷既為定著章句一篇以俟後之君子而一二同

志復取石氏書刪其繁亂名以輯略且記所嘗論辯取舍之意別為或問以附其後然後此

書之旨支分節解脈絡貫通詳略相因巨細畢舉而凡諸說之同異得失亦得以曲暢旁通

而各極其趣雖於道統之傳不敢妄議然初學之士或有取焉則亦庶乎升高行遠之一助

云爾淳熙己酉春三月戊申新安朱熹序

詩集傳序

或有問於予曰。詩何爲而作也。予應之曰。人生而靜天之性也。感於物而動性之欲也夫既有欲矣則不能無思既有思矣則不能無言既有言矣則言之所不能盡而發於咨嗟詠歎之餘者必有自然之音響節族。而不能已焉。此詩之所以作也曰然則其所以教者何也曰詩者人心之感物而形於言之餘也心之所感有邪正故言之所形有是非惟聖人在上則其所感者無不正而其言皆足以爲教其或感之之雜而所發不能無可擇者則上之人必思所以自反而因有以勸懲之是亦所以爲教也昔周盛時上自郊廟朝廷而下達於鄉黨閭巷其言粹然無不出於正者聖人固已協之聲律而用之鄉人用之邦國以化天下至於列國之詩則天子巡守亦必陳而觀之以行黜陟之典降自昭穆而後寖以陵夷至于東遷而遂廢不講矣孔子生於其時既不得位無以行勸懲黜陟之政於是特舉其籍而討論之去其重複正其紛亂而其善之不足以爲法惡之不足以爲戒者則亦刊而去之以從簡約示久遠使夫學者卽是而有以考其得失善者師之而惡者改焉是以其政雖不足以行於一時而其教實被於萬世是則詩之所以爲教者然也曰然則國風雅頌之體其不同若是何也曰吾聞之凡詩之所謂風者多出於里巷歌謠之作所謂男女相與詠歌各言其情者也惟周南召南親被文王之化以成德而人皆有以得其性情之正故其發於言者樂而不過於淫哀而不及於傷是以二篇獨爲風詩之正經自邶而下則其國之治亂不同人之賢

否亦異其所感而發者。有邪正是非之不齊。而所謂先王之風者於此爲變矣。若夫雅頌之

篇則皆成周之世。朝廷郊廟樂歌之辭。其說和而莊。其義寬而密。其作者往往聖人之徒固

所以爲萬世法程。而不可易者也。至於雅之變者。亦皆一時賢人君子閔時病俗之所爲。而

聖人取之。其忠厚惻怛之心。陳善閉邪之意。尤非後世能言之士所能及之。此詩之爲經所

以人事浹於下。天道備於上。而無一理之不具也。曰然則其學之也當奈何曰本之二南以

求其端。參之列國以盡其變。正之於雅以大其規。和之於頌以要其止。此學詩之大旨也。於

是乎章句以綱之。訓詁以紀之。諷詠以昌之。涵濡以體之。察之性情隱微之間。審之言行樞

機之始。則修身及家平均天下之道。其亦不待他求而得之於此矣。問者唯唯而退。余時方

輯詩傳因悉次是語以冠其篇云淳熙四年丁酉冬十月戊子新安朱熹序

蔡沈　建陽人字仲默父元定師事朱熹皆當時大儒沈承二人未竟之志作書集傳與程頤易傳朱熹易本義詩

集傳胡安國春秋傳及元陳澔禮記集說並爲元明以來功令所用之五經注本大抵宋元人注經多參性理之

說以反求本心爲要雖不廢漢唐人之注疏而於名物訓詁之事用力較淺其間不免稍有疏舛然其說理明白。

切近人事頗得聖人爲敎之旨裨益於後學者亦不少焉

書集傳序

慶元己未冬先生文公令沈作書集傳明年先生歿又十年始克成編總若干萬言嗚呼書

豈易言哉二帝三王治天下之大經大法皆載此書而淺見薄識豈足以盡發蘊奧且生於
數千載之下而欲講明於數千載之前亦已難矣然二帝三王之治本於道二帝三王之道
本於心得其心則道與治固可得而言矣何者精一執中堯舜禹相授之心法也建中建極
商湯周武相傳之心法也曰德曰仁曰敬曰誠言雖殊而理則一無非所以明此心之妙也
至於言天則嚴其心之所自出言民則謹其心之所由施禮樂教化心之發也典章文物心
之著也家齊國治而天下平心之推也心之德其盛矣乎二帝三王存此心者也夏桀商受
亡此心者也太甲成王困而存此心者也存則治亡則亂治亂之分顧其心之存不存如何
耳後世人主有志於二帝三王之治不求其道有志於二帝三王之道不求其心此求其心
求心之要舍是書何以哉沈自受讀以來沈潛其義參考眾說融會貫通迺敢折衷微辭奧
旨多述舊聞二典禹謨先生蓋嘗是正手澤尚新嗚呼惜哉集傳本先生所命故凡引用師
說不復識別四代之書分爲六卷文以時異治以道同聖人之心見於書猶化工之妙著於
物非精深不能識也是傳也於堯舜禹湯文武周公之心雖未必能造其微於堯舜禹湯文
武周公之書因是訓詁亦可得其指意之大略矣嘉定己巳三月既望武夷蔡沈序

錢大昕　　清嘉定人字曉徵號辛楣又號竹汀博通經史小學。乾隆進士官至少詹事卒年七十七著有經典文
　　　字考廿二史考異元史藝文志疑年錄十駕齋養新錄元詩紀事潛研堂詩文集等種自元明以來學者多避難

就易空談性理而不徵故實遂令經傳荒疏學術澆陋清儒懲其流弊故提倡漢學以實事求是無徵不信為主。

其最著名大師則為顧炎武閻若璩江永惠棟戴震段玉裁阮元王念孫引之及大昕諸君或創言旨趣或開示

方法或辨別真偽或考訂訛誤先後特起俱為一時學者所宗仰其犖犖較著述之富略具於江藩之國朝漢

學師承記中此清代學風一變而至於古之梗概也。

經籍纂詁序

有文字而後有詁訓有詁訓而後有義理訓詁者義理之所由出非別有義理出乎訓詁之

外者也詩云天生烝民有物有則民之秉彝好是懿德宣尼贊為知道之言而其

詩述仲山甫之德本於古訓是式古訓者詁訓也詁訓之不忘乃能全乎民秉之彝詁訓之

於人大矣哉昔唐虞讜首稱稽古姬公爾雅詁訓具備孔子大聖自謂好古敏以求之又

云信而好古而深惡夫不知而作者由是刪定六經歸於雅言文也而道即存焉漢儒說經

遵守家法詁訓傳箋不失先民之旨自晉代尚空虛宋賢喜頓悟笑問學為支離棄注疏為

糟粕談經之家師心自用乃以俚俗之言詮說經典若歐陽永叔解吉士誘之為挑誘後儒

遂有詆召南為淫奔而刪之者古訓之不講其貽害於聖經甚矣我國家崇尚實學儒教振

興一洗明季空疏之陋今少司農儀徵阮公以懿文碩學受知九重歷八座累主文衡首

以經術為多士倡謂治經必通訓詁而載籍極博未有會最成一編者往歲休寧戴東原在

書局。實創此議。大興朱竹君督學安徽有志未果公在館閣日與陽湖孫季逑。大興朱少白。桐城馬魯陳相約分纂鈔撮輯經未及半而中輟乃於視學兩浙之暇手定凡例卽字而審其義依韻而類其字有本訓有轉訓次紕布列若綱在綱擇浙士之秀者若干人分門編錄。以敎授歸安丁小雅董其事又延武進臧在東專司校勘書成凡百有十六卷公旣任滿赴關將刊梨棗嘉惠來學以予粗習雅故貽書令序其緣起夫六經定於至聖舍經則無以爲學學道要于好古蒐古則無以見道此書出而窮經之彥焯然有所遵循鄕壁虛造之輩不得勝其說以衒世學術正而士習端其必由是矣小學云乎哉

段玉裁　金壇人字若膺　一字懋堂清乾隆擧人官巫山知縣引疾歸卒年八十一。玉裁師事休寧戴震講求古義尤精小學著有說文解字注六書音均表周禮漢讀考儀禮漢讀考古文尙書選異毛詩詁訓傳經韻樓集等

與諸同志論校書之難書

書

校書之難非照本改字不譌不漏之難也定其是非之難有二曰底本之是非曰立說之是非必先定其底本之是非而後可斷其立說之是非二者不分輒鹵莽如治絲而棼如算之淆其法實而賫亂乃至不可理何謂底本著書者之稿本是也何謂立說著書者所言之義理是也周禮輪人望而視其輪欲其幀爾而下迆也自唐石經以下各本皆作下迆唐賈

氏作不迆故疏曰不迆者謂輻上至轂兩兩相當正直不旁迆故曰不迆也文理甚明今各

本疏文皆作下迆其語絕無文理則非買氏之經本矣此由宋人以疏合經注者改疏之不

字合經之下字所仍之經非買氏之經本也然則經本有二下者是與不者是與曰下者是

也望而視其輻謂視其已成輪之牙輪圜甚牙皆向下迆邪非謂輻與轂正直兩兩相當經

下文縣之以視其輻之直自謂輻規之以視其圜自謂牙輪之圜在牙上文轂輻牙爲三材

此言輪輻轂輪卽牙也然則唐石經及各本經作下是買氏本作不非也而義理之是非定

矣倘有淺人校疏文下迆之誤改爲不迆因以疏文之不迆則買疏之底本

得矣而義理乃大乖也王制虞庠在國之四郊注云周立小學於四郊唐孔氏本經注皆作

西郊祭義天子設四學當入學而大子齒注云四學謂周有四郊之虞庠孔氏本改注作西

郊故疏云天子設四代之學周學殷學夏學虞學也天子設四學以有虞庠爲小學設置於

西郊當入學之時而大子齒於國人今本疏文作設置於四郊文理不可通則非孔氏之底

本矣此由宋人以疏合經注者改疏之四郊所仍之注非孔氏之注本也然則

祭義注本有二四郊是與西郊是也鄭注以周有四郊虞庠釋經四學文理一

直並無轉折周有四郊虞庠卽王制之虞庠在國四郊注之周立小學於四郊也故皇侃云

四郊皆有虞庠通典云周制大學爲東膠小學爲虞庠引鄭注祭義周有四郊之虞庠又引

崔靈恩說亦云鄭注祭義曰周有四郊之虞庠。北史劉芳傳芳表曰禮記云。周人養庶老於
虞庠。虞庠在國之西郊。又云天子設四學當入學而大子齒注云四學謂周四郊之虞庠也。
劉崔皇杜所見祭義注皆作四郊王蕭雖好駁鄭。而劉芳表云王蕭禮記注云周天子四郊有
學去都五十里鄭氏則不知遠近按鄭注王制移之郊云。爲習禮於郊學。郊在鄉界之外則
鄭謂郊學在遠郊百里蕭則云近郊五十里惟此爲小異而小學在四郊無異故盧辯注大
戴禮亦言四郊之學劉芳表曰大學在國四小學在郊引保傅篇帝入東學帝入西學帝入
南學入北學帝入大學而總之曰周之五學於此彌彰崔靈恩亦曰凡立學之法有四郊
及國中四郊並方名之國中謂之大學然則四郊小學絕無可疑再證以王制注習禮於郊
學在六鄉之外六遂之內則斷不專在西郊一處亦可證或以祭義祀先賢於西學爲疑不
知此卽保傅篇帝入西學尚賢而貴德祭先賢專在西郊也西學者四郊之一別辭也四學
者合四郊言之都辭也孔氏於王制作依誤本西郊虞庠因改此注亦作西郊之虞庠而經文
故作四學因用儀禮注周立四代之學釋經之設四學以四學中有西郊虞庠釋注謂西
郊之虞庠是不思儀禮四代之學謂立大學於國中不得與郊之小學糅合爲四也且以一
承四甚費周折是孔氏二疏作西郊皆非也而義理之是非定矣倘有淺人校祭義疏改四
爲西因並改祭義注之四爲西王制經注疏之西郊皆沿誤不改則孔疏之底本雖得而於

義理乃大乖也。春秋左傳衞侯賜北宮喜諡曰貞子賜析朱鉏諡曰成子。而以齊氏之墓與之。杜注曰皆死而賜諡及墓田傳終言之。宋本亦或作皆未死而賜諡及墓田傳終而言之。二者皆出於宋本執爲是與。曰皆死而賜者是也。二人時未死也。既死而賜。故要其終而言之。若云皆未死而賜。則傳終言之之句不可接。而爲贅辭矣。是一本作未死而賜者非也。然則死而賜於說經是也。與曰奉秋常事不書。書者爲其未死而賜也。云死而賜。則杜注之底本得矣。而於義理實非也。毛詩涇以渭濁箋云涇水以有渭故君子見謂己惡也。引定本箋作涇水以有渭故見謂濁。舊本如此。一本渭作謂後人改耳。按同一字而正義作見謂。師古定本作見謂涇三者執是。曰正義作謂是也。如釋文作見渭則不可通。定本作見渭不可通而改之耳。作見謂濁文理易憭。陸德明反說見謂爲非見渭爲是。苟知孔氏疏文底本作不誤。而義理之是非亦定矣。偷有必據釋文以改正義則孔疏之底本失。而於義理乃大乖也。士冠禮以摯見於鄉大夫鄉先生冠義同上鄉字釋文作鄉云二鄉並音香二經疏皆作卿大夫鄉先生賈云經言卿大夫不言士孔云謂在朝之卿大夫也鄉卿果執是與曰鄉大夫是也作卿非也凡言鄉大夫有二義一則周禮之本鄉鄉老鄉大夫關以下州長黨正族師閭胥也鄉大夫卿

也鄉老公也舉鄉大夫以上關公下關士也一則本鄉之仕為大夫在朝者亦舉大夫以關

卿士也鄉射禮注云遂者鄉之人仕至大夫者又曰鄉先生鄉大夫致仕者也此鄉大夫三

字所謂同一鄉之人仕至大夫而仕至大夫曰鄉先生鄉大夫每鄉卿一人者亦即大夫

之一也同一鄉仕至大夫致仕者即上老坐於右塾庶老坐於左塾鄉飲鄉射則

謂之遂者是也鄭於儀禮禮記皆釋鄉先生不釋鄉大夫者禮記言鄉先生同鄉老而致仕

者則鄉大夫之為同鄉現仕者可知矣儀禮言鄉中老人為卿大夫致仕者則鄉大

夫為鄉中卿大夫未致仕者可知矣必重同鄉者死徒無出鄉百姓親睦相保相葬相

救相賙相賓欲使一鄉之人相好如一家六鄉六遂皆然而後仁義著教化行本鄉之外恐

太廣而不浹本鄉之內不甚遠而易相親故有冠者必見其鄉之已仕致仕者聖人教民之

深意也如買孔作卿大夫則在朝之卿大夫其可全見與是以陸是而買孔非也今若依買

孔之底本改陸氏音香之說改二經作卿大夫則買孔之底本得矣而於義理乃大乖也就

五事論之依今疏作下遂而買不受也依買作不遂以改經而考工經不受也依祭義今疏

作四郊虞庫而孔不受也依孔作西郊而祭義王制經注不受也依皆未死而賜謚而杜元

凱不受也依皆死而謚又恐左公不受也依疏作見謂濁而陸不受也依釋文作見渭濁而

鄭箋不受也改二疏作鄉大夫而買孔不受也依疏以改經及釋文作卿大夫而經釋文不

受也。故校經之法必以賈還賈。以孔還孔。以陸還陸。以杜還杜。以鄭還鄭。各得其底本而後

判其義理之是非。而後經之底本可定。而後經之義理可以徐定不先正注疏釋文之底本

則多誣古人。不斷其立說之是非則多誤今人自宋人合正義釋文於經注而其字不相同

者一切改之使同使學而不思者白首茫如其自負能校經者分別又無眞見故三合之注

疏本似便而易惑久爲經之賊而莫之覺也如近者顧千里校祭義疏改四郊爲西郊孔氏

之底本得矣而遂欲改注之四郊爲西郊且云王制經注之西郊不誤是知孔氏之底本而

不知鄭氏之底本也鄭氏之底本失則經之底本亦失而周制四郊小學遂不傳矣千里又

竊余曩時辨劉端臨盧紹弓據二疏改經鄉大夫爲卿大夫之說著於禮記考異而未知其

詳且又因宋本之譌字謂賈作鄉不誤是又知經之底本而不知賈疏之底本也知之者所

以辨其非而歸於一是也東原師云鑿空之弊有二其一緣辭生訓也其一守譌傳繆者也緣

辭生訓者所釋之義非其本義守譌傳繆者所據之經併非其本經如孔氏虞庠在國西郊

所謂所據非其本經也而緣之立說則所釋之義非其本義矣經文之不誤者尚懼緣

辭生訓所釋非其本義況守譌傳繆之經耶孔氏守唐時譌繆之本千里又守孔氏所守至

於古本之是者確有可據而不之信孔以誣鄭誣鄭以誣經不大爲經之害也哉凡校經

者貴求其是而已以祭義注四郊虞庠謂之四學正王制經注之西郊爲四郊考之大戴禮

如。王蕭劉芳皇侃崔靈恩杜佑諸家而無不合以排孔氏之疏繆所謂求其是也執事以為何

章學誠　會稽人字實齋乾隆進士邃於史學著有文史通義校讐通義札逐乙卯丙辰劄記實齋文鈔案章氏

文史通義中力闢六經皆史之說謂史即周官所掌之史（此史字與後世所謂乙部之著述有別不可相混而

說）六經皆先王之政典後人不容僭擬其說蓋本於班固漢書儒林傳序曰六學即六經皆王敎之典籍一語

嗣是襲自珍著六經正名顏與其說互相發明而劉恭冕與劉伯山書則謂今之列學官者當有二十一經其說

又與章襲相反然亦未嘗不言之成理學者可並參之

經解上　文史通義

六經不言經三傳不言傳猶人各有我而不容我其我也依經而有傳對人而有我是經傳

人我之名起於勢之不得已而非其質本爾也易曰上古結繩而治後世聖人易之以書契

百官以治萬民以察夫爲治爲察所以宣幽隱而達形名布政敎而齊法度也未有以文字

爲一家私言者也易曰雲雷屯君子以經綸經綸之言綱紀宙之謂也鄭氏注謂論撰書

禮樂施政事經之命名所由昉乎然猶經緯經紀云爾未嘗明指詩書六藝爲經也三代之

衰治敎既分夫子生於東周有德無位懼先聖王法積道備至於成周無以續且繼者而至

於淪失也於是取周公之典章所以體天人之撰而存治化之迹者獨與其徒相與申而明

之。此六藝之所以雖失官守。而猶賴有詩教也。然夫子之時。猶不名經也。逮夫子既沒微言絕而大義將乖於是弟子門人各以所見聞所傳聞者。或取簡畢。或授口耳。錄其文而起義左氏春秋子夏喪服諸篇皆名爲傳。而前代逸文不出於六藝者稱述皆謂之傳如孟子所對湯武及文王之囿是也。則因傳而有經之名由之因子而立父之號矣至於官師既分處士橫議諸子紛紛著書立說。而文字始有私家之言不盡出於典章政教也儒家者流乃會六藝而奉以爲經則又不獨對傳爲名也荀子曰夫學始於誦經終於習禮莊子曰孔子言治詩書禮樂易春秋六經又曰繇十二經以見老子荀莊皆出子夏門人而所言如是六經之名起於孔門弟子亦明矣。然所指專言六經以先王政教典章綱維天下。故經解疏別六經以爲入國可知其教也論語述夫子之言行爾雅爲羣經之訓詁孝經則又再傳門人之所述與緇衣坊表諸記相爲出入者弱劉向班固之徒序類有九而稱藝爲六則固以三者爲傳。而附之於經所謂離經之傳不與經之傳相次也當時諸子著書往往自分經傳如撰輯管子者之分別經言嬰子亦有經篇韓非則有儲說經傳蓋亦因時立義自以其說相經緯爾非有所擬而僭其名也經同尊稱其義亦取綜婁非如後世之嚴也聖如夫子而不必爲經諸子有經以實其傳其義各有攸當也後世著錄之家因文字之繁多不盡關於綱紀於是取先聖之微言與羣經之翼羽皆稱爲經如論語孟子孝經與夫大小戴記之別

於禮左氏公穀之別於春秋皆題爲經乃有九經十經十三十四諸經以爲專部蓋尊經而

拜及經之支裔也而儒者著書始嚴經名不敢觸犯則尊聖教而慎避嫌名蓋猶三代以後

非人主不得稱我爲朕也然則今之所謂經其強牢皆古人之所謂傳也古之所謂經乃三

代盛時典章法度見於政教行事之實而非聖人有意作爲文字以傳後世也

附錄　劉恭冕與劉伯山書

竊思段懋堂先生擬以史記漢書說文諸書與五經並列學官。惜當時之讀書者咸囿於

所習未克行先生之意冤嘗推其意而論之以爲今之列學官者當有二十一經不當僅

列十三經大戴禮中多記孔子曾子之語其精言粹義多與表記大學相出入故漢志隋

志咸以大戴記與小戴記並列今人祗知習小戴記而讀大戴記者千不得一此當補列

爲經者一也荀子亦傳孔門之學徧治羣經西漢之學皆荀子一派之傳其功不在孟子

下後儒徒以其反悖孟子遂並棄其書不使與孟子並列此當補列爲經者二也太史公

作史記備列古今興廢之迹以論其得失而八書尤足與禮經相輔蓋史公本治易書之

學儼然西漢之經生班氏以先黃老而後六經斥之非通論也此當補列爲經者三也孟

堅漢書乃斷代作史者之祖後世史家咸稟其法故後世皆以馬班並稱此當補列爲經

者四也溫公通鑑備列古今之政事乃古代論治之書也其所論斷悉受法於春秋足以

善善惡惡儆戒百世此當補列爲經者五也。楚詞爲詞章之祖然諷一勸百。怨而不怒史

公稱離騷一篇兼有小雅國風之旨可謂知言此當補列爲經者六也。說文解字集小學

之大成古今以來欲通經學悉以小學入手而此書實經學之津梁故近代治經之儒咸

先從事於此書此當補列爲經者七也。九章算法亦爲西周舊籍乃商辛甲以授周公者

也。古人書數二端列於六藝而此書實爲算法之祖此當補列爲經者八也。以此八書與

十三經相合共成二十一經倘能家絃戶誦則人人皆可爲通儒矣。

焦循　甘泉人字里堂乾隆舉人爲阮元之族姊夫恬淡寡欲博學無方著有易章句易通釋易圖略論語通釋

孟子正義雕菰樓集

與某論漢儒品行書

循頓首白接讀手書得聞責過之言夫以循不肯而責之實以循可致而愛之且以循自誤

而惜之也循聞之不禁背汗顙泚愧悔交集特以弱冠以來嗜痂成癖習之旣久性情安之

亦如伶酒賀詩死亡莫變得聆至論感慕莫能從旣而思之甚有不可不辨者誠以人心學問

之所關非小故矣自南宋空衍理性而漢儒訓故之學幾卽於廢明末以來稍復古學攻擊

肆情門戶遂立在前若楊升菴在後若毛大可其視宋儒有不異寇讐敵國之比者此實其

根柢淺陋大體未明耳抑知儒者所奉孔子也孔子之科有四而止于二端曰言曰行而已。

六經者言也後世諸儒皆其言者也秦人之語秦人能解之汾雒之人或半解之滇黔閩粵

之間則芒然不知所謂矣六經如秦漢儒如汾雒宋儒如滇黔閩粵今欲通秦人之言問之

汾雒乎問之滇黔閩粵乎雖然汾雒非秦人也故說經之法必以經文爲之主而以漢儒爲

之輔以通乎六經之言而非以求勝宋人故爲此也宋人若茂叔伊川考亭象山諸君子立

忠孝之準盡利義之辨去欲存誠黜浮崇實所以翊孔子之敎而爲萬古躬行實踐之則經

訓雖疏何損大節不用其言而並黜其行其在聖門孟矣賊矣近年以來循方勘破此旨時

以衾景之間不能無愧惟恐責循者持以詞之以爲徒漢學之軀殼不能體聖賢立敎之心

則是時將無地自容求死莫獲不料責循者之適相反也來書云欲求科第必學宋儒又云

漢人品行不及宋人之恬淡既以科第之學歸之宋儒則所謂宋儒者第近來時文講章之

宋儒庸下之師假以餬口冒義理之說飾空陋之才陽挾爲道學之談陰聳以爵祿之貴以

拒高賢以抑弟子及叩以宋儒之書往往不能舉其目程朱若在必移之於郊以是爲宋儒

子亦過矣且子謂宋儒恬淡漢人莫及其亦謂兩漢之學皆隨俗干求利祿之徒乎循

於史書多不記憶而漢儒本末則稍稍能詳言之西漢之經學最顯莫如董子太史公云公

孫宏治春秋不如仲舒而希世用事位至公卿仲舒疾其後諸儒之議而興穀梁傳者

蕭望之也望之與王仲翁俱爲丙吉所薦並見霍光是時吏民當見者露索挾持望之獨不

肯聽因不見用仲翁為光祿大夫謂望之曰不肯錄錄反抱關為望之曰各從其志二君之
行可以見矣他如田何伏勝毛萇王式之徒各守其業不聞有干求自貶之事若曰某為丞
相某為太守某為御史大夫沾沾焉指以為榮則班生之陋也東漢諸儒其跡尤顯帝問郊
禮於鄭興興不為讖遂以不任其時上之好緯臣下所知與志在榮祿學不敢
稍變以媚人主康成杜門其始由於黨禁固曰勢無已也久之黨禁既開一則幅巾見何進。
一宿逃去再則以袁紹之舉徵為司農乞歸不仕清風介節皎耀千古張平子通五經貫六
藝舉孝廉辟公府皆不就史稱其從容淡靜誠有然者又如申屠蟠學貫五經兼明圖緯隱
居不仕傭為漆工周彥祖少通詩論長禮易陂田自給悔於滑泥其列儒林傳者劉桓公
習施氏之易舉孝廉而逃敎授於江陵孔子建傳古文尚書其對崔篆曰吾有布衣之心子
有袞冕之志各從所好不亦善乎楊文義精習韓詩經中博士自以年未五十不膺舊科上
府讓選何劭公精研六經通公羊孝經論語風角七分以列卿子詔拜郎中非其所好辭病
而去其穎子嚴蔡叔陵趙岐盧植並能恥交欲貴徵聘不起誠皆耽志詩書無心利祿非同
以口舌文章鉤致名譽惟劉歆張禹戴聖馬融之徒志存娛鄙為世所譏以此槪漢儒豈盡
然哉即令兩漢經生率皆貪緣躁競之流輩為其學亦惟師其言而置其行孔子曰不以言
取人不以人廢言言與行之不能相提並論久矣子責循循不能辨子誣漢儒循能已於言

二三○

哉直言無狀惟更致正之幸甚。

阮元　儀徵人字伯元號芸臺乾隆進士道光時官至體仁閣大學士歷官中外所至以提倡學術爲己任在館修儒林傳在粵設學海堂又輯經籍纂詁校勘十三經彙刻學海堂經解一百八十八種（一名皇清經解後王先謙又彙刻皇清經解續編二百九種清人漢學家著述大略盡於此二叢編矣）號爲訓詁之淵海經典之統宗卒諡文達有硏經室集。

國史儒林傳序

昔周公制禮太宰九兩繫邦國三曰師四曰儒復於司徒本俗聯以師儒師以德行教民儒以六藝教民分合同異周初已然矣數百年後周禮在魯儒術爲盛孔子以王法作述道與藝合兼備師儒顏曾所傳以道兼藝游夏之徒以藝兼道定哀之間儒術極醇無少差繆者此也荀卿著論儒術已乖然六經傳說各有師授秦棄儒籍入漢復興雖黃老刑名貗復淆雜迨孝武盡黜百家公卿大夫士吏彬彬多文學矣東漢以後學徒數萬章句漸疏高名善士牛入黨流迄乎魏晉儒風蓋已衰矣司馬班范皆以儒行立傳敍述經師家法授受秩然雖於周禮師教未盡克兼然名儒大臣匡時植教祖述經說文飾章疏皆與儒林傳相出入。是以朝秉綱常士敦名節拯衰銷逆多歷年所則周魯儒學之效也兩晉玄學盛與儒道衰弱南北割據傳授漸殊北魏蕭梁義疏甚密北學守舊而疑新南學喜新而得僞至隋唐五

經正義成而儒者鮮以專家古學相授受焉宋初名臣皆敦道誼濂洛以後遂啟紫陽闡發
心性分析道理孔孟學行不明著於天下哉宋史以道學儒林分為二傳不知此即周禮師
儒之異後人創分而圖合周道也元明之世守先啟後在於金華洎乎河東姚江門戶分歧
遞興遞滅然終不出朱陸而已終明之世學案百出而經訓家法寂然無聞揆之周禮有師
無儒空疏甚矣然其間臺閣風厲持正扶危學士名流知能激發雖多私議或傷國體然其
正道實拯世心是故兩漢名教得儒經之功宋明講學得師道之益皆於周孔之道得其分
合未可偏護而互訾也我朝列聖道德純備包涵前古崇宋學之性道而以漢儒經義實之
聖學所指海內嚮風御纂諸經兼收歷代之說四庫館開風氣益精博矣國初講學如孫奇
逢李容等沿前明王薛之派陸隴其王懋竑等始專守朱子辨偽得真高愈應撝謙等堅苦
自持不愧實踐闇若璩胡渭等卓然不惑求是辨誣惠棟戴震等精發古義詁釋聖言近時
孔廣森之於公羊春秋張惠言之於孟易說亦專家孤學也且我朝諸儒好古敏求各造
其域不立門戶不相黨伐束身踐行闇然自修嗚呼周魯師儒之道我皇上繼列聖而昌明
之可謂兼古昔所不能兼者矣綜而論之聖人之道譬若宮牆文字訓詁其門逕也門逕苟
誤跬步皆歧安能升堂入室乎學人求道太高卑視章句譬猶天際之翔出於豐屋之上高
則高矣戶奧之間未實窺也或者但求名物不論聖道又若終年饋饟於門廡之間無復知

有堂室矣。是故正衣尊視。患難從易。立崇旨卽居大名。此一蔽也。精校博考。經義確然。雖

不踰閑德便出入。此又一蔽也。臣等備員史職。綜輯儒傳。未敢區分門逐。惟期記述學行。自

順治至嘉慶之初。得百數十人。仿明史載孔氏於儒林之例。別爲孔氏傳。以存史記孔子世

家之意。至若陸隴其等國史已入大臣傳。茲不載焉。

經義述聞序

昔郢人遺燕相書。夜書。因而過書舉燭。燕相受書說之曰舉燭者尚明也。尚明者舉

賢也。國以治治則治矣。非書意也。鄭人謂玉未理者璞。周人謂鼠未腊者璞。周人曰欲買璞

乎。鄭賈曰欲之。出其璞乃鼠也。夫誤會舉燭之義。幸而治。誤解鼠璞則大謬。由是言之。凡誤

解古書者皆舉燭鼠璞之類也。古書之最重者莫逾於經。經自漢晉以及唐宋固全賴古儒

解注之力。然其間未發明而沿舊誤者尚多。皆由於聲音文字假借轉注未能通徹之故。我

朝小學訓詁遠邁前代。至乾隆間惠氏定宇戴氏東原大明之。高郵王文肅公以清正立朝

以經義敎子。故哲嗣懷祖先生家學特爲精博。又過於惠戴二家。先生經義之外。兼綜諸古

子史哲嗣伯申繼祖又居鼎甲。幼奉庭訓。引而申之。所解益多。著經義述聞一書。凡古儒所

誤解者無不旁徵曲喻而得其本義之所在。使古聖賢見之。必解頤曰吾言固如是。數千年

誤解之今得明矣。嘉慶二十年。南昌盧氏宣句讀其書而慕之。既而伯申又從京師以手訂

全帙寄余余授之盧氏盧氏於刻十三經注疏之暇付之刻工伯申亦請余言序之昔余初入京師嘗問字於懷祖先生先生頗有所授既而伯申及余門余平日說經之意與王氏喬梓投合無間是編之出學者當曉然於古書之本義庶不致爲成見舊習所膠固矣雖然使非究心於聲音文字以通訓詁之本原者恐終以燕說爲大寶而嘛其腐鼠也

經傳釋詞序

經傳中實字易訓虛詞難釋顏氏家訓雖有音辭篇於古訓罕有發明所賴爾雅說文二書解說古聖賢經傳之詞氣最爲近古然說文惟解特造之字如曰而不及假借之字雖如爾雅所釋未全讀者多誤是以但知攸訓所而不知逌收與由同由迪古音相轉迪音當如攸迪收音近也釋名曰笛滌也笛滌之從攸由皆是轉音故如雅言雅言間也但見言訓我而忘其訓間即詞之間也雖以毛鄭之精猶多誤解何況其餘高郵王氏喬梓貫通經訓兼及詞氣昔聆其終風諸說每爲解頤乃勸伯申勒成一書今二十年伯申侍郎始刻成釋詞十卷元讀之恨不能起毛孔鄭諸儒而共證此快論也元昔教浙士解經曾謂爾雅坎律銓也爲欿律詮也字之訛辛楣先生謎之又謂詩鮮民之生書惠鮮鰥寡鮮皆斯之假借字詩綢直如髮如當解爲而髮乃寶措其髮與笠並誤老子夫佳兵者不祥之器佳爲佳惟同之訛以爲佳則當云不祥之事不當云器若此之噱學者執是書以求之當不悖謬於經傳矣論語曰出辭氣斯遠鄙倍可見古人甚重詞氣何況絕代語釋乎

古人字從音出喉舌之間音之所通者簡。天下之大言之所異者繁爾雅者近正者也正者

虞夏商周建都之地之正言也近正者各國近於王都之正言也予姻家劉端臨之言曰子

所雅言詩書執禮雅言者誦詩讀書從周之正言不爲魯之方言也執禮者詔相禮儀亦以

周音說禮儀也小雅大雅皆周詩之正言也劉氏此說足發千古之蒙矣然則爾雅一書皆

引古今天下之異言以近於正言夫曰近者明乎其有異也正言者猶今官話也近正者各

省土音近於官話者也揚雄方言自署曰輶軒使者絕代語釋別國方言夫絕代別國尚釋

之況本近正者乎言由音聯音在字前聯音以爲言造字以赴音簡而字絲得其簡者以

通之此聲韻文字訓詁之要也大戴記小辨一篇足明爾雅之學小辨者一知半解之俗學

也魯國當時或有此學猶漢急就章宋王安石字說之類然不可考矣小辨之學易爾雅之

學難故孔子曰社稷之主愛曰又曰士學順辨言以逐志順與訓通借即訓詁之訓逐志者

通其意也不學其訓則言不辨意不通矣又曰小辨破言小言破義小義破道道小不通

道必簡爾雅以觀於古足以辨言矣傳言以象反舌皆至可謂簡矣夫亦固十變之稹由不

可既也而況天下之言乎孔子此數言逃爾雅之學甚明何後儒之昧昧也訓詁錯則言語

錯執古聖之書以小辨破其言而斷論之道義皆錯矣使古聖人見後人如此錯解之也

必啞然笑曰吾所言本不若是也是以不明爾雅之學則五經四書皆鼠璞矣今子爲爾雅
之學以聲音爲主而通其訓詁余亟許之以爲得其簡矣以簡通張古今天下之言皆有部
居而不越乎喉舌之地孔子曰辨言之樂不下席余與子接席而辨之其樂何如

王引之　高郵人字伯申念孫子嘉慶進士傳父音韻訓詁之學而推廣之經義述聞經傳釋詞與其父所作

廣雅疏證讀書雜志合刊世稱高郵王氏四種其精博爲漢學諸儒之冠累官工部尚書卒諡文簡案清人治經
之法大要有二其一根據文字之正變而推其求著書之本意者曰訓詁其二鉤稽參驗而是正其文字之錯落
者曰校勘二者皆無誤而後乃敢評論其立說之是非此清人爲學之眞精神餘事皆自此出也是編於清人說
經之文不能多錄亦不可勝錄故惟取其討論訓詁校勘之名作數首以爲守約施博之實學者幸勿以是而自
畫斯可耳

經籍纂古序

訓詁之學發端於爾雅旁通於方言六經奧義五方殊語既略備於此矣嗣則叔重說文稚
讓廣雅探賾索隱厥誼可傳下及玉篇廣韻集韻亦頗蒐羅遺訓而所據之書或不可考且
舊書雅記經史傳注未錄者猶多至於網羅前訓徵引羣書考之著錄家罕見有此惟舊唐
志載天聖太后字海一百卷諸葛穎桂苑珠叢一百卷新唐志載顏眞卿韻海鏡源三百六
十卷自古字書韻書未有若此之多者意其詳載先儒訓釋是以卷帙浩繁而惜乎其書之

已逸也彙者戴東原庶常朱笥河學士皆欲纂集傳注以示學者未及成編吾師雲臺先生

欲與孫淵如編修朱少河孝廉共成之亦未果及先生督學浙江乃手定體例逐韻增收總

彙名流分書類輯凡歷二年之久編成一百十六卷展一韻而眾字畢備檢一字而諸訓皆

存尋一訓而原書可識所謂握六藝之鈐鍵廓九流之潭奧者矣夫訓詁之旨本於聲音揆

厥所由實同條貫如周南關雎篇左右芼之傳訓芼為擇後人不從而不知芼苗聲近義同

左右芼之芼傳以為擇猶田苗蒐狩之苗白虎通以為擇取爾雅芼搴也亦與擇取之義

相近也召南甘棠篇勿翦勿翦箋訓拜為拔後人不從而不知拜與拔聲近而義同也邶風

柏舟篇不可選也傳訓選為數後人不從而不知選算古序通朱穆絕交論作不可算也鄭

注論語何足算也以算為數正與此同義也新臺篇籧篨不鮮箋訓鮮為善後人不從而不

知爾雅鮮省二字皆訓鮮為善正是一聲之轉且下云籧篨不殄讀曰腆其義亦為善也/

雅朵綠篇六日不詹傳訓詹為至後人不從而不知詹之為至載於爾雅乃古之方言是以

方言亦云楚語謂至為詹也曲禮急繕其怒鄭讀繕為勁後人不從而不知繕之為勁乃耕

仙二部之相傳猶辨秩東作平秩平平左右亦作便蕃左右也學記術有序鄭注云術

當為遂聲之誤也後人不從而妄改為州而不知術遂古同聲故月令審端徑術注云術周

禮作遂也若乃先儒訓釋偶疏而後人不知改正者亦多有之如易屯六二女子貞不字陸

續訓字爲愛已覺未安至宋耿南仲誤讀女子許嫁笄而字之文遂以字爲許嫁不可更通

不如虞翻訓爲姙娠之善也堯典克諧以孝烝烝乂不格姦傳訓烝烝乂爲進進以善自治

頗爲不辭不如蔡邕九疑山碑讀以孝烝烝爲句且依廣雅烝烝孝也之訓爲善也皐陶謨

萬邦作乂禹貢萊夷作牧雲夢土作乂史記夏本紀皆以爲字代作字文義未安不如用詩

嗣篇傳訓作爲始之善也禹貢嵎夷既略傳謂用功少曰略乃望文生義不如訓略爲治之

善也康誥遠乃猷裕乃以民寧傳讀猷字爲句而訓猷爲謀不如斷猷裕爲句而用方言猷

裕道也之訓爲善也詩廊風定之方中篇匪直也人檜風匪風篇匪風發兮匪車偈兮小雅

小旻篇如匪行邁謀箋並訓匪爲非不如用左傳杜注訓匪爲彼之善也王風中谷有蓷篇

嘆其濕矣傳箋並解爲水濕與嘆字之義相反不如讀濕爲曒用楚辭注曒曰曒之善也

魏風陟岵篇行役夙夜無寐傳以爲寤寐之寐不如讀寐爲沬而用通俗文欲燥曰沬也之

善也小雅南有嘉魚篇烝然罩罩烝然汕汕傳依爾雅罩罩籗罩也汕汕樔也不如用說文訓

爲魚游水貌之善也北山篇我從事獨賢箋以爲賢才之賢不如毛傳訓賢爲勞之善也菀柳篇無

之訓爲善也菁菁者莪篇我心則休釋文正義並以休爲美不如用國語注休喜也

自曒爲傳訓曒爲近與無自瘵焉之文不類不如廣雅曒病也之訓爲善也都人士篇序衣

服不貳從容有常鄭訓從容爲休燕不如緇衣正義訓爲舉動之善也大雅緜篇曰止曰時

箋訓時爲是。與曰止異義。不如訓時爲止之善也。卷阿篇有馮有翼。傳云道可馮依以爲輔翼。不如訓爲馮翼滿盛之貌爲善也。民勞篇無縱詭隨。傳云詭人之善。隨人之惡。以疊韻之字而上下異訓。不如讀隨爲譸。而訓詭譎之善也。雲漢篇昊天上帝則不我虞。虞爲度。文義未允。不如讀隨之善也。月令養壯佼。正義以佼爲形容佼好。與壯異義。不如訓佼爲健之善也。桓十一年左傳且曰虞四邑之至也。昭六年傳始吾有虞於子。杜注並訓爲度。不如訓爲望之善也。宣十二年傳董澤之蒲可勝既乎。杜訓既爲盡。不如讀既爲度爲盡。不如訓爲盈滿之善也。襄二十五年傳馮陵我敝邑。不可億逞。杜訓億爲度逞用摽有梅詩傳塈取也之訓爲塈。後之覽是書者去鑿空妄談之病。而稽於古。取古人之傳注而得其聲音之理。以知其所以然。而傳注之未安者。又能博考前訓以正之。庶可傳古聖賢著書本旨。且不失吾師纂是書之意與。

經義述聞自序

引之受性樗樗昧。少從師讀經。裁能絕句。而不得其解。既乃翫舉子業。日夕不輟。雖有經訓未及搜討也。年廿一。鷹順天鄉試。不中式而歸。亟求爾雅說文音學五書讀之。乃知有所謂聲音文字詁訓者。越四年而復入都。以已所見質疑於大人前。大人則喜曰乃今可以傳吾學矣。遂語以古韻廿一部之分合。說文諧聲之義例。爾雅方言及漢代經師詁訓之本原。大人

曰詁訓之指存乎聲音字之聲同聲近者經傳往往假借學者以聲求義破其假借之字而

讀以本字則渙然冰釋如其假借之字而強爲之解則詁籒爲病矣故毛公詩傳多易假借

之字而訓以本字已開改讀之先至康成箋詩注禮婁云某讀爲某而假借之例大明後人

或病康成破字者不知古字之多假借也大人又曰說經者期於得經意而已前人傳注不

皆合於經則擇其合經者從之其皆不合則以己意逆經意而參之他經證以成訓雖別爲

之說亦無不可必欲專守一家無少出入則何劭公之墨守見伐於康成者矣故大人之治

經也諸說竝列則求其是字有假借則改其讀蓋執於漢學之門戶而不囿於漢學之藩籬

者也引之過庭之日謹錄所聞於大人者以爲圭臬日積月累遂成卷帙既又由大人之說

觸類推之而見古人之詁訓有後人所未能發明者亦有必當補正者其字之假借有必當

改讀者不揆愚陋輒取一隅之見附於卷中命曰經義述聞以志義方之訓凡所說易書詩

周官儀禮大小戴記春秋內外傳公羊穀梁傳爾雅皆依類編次附以通說其所未竟歸之

續編亦欲當世大才通人糾而正之以袪煩惑云爾嘉慶二年三月二日高郵王引之敍

經傳釋詞自序

語詞之釋肇於爾雅粵于爲曰茲斯爲此每有爲雖誰答爲若斯之類皆約舉一隅以待

三隅之反蓋古今異語別國方言類多助語之文凡其散見於經傳者皆可比例而知觸類

長之斯善式古訓者也。自漢以來說經者宗尚雅訓。凡實義所在。既明箸之矣。而語詞之例。

則略而不究。或即以實義釋之。遂使其扞格而意亦不明。如由用也獻道也而又爲詞之於。

若皆以用與道釋之。則尚書之別求聞由古先哲王大誥猷爾多邦皆文義不安攸所也。

迪蹈也而又爲詞之用。若皆以所與蹈釋之。則尚書之各迪有功豐水攸同風雨攸除鳥鼠

攸去皆文義不安矣。不弗也。否不也。丕大也。而又爲發聲與承上之詞。若皆以弗與大釋之。

則尚書之三危既宅三苗丕敘我生不有命在天否則侮厥父母毛詩之否難知也有周不

顯帝命不時禮記之不在此位也皆文義不安矣。作爲也。而又爲詞之始與及。若皆以爲釋

之則尚書之萬邦作乂作其即位皆文義不安矣。作也。而又爲詞之如與有與與於。若

皆以作釋之則左傳之何臣之爲晉語之稱爲前世穀梁傳之近爲禰宮管子之爲臣死乎

孟子之得之爲有財皆文義不安矣。又如也。而與乃爲當與與於。若如也。而

又爲詞之其與而與此與惟曰言也而又爲詞之吹謂言也而又爲詞之而與乃無

奈云言也而又爲詞之發聲與轉語有不無也而又爲詞之而與乃

不有也而又爲詞之若茲此也而又爲歎詞嗟歎詞也而又爲語助彼他也而又爲

則法也及至也而又爲詞之乃能善也而又爲詞之則與若與或

詞之匪匪非也而又爲詞之彼卹八寸也而又爲詞之只允信也而又爲詞之用終盡也而

又為詞之既多衆也而又為詞之祇適徂逝皆往也而適又為詞之曾且又為詞之及逝又
為詞之發聲思念也居處也夷平也一數之始也而又皆為語助曷詞之何也而又為何不
益何不也而又為何於詞之于也而又為與爰詞之曰也而又為與安詞之焉也而又
為乃為則為於是焉詞之安也而又為於是焉詞之惟詞之況也而又為於為乃且詞
之更端也而又為此之詞之是也而又為於凡此者其為古之語詞較然甚箸揆
之本文而協驗之他卷而通雖舊說所無可以心知其意者也引之自庚戌歲入都侍大人
質問經義始取尚書二十八篇紬繹之而見其詞之發句助句者替人以實義釋之往往結
軨為病竊嘗私為之說而未敢定也及聞大人論毛詩終風且暴禮記此若義也諸條發明
意恉渙若冰釋益復得所遵循奉為楷式乃逐引而申之以盡其義類自九經三傳及周秦
西漢之書凡助語之文徧為搜討分字編次以為經傳釋詞十卷凡百六十字前人所未及
者補之誤解者正之易曉者則略而不論非敢舍舊說而尚新奇亦欲窺測古人之意以備
學者之采擇云爾嘉慶三年二月一日高郵王引之敍

江藩　甘泉人字子屏號鄭堂監生少受學於惠棟余蕭客江聲博綜經史阮元督漕淮安時禮為麗正書院山
長著國朝漢學師承記國朝經師經義目錄顏錄諸儒及其著述一以篤守漢學家法者為斷又有宋學淵源記

周易逸補隸經文炳燭室雜文。（案江氏又有經解入門一書而坊間不甚流行曾見石印本兩小冊書內列舉

條目迷羣經之源流大義與文字訓詁音韻校勘之事前有儀徵阮元序稱其文約旨詳甚便初學後有於越徐

儀吉跋略謂是書初刻於江氏家塾工未竣而先生邁捐館舍以故世無傳本儀吉聞其副本尚在江右因殫致

年心力以重金購得之爰為剞劂付之石印以公同好今此編因卷帙有限勢難多采故特摘其卷首之凡例

并目錄附鈔於後以為學者之紹介焉耳。

國朝漢學師承記自序

先王經國之制井田與學校相維里有序鄉有庠八歲入小學學六甲五方書計之事始知

室家長幼之節十五入大學學先聖禮樂而知朝廷君臣之禮所以耕夫餘子亦得秉耒橫

經漸詩書之化被教養之澤濟濟乎洋洋乎三代之隆軌也秦并天下燔詩書殺術士聖人

之道墜矣然士隱山澤巖壁之間者抱遺經口說不絕於世漢興乃出言易淄川田生言

書濟南伏生言詩於魯則申公培於齊則轅固生於燕則韓太傅言禮於魯則高堂生言春

秋於齊則胡毋生於趙則董仲舒自茲以後專門之學興命氏之儒起六經五典各信師承。

嗣守章句期乎勿失西都儒士開橫舍延學徒誦先王之書被儒者之服彬彬然有洙泗之

風焉爰及東京碩學大師賈服之外咸推高密鄭君生炎漢之季守孔子之學訓義優洽博

綜羣經故老以為前修後生未之敢異晉王肅自謂辨理依經迻其私說偽作家語妄撰聖

證以外戚之尊盛行晉代。王弼宗老莊而注周易杜預廢賈服而釋春秋梅頤上僞書費氊

爲義疏於是宋齊以降師承陵替江左儒門參差互出矣然河洛尙知古不改舊章左傳

則服子愼尙書周易則鄭康成詩則並主於毛公禮則遵於鄭氏若輔嗣之易惟河南靑

齊間有講習之者而王肅易亦間行焉元凱之左氏但行齊地僞孔傳惟劉光伯劉士信

爲古文皆不爲當時所尙隋書云南人約簡得其英華北學深蕪窮其枝葉豈知言者哉唐

太宗挺生於干戈之世創立於戎馬之中雖左右鞬櫜沐風雨然銳情經術延攬名流卽

位後儺正五經頒示天下命諸儒萃章句爲義疏惜乎孔沖遠朱子奢之徒妄出己見去取

失當易用輔嗣而廢康成書去馬鄭而信僞孔穀梁退棄氏而進范寗論語則專主平叔棄

尊彝而寶康瓠舍珠玉而收瓦礫不亦愼哉宋初承唐之弊而邪說詭言亂經非聖殆有甚

焉如歐陽修之詩孫明復之春秋王安石之新義是已至於濂洛關閩之學不究禮樂之源

獨標性命之旨義疏諸書束置高閣視如糟粕棄等弁髦蓋率履則有餘考鏡則不足也元

明之際以制義取士古學幾絕而有明三百年四方秀艾困於帖括以講章爲經學以類書

爲博聞長夜悠悠可悲也夫在當時豈無明達之人志識之士哉然皆滯於所習

以求富貴此所以儒罕通人學多鄙俗也我世祖章皇帝握貞符膺圖籙撥亂反正伐罪弔

民武德定四海文治垂千古順治十三年敕大學士傅以漸撰易經通註以永樂大全繁冗

蕪陋刊其舛訛補其闕漏勒爲是書頒之學官聖祖仁皇帝嗣位削平遺孽親征西番戡定

二藩永清六合然萬機之暇樓神墳典悅志藝文闚五音六律之微稽八綫九章之術天亶

睿知典學宏深伊古以來所未有也康熙十九年敕大學士庫勒納等編日講四書解義日

講書經解義二十二年敕大學士牛鈕等編日講易經解義三十八年奉敕撰春秋傳說彙

纂五十四年又敕大學士李光地等撰周易折中六十年又敕大學士王頊齡等撰書經傳

說彙纂又敕戶部尚書王鴻緒等撰詩經傳說彙纂凡御纂羣經皆兼采漢宋先儒之說參

考異同務求至當遠紹千載之薪傳爲萬世不刊之鉅典焉世宗憲皇帝際昇平之時咸寧

之世未明求治乙夜觀書雖夙通三乘然雅重七經卽位之後卽行聖祖欽定諸經傳說

彙纂書經傳說彙纂皆御製序文弁於卷首又編定聖祖日講春秋解義雍正五年御纂孝

經集註折衷羣言勒爲大訓推武周達孝之源究天地明察之理故能心契孔曾權衡醇駁

也至高宗純皇帝御極六十年久道化成不疾而速不行而至武功則者定十全文德則旁

敷四海富旣與地平侔崇貴乃與天平比崇盛德日新多文日富乾隆元年詔儒臣排纂聖

祖日講禮記解義十三年欽定周官義疏儀禮義疏禮記義疏二十年大學士傅恆等奉敕

撰周易述義詩義折中三十年大學士傅恆等奉敕撰春秋直解於易則不涉虛渺之說與

術數之學觀象則取互體以發明古義於詩則依據毛鄭溯孔門授受之淵源事必有徵義

必有本臆說武斷概不取焉。於禮則以康成為宗探孔賈之精微綜羣儒之同異本天毀地。

經國坊民治法備矣。於春秋則探三家之精華斥安國之迂謬闡尼山之本意洵為百王之

大法也經學之外考石鼓辨太昌用修之非列石經澗開成廣政之陋又刻御製說經文於

太學皆治經之津梁論古之樞要所謂懸諸日月煥若丹青者也於是鼓篋之士貢笈之徒。

皆知崇尚實學不務空言游心六藝之囿馳鶩仁義之塗矣我皇上誕敷文教敦尚經術登

明堂坐清廟次羣臣奏得失天下之衆鄉風隨流筍然與道而遷義家懷克讓之風人誦康

哉之詠猗歟偉歟何其盛也蓋惟列聖相承文明於變尊崇漢儒不廢古訓所以四海九州

強學待問者咸沐菁莪之雅化汲古義之精微縉紳碩彥青紫盈朝纚綖巨儒絃歌在野擔

簦追師不遠千里講誦之聲道路不絕可謂千載一時矣藩繢髮讀書授經於吳郡通儒余

古農同宗民庭二先生明象數制度之原聲音詁訓之學乃知經術一壞於東西晉之清談。

再壞於南北宋之道學元明以來此道益晦至本朝三惠之學盛於吳中江永戴震諸君繼

起於歙從此漢學昌明千載沈霾一朝復旦暇日詮次本朝諸儒為漢學者成漢學師承記

一編以備國史之採擇嗟乎三代之時弼諧庶績必舉德於鴻儒魏晉以後左右邦家咸取

才於科目經明行修之士命偶時來得策名廊廟若數乖運舛縱學窮書圃思極人文未有

不委棄帥澤終老邱園者也甚至飢寒切體毒螫膚笥仕無門齎恨入冥雖千載以下哀

其不遇豈知當時絕無過而問之者哉是記於軒冕則略記學行山林則兼誌高風非任情

軒輊肆志抑揚蓋悲其友麋鹿以共處候艸木以同彫也

附錄　經解入門凡例并目錄

一是編為初學治經起見故類分各篇以清眉目其中語皆淺顯使學者一覽而知

一是編專為治經者開其先路故所列各書皆為於經有用之書所舉各事皆為治經極要

之事此外史學各家之說不敢濫入

一是編皆靠實立說無一虛語使學者知治經一道入門便不可以憑空臆說且所學各條

俱鑒前人得失裁酌盡善由此而入萬不致有歧途之悔

一今人名經學為漢學蓋以秦火而後漢始昌明其學魏晉以降漸亦頹廢而國朝則直追

兩京斯為極盛故書中於漢人書及國朝人說經各書皆詳述之於唐以下之書從略以

精者罕也

一是編分八卷分篇五十有二本為初學苦治經無師傳而作然即以此為師則勝千里負

笈者多矣孟子曰夫道若大路然豈難知哉此即經學之先路也

一說經家引用羣籍書名皆宜標明其書多者尤宜標明篇目如引易則當云某卦引左氏

傳當云某公某年引周秦諸子亦當云某子某篇引漢以下各注則當云某某書某篇

注又周禮六官缺冬官。漢人以考工記補入。引考工記不得稱冬官。之類所以昭徵實。是編引各說亦然。學者不宜忽過。

一治經首重家法。家法不明。即為俗學。故漢書儒林傳諸經師。必詳所出。其所出不明者不錄。國朝諸老亦然。余所以有漢學師承之作。初學切宜確守。

一說經文法。祇求明白曉暢說盡而止。篇幅長短皆所不論。不宜雕琢字句。及開說空話讀末卷所附各篇自無不三反矣。

羣經源流第二　與兩漢傳經諸儒參看　羣經辨異第三　羣經

方東樹　清桐城人字植之諸生師事姚鼐工古文辭中歲研精義理一宗朱子著漢學商兌條列漢學家閻胡
惠戴之說而駁斥其非與江藩之國朝漢學師承記遂儼若對壘焉又有大意尊聞書林揚觶儀衞堂文集等書
（案清代儒者與漢學家時持異議者惟桐城派古文家方姚諸君爲著而漢學家亦多不滿於桐城派之古文

（禮不同不相爲謀其此之謂與（參看古文治要編）

漢學商兌自序

近世有爲漢學考證者著書以關宋儒攻朱子爲本首以言心言性言理爲屬禁海內名卿
鉅公高才碩學數十家遞相祖述膏脣拭舌造作飛條競欲咀嚼究其所以爲之罪者不過
三端一則以其講學標榜門戶分爭爲害於家國一則以其言心言性言理墮於空虛心學
禪宗爲歧於聖道一則以其高談性命束書不觀空疏不學爲荒於經術而其人所以爲言
之恉亦有數等若黃震萬斯同顧亭林輩自是目擊時徹意有所激創爲救病之論而析義
未精言之失當楊慎焦竑毛奇齡輩則出於淺肆矜名深妒宋史創立道學傳若加乎儒林
之上緣隙奮筆恣設詖辭夫好學而愚智不足以識眞如東吳惠氏武進臧氏則爲闇於
是非自是以來漢學大盛新編林立聲氣扇和專與宋儒爲水火而其人類皆以鴻名博學
爲士林所重馳騁筆舌鼎穿百家遂使數十年間承學之士耳目心思爲之大障歷觀諸家
之書所以標宗旨峻門戶上援通賢下譬流俗衆口一舌不出於訓詁小學名物制度棄本
貴末違道詆誣於聖人躬行求仁修齊治平之致一切抹摋名爲治經實足亂經義學
實則畔道昔孟子不得已而好辨欲以息邪說正人心竊以孔子沒後千五百餘歲經義學
脈至宋儒講辨始得聖人之眞平心而論程朱數子廓清之功實爲晚周以來一大治今諸

人邊見償倒本之顧必欲尋漢人紛歧異說復汨亂而晦蝕之致使人失其是非之心其

有害於世教學術百倍於禪與心學又若李塨等以講學不同乃至說經亦故與宋人相反。

雖行誼可尚而妒惑任情亦所不解東樹居恆感激思有以彌縫其失顧寡昧不學孤蹤遺

衆河濱之人捧土以塞孟津不自度其力之弗勝也要心有難已輒就知識所逮掇拾辨論

以啟其端俟世有眞儒出而大正焉偷亦識小之在人而爲采獲所不棄與道光丙戌四月。

桐城方東樹。

評戴東原說五則 <small>漢學商兌</small>

戴氏曰今人讀書尙未識字輒薄訓詁之學夫文字之未能通妄謂通其語言語言之未能

通妄謂通其心志此惑之大者也論者又謂有漢儒之經學有宋儒之經學一主訓詁一主

義理夫使義理可以舍經而求將人人鑿空得之奚取於經乎惟空任臆胠之無當於義理

然後求之古經而古今縣隔遺文垂絕然後求之訓詁訓詁明則古經明古經明而我心同

然之義理乃因之以明。即如所論是訓詁爲筌蹄明矣。而何以屬禁義理者不求之乎。古聖賢之義理非他存乎典章制度

者是也。<small>從此路歧法去。認奴爲郎矣。所以謂之異端。</small>漢學。蓋其門面宗旨如此故爲異端。昧者乃歧訓詁義理而二之是訓詁非以明義

理而訓詁何爲義理不存乎典章制度勢必流入於異端曲說而不自知矣。

按戴氏此論最近信主張最有力所以標宗旨峻門戶固壁壘示信學者謂據其勝理而不

可奪矣若以實求之皆謬說也古今學問大抵二端一小學一大學訓詁名物制度祇是小學內事大學直從明新說起中庸從性道說起此程子之教所主爲其已成就向上非初學之比如顏子問仁問爲邦此時自不待與之言小學事矣子夏固謂草木有區別是也漢學家昧於小學大學之分混小學於大學以爲不當歧而二之非也故白首著書畢生盡力止以名物訓詁典章制度小學之事成名立身用以當大人之學之究竟絕不復求明新至善之止痛斥義理性道之教不知本末也明道玩物喪志之戒久爲世口實不知此止慮其志趣局止於是卽致遠恐泥君子不爲之旨古人言各有當教亦多術同歸於是而已故當日特又記讀史逐字看過一條以接引來學可知非舍學問空談義理也若謂舍經空談義理不事訓詁以求經則古今無有是事何況程子漢學者不窮理析義援引脫節以濟其私旣誣前賢又自迷誤致從事差謬又因以迷誤來學一言三失所以爲罪也誤以上辨主張訓詁誤以小學當大學若謂義理卽在古經訓詁不當歧而爲二本訓詁以求古經古經明而我心同然之義理以明此確論也然訓詁不得義理之眞致誤解古經實多有之若不以義理爲之主則彼所謂訓詁者安可恃以無差謬也諸儒釋經解字紛紜百端吾無論其他卽以鄭氏許氏言之其乖違失眞者已多矣而況其下焉者乎總而言之主義理者斷無有舍經廢訓詁之事主訓詁者實不能皆當於義理何以明之蓋義理有時實有在語言文字之外者故孟子曰以意

逆志不以文害辭害意也漢學家專泥訓詁如高子說詩所以多不可通。如惠氏古義藏及近時雜記

諸家。故宋儒主義理原未歧訓詁爲二而廢之有時廢之者乃政是求義理之眞而去其謬

新說。

妄穿鑿迂曲不可信者耳若其不可易者古今師師相傳碩學之徒莫之或徙宋儒何以能

廢之也。如朱子詩集傳多用毛鄭。漢學之人主張門戶專執說文廣雅小學字書穿文義

之安正坐斥義理之學不窮理故也故義理原不出訓詁之外而必非漢學家所守之訓詁

能盡得義理之眞也如曰不然試平心而論漢儒宋儒說經誰得古聖人語言心志多乎 上以

辨義理本於訓詁之不盡然。

若夫舍經廢訓詁亦誠有之但須區別。如陸子以六經爲注腳有似舍經者朱子已深斥之

詳見後卷。若程子擺落傳注所見實勝前儒則其廢之者固甚當也。至於朱子極尊訓詁詳見後卷。而

亦有時廢之者廢其失眞不得聖意而致貽誤來學者也今深疾義理欲伸漢學恐不能勝。

乃以疑似之迹概誣宋儒爲舍經廢訓詁空任胷肊言理云云。此欲欺天下使耳食無聞者

謂爲信然同以莫須有之罪歸焉欲以一手掩天下目也。以上辨程朱非

夫謂讀書尙未識字輕薄訓詁此自俗士妄人其於學術大局焉能爲有亡輕重固不足論。

若古今異文說文所引壁經古文多不與馬鄭相應無論後世古今既遠傳寫脫誤或由先

師衆說不一如荀悅申鑒朱國楨湧幢小品云云則亦不足爲病。申鑒云。文有磨滅音有楚夏。出有先後。或學者先

有所措定。後世相倣傚。彌以滋僞。湧幢小品云。古人古事古字散見　但論其大體無可也也。如

雜出各不相同。見其一不見其二。闋然糾駁。未免爲古人所笑。　　　　史有一漢學之徒歐五代

范升所云以年數小差撥爲巨謬遺纖微指爲大尤則過矣　　　　　　　　代之君最爲長壽以爲不應自相牴牾至此余曰此十年當是八字以字辭害意可也。若夫頗

惟唐末帝十一年。餘者多至六七年而已。歐公此語誠小失然　　　　　　明宗紀云在位十年於五代

通於訓詁而實不識字詳於制度而實昧於義理又何說也　　　　　　　光不學無術不識進退引　　　　以上辨字之人

字不待讀蒼雅說文而世無不明者古今學人或不識得豈爲不曉訓詁之故與識字之人　別有分　退字說云正孔

類記稱方遜志先生謂門人曰汝讀書幾年尙不識个是字。蓋忠孝信義進退取予廉恥等　　字。許敬宗不識忠孝字。柳宗元不識節義字又劉念臺人譜以　字。張禹識剛正　　　　　　　　　以上辨義理

至謂古聖賢義理卽存乎典章制度則訓詁以經典所載曰欽曰明曰安曰恭曰讓曰愼曰

誠曰忠曰恕曰仁曰孝曰義曰信曰慈曰儉曰懲忿窒慾曰遷善改過曰賤利重義曰殺身

成仁反而言之曰驕泰曰奢曰肆曰苟妄曰自欺曰讒詔曰貪鄙凡諸義理皆關修齊治平之

大實不必存乎典章制度豈皆爲異端邪說與而如戴氏七經小記學禮篇中所記冠弁諸

制將謂卽以盡天下之義理與震爲江永弟子永之言曰經籍包羅三才制度名物特其間

一支一節耳斯爲儒者持平之論而震顧張皇若此不亦謬乎　以上辨義理不必　　　　　　　　　　　　　　　　　　　　存乎典章制度。

　龔自珍　　清仁和人字璱人號定菴段玉裁之外孫道光進士官禮部主事通公羊春秋其文學周秦諸子多新

奇可喜之論同光之際風行一世著有定菴集

六經正名

孔子之未生天下有六經久矣。莊周天運篇曰孔子曰某以六經奸七十君而不用記曰孔子曰入其國其敎可知也有易書詩禮樂春秋之敎孔子所覩易書詩禮樂之矣若夫孔子所見禮卽漢世出於淹中之五十六篇孔子所謂春秋周室所藏百二國寶書是也是故孔子曰述而不作司馬遷曰天下言六藝者折衷於孔子六經六藝之名由來久遠不可以肊增益善夫漢劉向之爲七略也班固仍之造藝文志六藝之有經有傳有記有羣書傳則附於經記則附於羣書頗頗閒關經則謂傳書何謂記也詩之有齊魯韓毛傳也春秋之有公羊穀梁左氏鄒夾氏亦傳也詩三十有一篇是也何謂羣書易之有淮南道訓古五子十八篇羣書之關易者也書之有周書七十一篇羣書之關書者也春秋之有楚漢春秋太史公書羣書之關春秋者也然則禮之有周官司馬法羣書之頗頗閒關禮經者也漢二百祀自六藝而傳記而羣書而諸子畢出旣大備矣夫劉子政氏之目錄吾其如長夜乎何居乎後世有七經九經十經十二經十三經十四經之喋喋也或以傳爲經公羊爲一經穀梁爲一經左氏爲一經審如是則韓亦一經魯亦一經毛亦一經可乎歐陽一經兩夏侯各一經可乎易三家禮分慶戴春秋又有鄒夾漢世總古今文爲經當十有八何止十三如其可也則後世名一家說經之言甚衆經當

以百數。或以記為經。大小戴二記畢稱經。夫大小戴二記。古時篇篇單行。然則禮經外當有
百三十一經。或以羣書為經周官晚出劉歆始立劉向班固灼知其出於晚周先秦之士之
掇拾舊章所為附之於禮等之於明堂陰陽而已後世稱為經是為述劉歆非述孔氏善夫
劉子政氏之序六藝為九種也有苦心焉斟酌盡善焉序六藝七十子以來尊論語而譚
孝經小學者又經之戶樞也不敢以論語夷於羣書也不以孝經還之記還之羣書
也又非傳於是以三種為經之貳雖為經之貳而仍不敢悍然加以經之名向與固可謂博
學明辨愼思之君子者哉詩云自古在昔先民有作向與固豈非古昔崇退讓之君子哉
後世又以論語孝經為經假使論語孝經可名經則向早名之且曰序八經不曰序六藝矣
仲尼未生先有六經仲尼旣生自明不作仲尼曷嘗率弟子使筆其言以自制一經哉亂聖
人之例潛聖人之名實以為尊聖怪哉非所聞非所聞然且猶為未快意於是乎又以子為
經漢有傳記博士無諸子博士且夫子也者其術或醇或疵其名反高於傳記傳記也者弟
子傳其師記其師之言也諸子也者一師之自言也傳記猶天子幾內卿大夫也諸子猶公
侯各君其國各子其民不專事天子者也今出孟子於諸子而夷之於二戴所記之間名為
尊之反卑之矣子輿氏之靈其弗享是矣問子政以論語孝經為經之貳則若是班乎答否
否孝經者曾子以後支流苗裔之書平易氾濫無大疵無閎意眇恉如置之二戴所錄中與

坊記緇衣孔子閒居曾子天圓比非中庸祭義禮運之倫也本朝立博士向與固因本朝所
尊而尊之非向固尊之也然則劉向班固之序六藝爲九種也北斗可移南山可隳此弗可
動矣後世以傳爲經以記爲經以羣書爲經以子爲經猶以爲未快意則以經之與臺爲經
爾雅是也爾雅者釋詩書之書所釋又詩書之膚末乃使之與詩書抗是尸祝與臺之鬼配
食昊天上帝也。

與江子屏牋

大著讀竟其曰國朝漢學師承記名目有十不安焉改爲國朝經學師承記敢貢其說夫讀
書者實是求是千古同之此雖漢人語非漢人所能專一不安也本朝自有學非漢學有漢
人稱開門徑而近加邃密者有漢人未開之門徑謂之漢學不甚甘心不安二也瑣碎餖飣
不可謂非學不得爲漢學三也漢人與漢人不同家各一經各一師孰爲漢學乎四也若
以漢與宋爲對峙尤非大方之言漢人何嘗不談性道五也宋人何嘗不談名物訓詁不足
概服宋儒之心六也近有一類人以名物訓詁爲盡聖人之道經師收之人師擯之不忍深
論以誣漢人漢人不受七也漢人有一種風氣與經無與而附於經謬以禪籠梓愼之言爲
經因以汩陳五行矯誣上帝爲說經大易洪範身無完膚雖劉向亦不免以及東京內學本
朝何嘗有此惡習本朝人又不受矣八也本朝別有絕特之士涵詠白文創獲於經非漢非

宋亦惟其是而已矣方且爲門戶之見者所攘九也國初之學與乾隆初年以來之學不同。

國初人卽不專立漢學門戶大旨欠區別十也有此十者改其名目則渾渾圜無一切語弊

矣自珍頓首丁丑冬至日

陳澧　清番禺人字蘭甫道光舉人先後主講學海堂書院及菊坡精舍薈漢儒通議東塾讀書記謂漢儒亦言

義理宋儒亦言考據方排漢宋門戶之見又有聲律通考切韻考說文聲統東塾集等書

鄭學七則　東塾讀書記下同

鄭康成戒子書云述先聖之元意此自言其所學也其論學之語則學記注有云所學者

聖人之道在方策孔疏云鄭恐所學惟小小才藝之事故云所學者聖人之道禮謂鄭恐學

者嚮壁虛造故又云在方策也鄭君論學大旨蓋如此

孔沖遠云禮是鄭學　月令明堂位雜記疏皆有此語　不知出於孔沖遠抑更有所出　考兩漢書儒林傳以易書詩春秋名家

者多而禮家獨少　釋文序錄漢儒自鄭君外注周禮及儀禮喪服者惟馬融注禮記者惟盧

植鄭君盡注三禮發揮旁通遂使三禮之書合爲一家之學故直斷之曰禮是鄭學也

盧子幹云修禮者應徵有道之人若鄭玄之徒　後漢書　然則鄭君禮學非但注解且可爲朝

廷定制也袁彥伯云鄭玄造次顛沛非禮不動　後漢紀卷二十九。非袁彥伯虛造　然則鄭君

禮學非但注解實能履而行之也孔子告顏子非禮勿動顏子請事斯語鄭君亦非禮不動。

故范武子以爲仲尼之門。不能過也。

六藝論云注詩宗毛爲主。毛義若隱畧則更表明。如有不同即下已意使可識別也。〔讚卽表明也。引也。辨之卽下已意也。〕引釋文此

鄭君注經之法不獨詩箋爲然。周禮序云。二鄭同宗之大儒。今讚而辨之。卽下已意也。後

漢書儒林傳云鄭玄本習小戴禮。後以古經校之。取其義長者。何平叔論語集解序云。鄭玄〔隋書經籍志云。鄭玄以張侯論爲本。參考齊古論。以齊古讚正凡五十事。而爲尚〕

就魯論篇章考之。齊古爲之注。〔之注。論語釋文云。鄭校周之本。以齊魯讚正凡五十事。〕尚

書注雖已佚。焦里堂輯禹貢注而釋之云。鄭注一本於班氏地理志。閒有不合者必別據地〔尚〕

說等書明言所以易之之義。注雖殘闕。尚可考而知也。然則鄭君注周禮儀禮論語尚書皆〔也〕

與箋詩之法無異。有宗主亦有不同。此鄭氏家法也。何邵公墨守之學有宗主而無不同。許

叔重異義之學有不同而無宗主。惟鄭氏家法兼其所長。無偏無弊也。

鄭君師事第五元先通公羊春秋。又從張恭祖受左氏春秋韓詩。然其後注左傳。〔鄭君注左未成以〕

與服子愼。見世說文學門。而不注公羊。箋毛詩而不箋韓詩。鄭君之學不以先入者爲主也。〔公羊傳徐彥疏引十〕

發墨守而論之云。鄭君雜用三家。不苟從一。禮謂不苟從一之語。似識鄭君家法。其謂之雜用〔四年徐維維用引〕

三家則非也。兼用公羊穀梁。亦如宗毛詩而兼用齊魯韓詩。豈得謂之雜用〔之云雜用〕

乎。徐氏則未知鄭氏家法也。

蓋鄭氏家實未知之者鮮矣。

鄭君之讚辨二鄭也。其說云。玄竊觀二三君子之文章。顧省竹帛之浮辭。其所變易。灼然如

晦之見明。其所彌縫。奄然如合符復析。斯可謂雅達廣攬者也。然猶有參錯同事〔疑當作析。符復合。〕

相違。則就其原文字之聲類考訓詁掃祕逸謂二鄭者同宗之大儒明理於典籍慨識周官

之義存古字發疑正讀亦信多善徒寡目約用不顯傳於世今讚而辨之庶成此家世所訓

也。周禮序。

禮。澧嘗論之曰自非聖人孰無參錯前儒蒙錯賴後儒有以辨之辨其未明者而明者

愈明辨其未合者而合者愈合故足貴也然辨其參錯不可沒其多善後儒不知此義讀古

人書辨其參錯而其多善則置之不論既失博學知服之義且開露才揚己之風此學者之

大病也由失鄭氏家法故也。序則如觀武庫但覩矛戟矣鄭學非何所及可於兩序見之 讀鄭君周禮序所謂如入宗廟但見禮樂器讀何邵公公羊

周禮注與先鄭不同者則云玄謂尚書大傳注以大傳爲非者則云玄或疑焉駁五經異義 曲禮毋雷同注云人之言當各由己

每條云玄之聞也蓋說經不可不辨是己 孟子曰人無是非之心非人也。然辨先儒之說。

其辭氣常謙恭不可醫爭求勝也其箋膏肓發墨守起廢疾則不然有云鄉曲之學深可忿

疾者此以何邵公三書有害於經學風氣不得不忿疾又何之年輩不在鄭之前不妨正言

相非也。

朱子書七則

朱子論語訓蒙口義序云本之注疏以通其訓詁參之釋文以正其音讀然後會之於諸老

先生之說以發其精微以魏應仲舉亦云。參論語要義目錄序云其文義名物之詳當求之 以釋文正其音讀

注疏有不可略者答余正父書云今所編禮者內有古經闕略處須以注疏補之不可專任

古經而直廢傳注答張敬夫孟子說疑義書云近看得周禮儀禮一過。注疏見成卻覺不甚費力也。語類云祖宗以來學者但守注疏其後便論道如二蘇直是要論道但注疏如何棄得〔卷一百二十九〕。又云今世博學之士不讀正當底書不看正當注疏〔卷五〕。朱子自讀注疏敎人讀注疏而深譏不讀注疏者如此。昔時講學者多不讀注疏近時讀注疏者乃反譽朱子皆未知朱子之學也。

語類云某尋常解經只要依訓詁說字〔卷十二〕。又云先生初令義剛訓二三小子見敎曰訓詁則當依古註〔卷七〕。答黃直卿書云近日看得後生且是敎他依本子認得訓詁文義分明爲急。今人多是躐等妄作誑誤後生其實都曉不得也。答李公晦書云先儒訓詁直是不草草。答王晉輔書云禮書縮訓爲直者非一乃先儒之舊不可易也。朱子重訓詁之學如此。其答何叔京書云李先生敎人大抵令於靜中體認大本未發時氣象分明卽處事應物自然中節。當時竊好章句訓詁之習不得盡心於此。朱子從學於李延平乃早年事其時已好章句訓詁之學矣。

語類云而今人多說章句之學爲陋某看見人多因章句看不成句卻壞了道理〔卷十六〕。澧案薛艮齋與朱編修書云漢儒之陋則有所謂章句家法〔此稱朱編修者朱子也〕。朱子所云今人者蓋卽艮齋也。朱子注大學中庸名曰章句用漢儒名目以曉當時之以爲陋者也。讀朱子

書者當知之講漢學者亦當知之。

學校貢舉私議云其治經必專家法者天下之理固不外於人之一心然聖賢之言則有淵

奧爾雅而不可以臆斷者其制度名物行事本末又非今日之見聞所能及也故治經者必

因先儒已成之說而推之借曰未必盡是亦當究其所以得失之故而後可以反求諸心而

正其謬此漢之諸儒所以專門名家各守師說而不敢輕有變焉者也語云漢儒各專一

家看得極子細今人才看這一件又要看那一件下稍都不曾理會得卷一百二十一策問云問漢

世專門之學如歐陽大小夏侯孔氏書齊魯韓氏詩后氏戴氏禮董氏春秋梁丘費氏易今

皆亡矣其僅有存者又已列於學官其亦可以無惡於專門矣而近世議者深斥之將謂漢

世之專門者耶抑別有謂也今工曲藝莫不有師至於學者尊其所聞則斥以為專門而

深惡之不識其何說也二三子陳之

記解經云凡解釋文字不可令注腳成文成文則注與經各為一事人唯看注疏而忘經不

然卽須各作一番理會須只似漢儒毛孔之流略釋訓詁名物及文義理致尤難明者而其

易明處更不須句相續乃為得體蓋如此則讀者看注卽知其非經外之文卻須將注再

就經上體會自然思慮歸一功力不分而其玩索之味亦益深長矣答張敬夫書云漢儒可

謂善說經者不過只說訓詁使人以此訓詁玩索經文訓詁經文不相離異只做一道看了。

直是意味深長也語類云漢初諸儒專治訓詁如教人亦只言某字訓某字自尋義理而已

卷一百三十七目晉以來解經者卻變得不同王弼郭象輩是也漢儒解經依經演繹晉人則不

然捨經而自作文卷十六傳注惟古注不作文卻好看疏亦然今人解書且圖要作文又加辨

說百般生疑故其文雖可讀而經意殊遠程子易傳亦成作文說了又說故今人觀者更不

看本經只讀傳亦非所以使人思也卷十一十南軒口孟子嘗說他這文字不好看蓋解經不必

其辭使人玩味經文理皆在經文內卷十九十程先生經解理在解語內某集註論語只是發明

做文字止合解釋得文字通則理自明意自足今多去上做文字少間說來說去只說得他

自己一片道理經意卻蹉過了卷一百三

語類云古時無多書人只是專心暗誦且以竹簡寫之尋常人如何辨得竹簡如此多所以

人皆暗誦而後已伏生亦只是口授尚書二十餘篇黃霸就獄夏侯勝授書於獄中又豈得

本子只被他讀得透徹後來著述諸公皆以名聞漢之經學所以有用卷卅

語孟集義序初曰精義後改名集義云漢魏諸儒正音讀通訓詁考制度辨名物其功博矣學者苟不

先涉其流則亦何以用力於此答張敬夫書云泰漢諸儒解釋文義雖未盡當然所得亦多

今且就分數多處論之則以為得其言而不得其意與奪之際似已平允若更於此一向刻

核過當卻恐意思迫窄而議論偏頗反不足以服彼之心又與林擇之書云欲夫云論孟序

中不當言漢儒得其言而不得其意蓋漢儒雖言亦不得也某則絕不愛此等說話朱子深明漢儒之學故不喜南軒刻核之論也

王先謙　清長沙人同治進士官至國子監祭酒嘗彙刻皇清經解二百九種以續阮元所編又編錄續古文辭類纂所著有虛受堂詩文集。

復閻季蓉書

奉二月朔手教知前函已達左右恕其愚直而復有以誘進之盛心勤勤佩仰無量足下謂明代士習之壞始自中棄其論尤矣至謂國朝康雍以前士習端謹至今遍天下皆遊手浮宕之民由於漢學之以名相高以利相誘士始奔走於津要而蕩焉無復廉恥則僕不敢附和國初承宋明講學之餘風氣窮則思變天下稍稍惡虛趨實抑陸王而尊程朱此以為理學中之善機乾隆以後學者務於經籍傳注考訂發揮即有宋諸君子之書亦復多所辨正其實事求是是使古籍闇而復明微言絕而復續有裨學術甚鉅如江河之不廢也聖賢之書蘊閎深經宋儒闡明容有疏漏亦非必一無舛誤此固待後人補正而為其學者高談義理以實事求是為不足於是各尊師說互相詆諆欸啟寡聞之徒沿波逐流遂有漢宋家學之目矣所謂漢學者考據是也所謂宋學者義理是也今足下之惡漢學者惡其名也若謂讀書不當從事考據知非足下所肯出也去漢學之名而實之曰考據之學則足

下無所容其惡矣去宋學之名而實之曰義理之學者則訾詆理學者無所容其毀矣。此名之

為學術累也然謂二家之學無流弊則非也理學之弊宋明末流著於載記者大略可觀考

據之弊小生曲儒失之穿鑿破碎者有之至謂其為世道人心之憂以理推之決無是事今

之士習日非矣然所謂奔走津要蕩無廉恥者豈考據之學導之邪彼身居津要能考據之

學者誰邪又孰肯持一卷漢書以奔走達官貴人之門也果有之僕與足下當心識其人。

今茫乎未有聞也謂考據家以名相高似矣謂其以利相誘則何利之有謂今天下皆游手

浮宕之民彼為考據學者終日鑽研目瞑髮禿以求沒世可稱之名豈游手浮宕所能為功。

此不得不辨也僕在江南續刊經解有謂不當如阮文達不收李文貞方望溪輩述以為

排斥宋學者僕曉之曰子誤矣經學之分義理考據猶文之有駢散體也文以明道何異乎

學者亦各有其獨至之處若刊經學書而必合為一未可謂知學派也僕儻續通志堂經苑

二書則必取言義理諸書而考據家皆在所弗錄矣其人大悟此可見彼之為說者於學術

之深未嘗貫通而博究也本朝糾正漢學者姚姬傳氏最為平允其時掊擊宋儒之風過盛

故姚氏非之以救時也非為名也至其論學以義理考據並重無偏而不舉之病道咸以降

兩家議論漸平界域漸泯為學者各隨其材質好尚定趨向以蘄於成而已本無所用其辯

爭。孫芝房先生以粵寇之亂歸漢學大爲士林姍笑良由於考據一道未加講求致茲鉅

失。故曾文正起而亟正之今足下痛士習之頹靡發憤著書思拯其弊深心大力敬佩何已

惟言漢學似不若曾兩君子之持平謹貢其愚惟亮察爲僕於學問惟務躬行不欲以口

舌相爭私念忝附心知義無緘默足下方以其道倡於沅澧之間一言之出學者奉爲依

歸關繫至重儻不棄芻蕘而俛納之學術之幸也吳崖村詩文一卷戞戞獨造優入古作者

之域眞詞必已出者乞代致傾慕之誠爲幸

張之洞　　清南皮人字香濤又字孝達又字香巖同治進士屢督學典試所至提倡實學而亦不薄宋儒義理之

言督撫垂三十年在兩湖最久光緒末廢止科舉與辦學堂一切制度章程多出其手定著勸學篇推明中學爲

體西學爲用之說又著輶軒語書目答問臚列應讀書籍詳加指示至今學者猶多奉爲南鍼焉所著詩文曰廣

雅堂集

守約　勸學篇

儒術危矣以言乎邇我不可不鑒於日本以言乎遠我不可不鑒於戰國昔戰國之際儒術

幾爲異學諸家所軋吾讀司馬談之論六家要指而得其故焉其說曰儒家者流博而寡要

勞而少功何以寡要少功由於有博無約如此之儒可列爲九流之一耳焉得爲聖焉得

爲賢老詆儒曰絕學無憂又以孔子說十二經爲大謾墨詆儒曰累壽不能盡其學墨子又

教其門人公尚過不讀書法詬儒曰藏書策修文學用之則國亂子語韓非大率諸子所操之術

皆以便捷放縱投世人之所好而以繁難無用誣儒家故學者樂聞而多歸之夫先博後約

孔孟之教所同而處今日之世變則當以孟子守約施博之說通之且孔門所謂博非今日

所謂博也孔孟之時經籍無多人執一業可以成名官習一事可以致用故其博易言也今

日四部之書汗牛充棟老死不能徧觀而盡識卽以經而論古言古義隱奧難明譌舛莫定

後師羣儒之說解紛紜百出大率有確解定論者不過什五而已滄海橫流外侮洊至不講

新學則勢不行兼講舊學則力不給再歷數年苦其難而不知其益則儒益為人所賤聖教

儒書寖微寖滅雖無嬴秦坑焚之禍亦必有梁元文武道盡之憂此可為大懼者矣尤可患

者今日無志之士本不悅學離經畔道者尤不悅中學因倡為中學繁難無用之說設淫辭

而助之攻於是樂其便而和之者益衆殆欲立廢中學而後快是惟設一易簡之策以救之

庶可以閉執儡中學者之口而解畏難不學者之惑今欲存中學必自守約始守約必自破

除門面始爰舉中學各門求約之法條列於後損之又損義主救世以致用當務為貴不以

殫見洽聞為賢十五歲以前誦孝經四書五經正文隨文解義並讀史略天文地理歌括圖

式諸書及漢唐宋人明白曉暢文字有益於今日行文者自十五歲始以左方之法求之統

經史諸子理學政治地理小學各門美質五年可通中材十年可了若有學堂專師或依此

纂成學堂專書中材亦五年可了。而以其間兼習西文過此以往專力講求時政廣究西法。

其有好古研精不驚功名之士願爲專門之學者此五年以後博觀深造任自爲之然百人

入學必有三五人願爲專門者是爲以約存博與子夏所謂博學近思荀子所謂以淺持博

亦有合爲大抵有專門著述之學有學堂敎人之學專門之書求博求精無有底止能者爲

之不必人人爲之也學堂之書但貴舉要切用有限有程人人能解且限定人人必解者也

西人天文格致一切學術皆分

專門學堂與普通學堂爲兩事。將來入官用世之人皆通曉中學大略之人書種既存終有

萌蘖滋長之日吾學吾書庶幾其不亡乎。

一經學通大義　　切於治身心治天下者謂之大義。凡大義必明白平易。若荒唐險怪者。

乃異端非大義也易之大義陰陽消長書之大義知人安民詩之大義將順其美匡救其

惡詩譜序。論功頌德。所以匡救其惡。春秋大義明王道誅亂賊禮之大義親親尊尊賢賢周

禮大義治國治官治民三事相維。太宰建邦之六典治典敎典禮典政典刑典事典國官民三義並舉蓋官爲國

與民之樞紐。官不治則國民交受其害。此總括全經之大義也如十翼之說易論

禮一經專有之義。故漢名周官經。唐名周官禮。此爲周禮。

孟左傳之說書大小序之說詩孟子之說春秋戴記之說儀禮皆所謂大義也欲有要而

無勞約有七端一明一例謂全書之義例。毛詩以訓詁則諸經之音訓皆可隅反。一要事熟於詩一要指謂今

日尤切用者每一經少則數十事多則百餘事一圖表諸經圖表皆以國朝圖表皆以國朝一會通謂本

經與羣經貫通之義。一解紛論先儒異義各有依據者擇其較長一說主之。不必再考。免

耗日力而後出者較長。一闕疑謂隱奧難明碎義不急者置之不考。一流別。謂本經授受

之源流古今經師之家法。今日有書者。以上七事分類求之。批卻導窾事半功倍大率羣

經以國朝經師之說為主易則程傳與古說兼取並不相妨。論孟學庸以朱註為主參以國朝

經師之說易止讀程傳及孫星衍周易集解。說及王弼注。

註疏詩止讀陳奐毛詩傳疏顧棟高春秋大事表春秋公羊傳止讀孔廣

森公羊通義。書立言矜慎。尚無流弊。惟此<small>孫書兼采漢人</small>書止讀孫星衍尚書今古文

聲儀禮正義周禮止讀孫詒讓周禮正義未畢。禮記止讀朱彬禮記訓纂儀疏皆學者所

不備舉。論語有劉寶楠論語正義孟子有焦循孟子正義可資考證古說

惟義理仍以朱註為主孝經卽讀通行註本不必考辨爾雅止讀郝懿行爾雅義疏五經

總義止讀陳澧東塾讀書記王文簡引之經義述聞說文止讀王筠說文句讀<small>兼采段諸家</small>

明白詳慎。段注說文太<small>奧。俟專門者治之</small>。以上所舉諸書卷帙已不為少全讀全解亦須五年宜就此數書

繁而奧。俟專門者治之。以上所舉諸書卷帙已不為少全讀全解亦須五年宜就此數書

中擇其要義先講明之用韓昌黎提要鈎玄之法就元本加以鈎乙標識引但看其定論其

不必撿意。若照前說七端節錄纂集以成一書皆采舊說不參臆說一語小經不過一卷大經

不過二卷尤便學者此為學堂說經義之書不必章釋句解亦不必錄本經全文蓋以前

諸經全文已讀文
義大端已解矣。師以是講徒以是習期以一年或一年半畢之如此治經淺而不謬簡
而不陋即或廢於半塗亦不至全無一得有經義千餘條以開其性識養其本根則終身
可無離經畔道之患總之必先盡破經生著述之門面方肯爲之然已非邨塾學究科舉
時流之所能矣

一史學考治亂典制
一諸子知收舍
一理學看學案
一詞章讀有實事者
一政治書讀近今者
一地理考今日有用者
一算學各隨所習之事學之
一小學但通大旨大例　中學之訓詁猶西學之繙譯也欲知其人之意必先曉其人之
語去古久遠經文簡奧無論漢學宋學斷無讀書而不先通訓詁之理近人厭中學者動
詆訓詁此大謬可駭者也伊川程子曰凡看文字先須曉其文義然後可求其意未有文
義不曉而見意者也。近思錄引。二程遺書。朱子曰訓詁則當依古注語類卷七。又曰後生且教他依本子

認得訓詁文義分明爲急。今人多是躐等妄作誑誤後生，其實都曉不得也。黃直卿書。又曰。漢儒可謂善說經者，不過只說訓詁使人以此訓詁玩索經文。答張敬夫書。又曰向議欲刊說文，不知韓丈有意否，因贊成之爲佳。答呂伯恭書。此外言朱子所注各經訓詁精審考據，說文者甚多。潛夫論聖爲天口，賢爲聖譯，可謂善譬。若不通古晉古義而欲解古書何異。訓詁爲要者尚多。

不能譯西文而欲通西書乎？惟百年以來，講說文者終身鑽研，汨沒不反，亦是一病之。止須通其大旨大例，即可應用。大旨大例者，解六書之區分，通古今韻之隔閡，識古籀篆之源委，知以聲類求義類之樞紐，曉部首五百四十字之義例。至名物無關大用，自如水部專書，示部多列祭禮，舟車今制爲詳，草蟲須憑目驗，皆不必字字深求者也。說解間有難明，義例偶有抵悟，則闕之不論。既有脫逸，復多奧義，但爲求通六書，有限斷矣。得明師說之，十日粗通，一月大通，引申觸類，存乎其人。何爲究極許君學，則功力有限，斷矣。至有廢時破道之患哉？若小學不講，或講之故爲繁難，致人厭棄，則經典之古義茫昧，僅存迂淺俗說。後起趣時之才士，必皆薄視聖道爲不足觀。吾恐終有經籍道熄之一日也。

史記

此條本應隸於小學著述序論類，因字數無多，不便割裂，仍附於此。

漢司馬遷撰，凡一百三十篇，記黃帝以後至漢武帝時事迹，自來號爲實錄。書中記載孔門行事與經傳源流最爲近古而可依據。孔子世家、弟子列傳兩篇採摭論語及他書所載孔門師徒之言行，才能提絜綱要，爲學者進讀原經之一助。

孔子世家

孔子生魯昌平鄉陬邑。其先宋人也。曰孔防叔。防叔生伯夏。伯夏生叔梁紇。與顏氏女野合而生孔子。禱於尼丘得孔子。魯襄公二十二年而孔子生。生而首上圩頂。故因名曰丘云。字仲尼。姓孔氏。丘生而叔梁紇死。葬於防山。防山在魯東。由是孔子疑其父墓處。母諱之也。孔子為兒嬉戲。常陳俎豆設禮容。孔子母死。乃殯五父之衢。蓋其愼也。郰人輓父之母誨孔子父墓。然後往合葬於防焉。孔子要絰。季氏饗士。孔子與往。陽虎絀曰。季氏饗士。非敢饗子也。孔子由是退。孔子年十七。魯大夫孟釐子病且死。誡其嗣懿子曰。孔丘聖人之後。滅於宋。其祖弗父何。始有宋而嗣讓厲公。及正考父佐戴武宣公。三命茲益恭。故鼎銘云。一命而僂。再命而傴。三命而俯。循牆而走。亦莫敢余侮。饘於是。粥於是。以餬余口。其恭如是。吾聞聖人之後。雖不當世。必有達者。今孔丘年少好禮。其達者歟。吾即沒。若必師之。及釐子卒。懿子與魯人南宮敬叔往學禮焉。是歲季武子卒。平子代立。孔子貧且賤。及長嘗為季氏史。料量平。嘗為司職吏。而畜蕃息。由是為司空。已而去魯。斥乎齊。逐乎宋衛。困於陳蔡之間。於是反魯。孔子長九尺有六寸。人皆謂之長人而異之。魯復善待由是反魯。魯南宮敬叔言魯君曰。請與孔子適周。魯君與之一乘車兩馬一豎子俱適周。問禮。蓋見老子云。辭去而老子送之曰。吾聞富貴者送人以財。仁人者送人以言。吾不能富貴。竊仁人之號。送子以言曰。聰明深察

而近於死者。好議人者也。博辯廣大危其身者。發人之惡者也。為人子者毋以有己。為人臣
者毋以有己。孔子自周反於魯弟子稍益進焉。是時也晉平公淫六卿擅權東伐諸侯楚靈
王兵彊陵轢中國齊大而近於魯魯小弱附於楚則晉怒附於晉則楚來伐不備於齊齊師
侵魯魯昭公之二十年而孔子蓋年三十矣齊景公與晏嬰來適魯景公問孔子曰昔秦穆
公國小處辟其霸何也對曰秦國雖小其志大處雖辟行中正身舉五羖爵之大夫起纍絏
之中與語三日授之以政以此取之雖王可也其霸小矣景公說孔子年三十五而季平子
與郈昭伯以鬬雞故得罪魯昭公昭公率師擊平子平子與孟氏叔孫氏三家共攻昭公昭
公師敗奔於齊齊處昭公乾侯其後頃之魯亂孔子適齊為高昭子家臣欲以通乎景公與
齊太師語樂聞韶音學之三月不知肉味齊人稱之景公問政孔子曰君君臣臣父父
子子景公曰善哉信如君不君臣不臣父不父子不子雖有粟吾豈得而食諸他日又復問
政於孔子孔子曰政在節財景公說將欲以尼谿田封孔子晏嬰進曰夫儒者滑稽而不可
軌法倨傲自順不可以為下崇喪遂哀破產厚葬不可以為俗游說乞貸不可以為國自大
賢之息周室既衰禮樂缺有間今孔子盛容飾繁登降之禮趨詳之節累世不能殫其學當
年不能究其禮君欲用之以移齊俗非所以先細民也後景公敬見孔子不問其禮異日景
公止孔子曰奉子以季氏吾不能以季孟之間待之齊大夫欲害孔子孔子聞之景公曰吾

老矣弗能用也孔子遂行反乎魯孔子年四十二魯昭公卒於乾侯定公立定公立五年夏季平子卒桓子嗣立季桓子穿井得土缶中若羊問仲尼云得狗仲尼曰以丘所聞羊也丘聞之木石之怪夔罔閬水之怪龍罔象土之怪墳羊‧吳伐越墮會稽得骨節專車吳使使問仲尼骨何者最大仲尼曰禹致群神於會稽山防風氏後至禹殺而戮之其節專車此為大矣吳客曰誰為神仲尼曰山川之神足以綱紀天下其守為神社稷為公侯皆屬於王者客曰防風何守仲尼曰汪罔氏之君守封禺之山為釐姓在虞夏商為汪罔於周為長翟今謂之大人客曰人長幾何仲尼曰僬僥氏三尺短之至也長者不過十之數之極也於是吳客曰善哉聖人桓子嬖臣曰仲梁懷與陽虎有隙陽虎欲逐懷公山不狃止之其秋懷益驕陽虎執懷桓子怒陽虎因囚桓子與盟而釋之陽虎由此益輕季氏季氏亦僭於公室陪臣執國政是以魯自大夫以下皆僭離於正道故孔子不仕退而修詩書禮樂弟子彌眾至自遠方莫不受業焉定公八年公山不狃不得意於季氏因陽虎為亂欲廢三桓之適更立其庶孼陽虎素所善者遂執季桓子桓子詐之得脫定公九年陽虎不勝犇於齊是時孔子年五十公山不狃以費畔季氏使人召孔子孔子循道彌久溫溫無所試莫能己用曰蓋周文武起豐鎬而王今費雖小儻庶幾乎欲往子路不說止孔子曰夫召我者豈徒哉如用我其為東周乎然亦卒不行其後定公以孔子為中都宰一年四方皆則之由中都宰為司空

由司空爲大司寇定公十年春及齊平夏齊大夫犁鉏言於景公曰魯用孔丘其勢危齊乃
使使告魯爲好會會於夾谷魯定公且以乘車好往孔子攝相事曰臣聞有文事者必有武
備有武事者必有文備古者諸侯出疆必具官以從請具左右司馬定公曰諾具左右司馬
會齊侯夾谷爲壇位土階三等以會遇之禮相見揖讓而登獻酬之禮畢齊有司趨而進曰
請奏四方之樂景公曰諾於是旄旌羽被矛戟劍撥鼓噪而至孔子趨而進歷階而登不盡
一等舉袂而言曰吾兩君爲好會夷狄之樂何爲於此請命有司有司却之不去則左右視
晏子與景公景公心怍麾而去之有頃齊有司趨而進曰請奏宮中之樂景公曰諾優倡侏
儒爲戲而前孔子趨而進歷階而登不盡一等曰匹夫而熒惑諸侯者罪當誅請命有司有
司加法焉手足異處景公懼而動知義不若歸而大恐告其羣臣曰魯以君子之道輔其君
而子獨以夷狄之道敎寡人使得罪於魯君爲之奈何有司進對曰君子有過則謝以質小
人有過則謝以文君若悼之則謝以質於是齊侯乃歸所侵魯之鄆汶陽龜陰之田以謝過
定公十三年夏孔子言於定公曰臣無藏甲大夫毋百雉之城使仲由爲季氏宰將墮三都
於是叔孫氏先墮郈季氏將墮費公山不狃叔孫輒率費人襲魯公與三子入于季氏之宮
登武子之臺費人攻之弗克入及公側孔子命申句須樂頎下伐之費人北國人追之敗諸
姑蔑二子犇齊遂墮費將墮成公歛處父謂孟孫曰墮成齊人必至于北門且成孟氏之保

郈無成是無孟氏也我將弗墮十二月公圍成弗克定公十四年孔子年五十六由大司寇

行攝相事有喜色門人曰聞君子禍至不懼福至不喜孔子曰有是言也不曰樂其以貴下

人乎於是誅魯大夫亂政者少正卯與聞國政三月粥羔豚者弗飾賈男女行者別於塗塗

不拾遺四方之客至乎邑者不求有司皆予之以歸齊人聞而懼曰孔子爲政必霸霸則吾

地近焉我之爲先幷矣盍致地焉犁鉏曰請先嘗沮之沮之而不可則致地庸遲乎於是選

齊國中女子好者八十人皆衣文衣而舞康樂文馬三十駟遺魯君陳女樂文馬於魯城南

高門外季桓子微服往觀再三將受乃語魯君爲周道游往觀終日怠於政事子路曰夫子

可以行矣孔子曰魯今且郊如致膰乎大夫則吾猶可以止桓子卒受齊女樂三日不聽政

郊又不致膰俎於大夫孔子遂行宿乎屯而師己送曰夫子則非罪孔子曰吾歌可夫歌曰

彼婦之口可以出走彼婦之謁可以死敗蓋優哉游哉維以卒歲師己反桓子曰孔子亦何

言師己以實告桓子喟然嘆曰夫子罪我以羣婢故也夫孔子遂適衛主於子路妻兄顏濁

鄒家衛靈公問孔子居魯得祿幾何對曰奉粟六萬衛人亦致粟六萬居頃之或譖孔子於

衛靈公靈公使公孫余假一出一入孔子恐獲罪焉居十月去衛將適陳過匡顏刻爲僕以

其策指之曰昔吾入此由彼缺也匡人聞之以爲魯之陽虎陽虎嘗暴匡人匡人於是遂止

孔子孔子狀類陽虎拘焉五日顏淵後子曰吾以汝爲死矣顏淵曰子在回何敢死匡人拘

孔子益急弟子懼孔子曰文王既沒文不在茲乎天之將喪斯文也後死者不得與于斯文

也天之未喪斯文也匡人其如予何孔子使從者爲寧武子臣於衛然後得去即過蒲月

餘反乎衛主蘧伯玉家靈公夫人有南子者使人謂孔子曰四方之君子不辱欲與寡君爲

兄弟者必見寡小君寡小君願見孔子辭謝不得已而見之夫人在絺帷中孔子入門北面

稽首夫人自帷中再拜環珮玉聲璆然孔子曰吾鄉爲弗見見之禮答焉子路不說孔子矢

之曰予所不者天厭之天厭之居衛月餘靈公與夫人同車宦者雍渠參乘出使孔子爲次

乘招搖市過之孔子曰吾未見好德如好色者也於是醜之去衛過曹是歲魯定公卒孔子

去曹適宋與弟子習禮大樹下宋司馬桓魋欲殺孔子拔其樹孔子去弟子曰可以速矣孔

子曰天生德於予桓魋其如予何孔子適鄭與弟子相失孔子獨立郭東門鄭人或謂子貢

曰東門有人其顙似堯其項類皐陶其肩類子產然自要以下不及禹三寸纍纍若喪家之

狗子貢以實告孔子孔子欣然笑曰形狀末也而似喪家之狗然哉然哉孔子遂至陳主於

司城貞子家歲餘吳王夫差伐陳取三邑而去趙鞅伐朝歌楚圍蔡蔡遷于吳吳敗越王勾

踐會稽有隼集于陳廷而死楛矢貫之石砮矢長尺有咫陳湣公使使問仲尼仲尼曰隼來

遠矣此肅慎之矢也昔武王克商通道九夷百蠻使各以其方賄來貢使無忘職業於是肅

慎貢楛矢石砮長尺有咫先王欲昭其令德以肅慎矢分大姬配虞胡公而封諸陳分同姓

以珍玉展親分異姓以遠方職使無忘服。故分陳以肅愼矢試求之故府果得之。孔子居陳

三歲會晉楚爭彊更伐陳及吳侵陳陳常被寇孔子曰歸與歸與吾黨之小子狂簡進取不

忘其初於是孔子去陳過蒲會公叔氏以蒲畔蒲人止孔子弟子有公良孺者以私車五乘

從孔子其爲人長賢有勇力謂曰吾昔從夫子遇難於匡今又遇難於此命也已吾與夫子

再罹難寧鬬而死鬬甚疾蒲人懼謂孔子曰苟毋適衞吾出子與之盟出孔子東門孔子遂

適衞子貢曰盟可負耶孔子曰要盟也神不聽衞靈公聞孔子來喜郊迎問曰蒲可伐乎對

曰可靈公曰吾大夫以爲不可今蒲衞之所以待晉楚也以衞伐之無乃不可乎孔子曰其

男子有死之志婦人有保西河之志吾所伐者不過四五人靈公曰善然不伐蒲靈公老怠

於政不用孔子孔子喟然歎曰苟有用我者朞月而已三年有成孔子行佛肸爲中牟宰趙

簡子攻范中行伐中牟佛肸畔使人召孔子孔子欲往子路曰由聞諸夫子其身親爲不善

者君子不入也今佛肸親以中牟畔子欲往如之何孔子曰有是言也不曰堅乎磨而不磷

不曰白乎涅而不淄我豈匏瓜也哉焉能繫而不食孔子擊磬有荷蕢而過門者曰有心哉

擊磬乎硜硜乎莫己知也夫而已矣孔子學鼓琴師襄子十日不進師襄子曰可以益矣孔

子曰丘已習其曲矣未得其數也有間曰已習其數可以益矣孔子曰丘未得其志也有間

曰已習其志可以益矣孔子曰丘未得其爲人也有間曰有所穆然深思焉有所怡然高望

而遠志焉。曰丘得其爲人黯然而黑幾然而長眼如望羊如王四國非文王其誰能爲此也。

師襄子辟席再拜曰師蓋云文王操也孔子既不得用於衛將西見趙簡子至於河而聞竇

鳴犢舜華之死也臨河而嘆曰美哉水洋洋乎丘之不濟此命也夫子貢趨而進曰敢問何

謂也孔子曰竇鳴犢舜華晉國之賢大夫也趙簡子未得志之時須此兩人而後從政及其

已得志殺之乃從政丘聞之也刳胎殺夭則麒麟不至郊竭澤涸漁則蛟龍不合陰陽覆巢

毀卵則鳳皇不翔何則君子諱傷其類也夫鳥獸之於不義也尚知辟之而況乎丘哉乃還

息乎陬鄉作爲陬操以哀之而反乎衛入主蘧伯玉家他日靈公問兵陳孔子曰俎豆之事

則嘗聞之軍旅之事未之學也明日與孔子語見蜚鴈仰視之色不在孔子孔子遂行復如

陳夏衛靈公卒而立孫輒是爲衛出公六月趙鞅內太子蒯聵于戚陽虎使太子絻八人衰絰

僞自衛迎者哭而入遂居焉冬蔡遷于州來是歲魯哀公三年而孔子年六十矣齊助衛圍

戚以衛太子蒯聵在故也夏魯桓釐廟燔南宮敬叔救火孔子在陳聞之曰災必於桓釐廟

乎已而果然秋季桓子病輦而見魯城喟然嘆曰昔此國幾興矣以吾獲罪於孔子故不興

也顧謂其嗣康子曰我即死若必相魯相魯必召仲尼後數日桓子卒康子代立已葬欲召

仲尼公之魚曰昔吾先君用之不終終爲諸侯笑今又用之不能終是再爲諸侯笑康子曰

則誰召而可曰必召冉求於是使使召冉求冉求將行孔子曰魯人召求非小用之將大用

之也是日孔子曰歸乎歸乎吾黨之小子狂簡斐然成章吾不知所以裁之子貢知孔子思

歸送冉求因誠曰即用以孔子為招云冉求既去明年孔子自陳遷于蔡蔡昭公將如吳吳

召之也前昭公欺其臣遷州來後將往大夫懼復遷公孫翩射殺昭公楚侵蔡秋齊景公卒吳

明年孔子自蔡如葉葉公問政孔子曰政在來遠附邇他日葉公問孔子於子路子路不對

孔子聞之曰由爾何不對曰其為人也學道不倦誨人不厭發憤忘食樂以忘憂不知老之

將至云爾去葉反于蔡長沮桀溺耦而耕孔子以為隱者使子路問津焉長沮曰彼執輿者

為誰子路曰為孔丘曰是魯孔丘與曰然曰是知津矣桀溺謂子路曰子為誰曰為仲由曰

子孔丘之徒與曰然桀溺曰悠悠者天下皆是也而誰以易之且與其從辟人之士豈若從

辟世之士哉耰而不輟子路以告孔子憮然曰鳥獸不可與同羣天下有道丘不與易

也他日子路行遇荷蓧丈人曰子見夫子乎丈人曰四體不勤五穀不分孰為夫子植其杖

而芸子路以告孔子曰隱者也復往則亡孔子遷于蔡三歲吳伐陳楚救陳軍于城父聞孔

子在陳蔡之間楚使人聘孔子孔子將往拜禮陳蔡大夫謀曰孔子賢者所刺譏皆中諸侯

之疾今者久留陳蔡之間諸大夫所設行皆非仲尼之意今楚大國也來聘孔子孔子用於

楚則陳蔡用事大夫危矣於是乃相與發徒役圍孔子於野不得行絕糧從者病莫能興孔

子講誦弦歌不衰子路慍見曰君子亦有窮乎孔子曰君子固窮小人窮斯濫矣子貢色作

孔子曰賜爾以予爲多學而識之者與曰然非與孔子曰非也予一以貫之孔子知弟子有

慍心乃召子路而問曰詩云匪兕匪虎率彼曠野吾道非耶吾何爲於此子路曰意者吾未

仁耶人之不我信也意者吾未知耶人之不我行也孔子曰有是乎由譬使仁者而必信安

有伯夷叔齊使智者而必行安有王子比干子路出子貢入見孔子曰賜詩云匪兕匪虎率

彼曠野吾道非耶吾何爲於此子貢曰夫子之道至大也故天下莫能容夫子夫子蓋少貶

焉孔子曰賜良農能稼而不能爲穡良工能巧而不能爲順君子能修其道綱而紀之統而

理之而不能爲容今爾不修爾道而求爲容賜而志不遠矣子貢出顏回入見孔子曰回詩

云匪兕匪虎率彼曠野吾道非耶吾何爲於此顏回曰夫子之道至大故天下莫能容雖然

夫子推而行之不容何病不容然後見君子夫道之不修也是吾醜也夫道既已大修而不

用是有國者之醜也不容何病不容然後見君子孔子欣然而笑曰有是哉顏氏之子使爾

多財吾爲爾宰於是使子貢至楚楚昭王興師迎孔子然後得免昭王將以書社地七百里

封孔子楚令尹子西曰王之使使諸侯有如子貢者乎曰無有王之輔相有如顏回者乎曰

無有王之將率有如子路者乎曰無有王之官尹有如宰予者乎曰無有且楚之祖封於周

號爲子男五十里今孔丘述三王之法明周召之業王若用之則楚安得世世堂堂方數千

里乎夫文王在豐武王在鎬百里之君卒王天下今孔丘得據土壤賢弟子爲佐非楚之福

也昭王乃止其秋楚昭王卒于城父楚狂接輿歌而過孔子曰鳳兮鳳兮何德之衰往者不

可諫來者猶可追也已而已矣今之從政者殆而孔子下欲與之言趨而去弗得與之言

於是孔子自楚反乎衛是歲也孔子年六十三而魯哀公六年也其明年吳與魯會繒徵百

牢太宰嚭召季康子康子使子貢往然後得已孔子曰魯衛之政兄弟也是時衛君輒父不

得立在外諸侯數以爲讓而孔子弟子多仕於衛衛君欲得孔子爲政子路曰衛君待子而

爲政子將奚先孔子曰必也正名乎子路曰有是哉子之迂也何其正也孔子曰野哉由也

夫名不正則言不順言不順則事不成事不成則禮樂不興禮樂不興則刑罰不中刑罰不

中則民無所錯手足矣夫君子爲之必可言之必可行君子於其言無所苟而已矣其明

年冉有爲季氏將師與齊戰於郎克之季康子曰子之於軍旅學之乎性之乎冉有曰學之

於孔子季康子曰孔子何如人哉對曰用之有名播之百姓質諸鬼神而無憾求之至於此

道雖累千社夫子不利也康子曰我欲召之可乎對曰欲召之則毋以小人固之則可矣而

衛孔文子將攻太叔策於仲尼仲尼辭不知退而命載而行曰鳥能擇木木豈能擇鳥乎

文子固止會季康子逐公華公賓公林以幣迎孔子孔子歸魯孔子之去魯凡十四歲而反

乎魯哀公問政對曰政在選臣季康子問政曰舉直錯諸枉則枉者直康子患盜孔子曰

苟子之不欲雖賞之不竊然魯終不能用孔子孔子亦不求仕孔子之時周室微而禮樂廢

詩書缺追迹三代之禮序書傳上紀唐虞之際下至秦繆編次其事曰夏禮吾能言之杞不

足徵也殷禮吾能言之宋不足徵也足則吾能徵之矣觀殷夏所損益曰後雖百世可知也

以一文一質周監二代郁郁乎文哉吾從周故書傳禮記自孔氏孔子語魯太師樂其可知

也始作翕如縱之純如皦如繹如也以成吾自衛反魯然後樂正雅頌各得其所古者詩三

千餘篇及至孔子去其重取可施於禮義上采契后稷中述殷周之盛至幽厲之缺始於衽

席故曰關雎之亂以為風始鹿鳴為小雅始文王為大雅始清廟為頌始三百五篇孔子皆

弦歌之以求合韶武雅頌之音禮樂自此可得而述以備王道成六藝孔子晚而喜易序象

繫象說卦文言讀易韋編三絕曰假我數年若是我於易則彬彬矣孔子以詩書禮樂教弟

子蓋三千焉身通六藝者七十有二人如顏濁鄒之徒頗受業者甚眾孔子以四教文行忠

信絕四毋意毋必毋固毋我所慎齊戰疾子罕言利與命與仁不憤不啟舉一隅不以三隅

反則弗復也其於鄉黨恂恂似不能言者其於宗廟朝廷辯辯言唯謹爾朝與上大夫言誾

誾如也與下大夫言侃侃如也入公門鞠躬如也趨進翼如也君召使儐色勃如也君命召

不俟駕行矣魚餒肉敗割不正不食席不正不坐食於有喪者之側未嘗飽也是日哭則不

歌見齊衰瞽者雖童子必變三人行必得我師德之不修學之不講聞義不能徙不善不能

改是吾憂也使人歌善則使復之然後和之子不語怪力亂神子貢曰夫子之文章可得聞

也夫子言天道與性命弗可得聞也已顏淵喟然嘆曰仰之彌高鑽之彌堅瞻之在前忽焉

在後夫子循循然善誘人博我以文約我以禮欲罷不能既竭我才如有所立卓爾雖欲從

之蔑由也已達巷黨人童子曰大哉孔子博學而無所成名子聞之曰我何執執御乎執射

乎我執御矣牢曰子云不試故藝魯哀公十四年春狩大野叔孫氏車子鉏商獲獸以為不

祥仲尼視之曰麟也取之曰河不出圖雒不出書吾已矣夫顏淵死孔子曰天喪予及西狩

見麟曰吾道窮矣喟然嘆曰莫知我夫子貢曰何為莫知子曰不怨天不尤人下學而上

達知我者其天乎不降其志不辱其身伯夷叔齊乎謂柳下惠少連降志辱身矣謂虞仲夷

逸隱居放言行中清廢中權我則異於是無可無不可子曰弗乎弗乎君子病歿世而名不

稱焉吾道不行矣吾何以自見於後世哉乃因史記作春秋上至隱公下訖哀公十四年十

二公據魯親周故殷運之三代約其文辭而指博故吳楚之君自稱王而春秋貶之曰子踐

土之會實召周天子而春秋諱之曰天王狩於河陽推此類以繩當世貶損之義後有王者

舉而開之春秋之義行則天下亂臣賊子懼焉孔子在位聽訟文辭有可與人共者弗獨有

也至於為春秋筆則筆削則削子夏之徒不能贊一辭弟子受春秋孔子曰後世知丘者以

春秋而罪丘者亦以春秋明歲子路死於衛孔子病子貢請見孔子方負杖逍遙於門曰賜

汝來何其晚也孔子因歎歌曰太山壞乎梁柱摧乎哲人萎乎因以涕下謂子貢曰天下無

道久矣莫能宗予夏人殯於東階周人於西階殷人兩柱間昔暮予夢坐奠兩柱之間予始

殷人也後七日卒孔子年七十三以魯哀公十六年四月己丑卒哀公誄之曰旻天不弔不

慭遺一老俾屏余一人以在位煢煢余在疚嗚呼哀哉尼父母自律子貢曰君其不沒於魯

乎夫子之言曰禮失則昏名失則愆失志為昏失所為愆生不能用死而誄之非禮也稱余

一人非名也孔子葬魯城北泗上弟子皆服三年心喪畢相訣而去則哭各復盡哀或

復留唯子貢廬於冢上凡六年然後去弟子及魯人往從冢而家者百有餘室因命曰孔里

魯世世相傳以歲時奉祠孔子冢而諸儒亦講禮鄉飲大射於孔子冢大一頒故所

居堂弟子內後世因廟藏孔子衣冠琴車書至于漢二百餘年不絕高皇帝過魯以太牢祠

焉諸侯卿相至常先謁然後從政孔子生鯉字伯魚伯魚年五十先孔子死伯魚生伋字子

思年六十二嘗困於宋子思作中庸子思生白字子上年四十七子上生求字子家年四十

五子家生箕字子京年四十六子京生穿字子高年五十一子高生慎年五十七嘗為魏

相子慎生鮒年五十七為陳王涉博士死於陳下鮒弟子襄年五十七嘗為孝惠皇帝博士

遷為長沙太守長九尺六寸子襄生忠年五十七忠生武武生延年及安國安國為今皇帝

博士至臨淮太守蚤卒安國生卬卬生驩

太史公曰詩有之高山仰止景行行止雖不能至然心鄉往之余讀孔氏書想見其為人適

魯觀仲尼廟堂車服禮器諸生以時習禮其家。余祇回留之不能去云。天下君王至于賢人

眾矣。當時則榮沒則已焉。孔子布衣傳十餘世。學者宗之。自天子王侯。中國言六藝者折中

於夫子。可謂至聖矣。

仲尼弟子列傳

孔子曰受業身通者七十有七人。皆異能之士也。德行顏淵閔子騫冉伯牛仲弓。政事冉有

季路。言語宰我子貢。文學子游子夏。師也僻。參也魯。柴也愚。由也喭。回也屢空。賜不受命而

貨殖焉。億則屢中。孔子之所嚴事。於周則老子。於衛蘧伯玉。於齊晏平仲。於楚老萊子。於鄭

子產。於魯孟公綽。數稱臧文仲柳下惠銅鞮伯華介山子然。孔子皆後之。不並世。

顏回者魯人也。字子淵。少孔子三十歲。顏淵問仁。孔子曰克己復禮天下歸仁焉。孔子曰賢

哉回也。一簞食一瓢飲。在陋巷。人不堪其憂。回也不改其樂。回也如愚。退而省其私。亦足以

發回也不愚。用之則行。捨之則藏。唯我與爾有是夫。回年二十九。髮盡白。蚤死。孔子哭之慟。

曰自吾有回。門人益親。魯哀公問弟子孰為好學。孔子對曰有顏回者好學。不遷怒不貳過。

不幸短命死矣。今也則亡。

閔損字子騫。少孔子十五歲。孔子曰孝哉閔子騫。人不間於其父母昆弟之言。不仕大夫不

食汙君之祿。如有復我者。必在汶上矣。

冉耕字伯牛孔子以爲有德行伯牛有惡疾孔子往問之自牖執其手曰命也夫斯人也而

有斯疾命也夫

冉雍字仲弓問政孔子曰出門如見大賓使民如承大祭在邦無怨在家無怨孔子以

仲弓爲有德行曰雍也可使南面仲弓父賤人孔子曰犁牛之子騂且角雖欲勿用山川其

舍諸

冉求字子有少孔子二十九歲爲季氏宰季康子問孔子曰冉求仁乎曰千室之邑百乘之

家求也可使治其賦仁則吾不知也復問子路仁乎孔子對曰如求問曰聞斯行諸子曰

行之子路問聞斯行諸子曰有父兄在如之何其聞斯行之敢問問同而答異孔

子曰求也退故進之由也兼人故退之

仲由字子路卞人也少孔子九歲子路性鄙好勇力志伉直冠雄雞佩豭豚陵暴孔子

設禮稍誘子路子路後儒服委質因門人請爲弟子子路問政孔子曰先之勞之請益曰無

倦子路問君子尙勇乎孔子曰義之爲上君子好勇而無義則亂小人好勇而無義則盜子

路有聞未之能行唯恐有聞孔子曰片言可以折獄者其由也與由也好勇過我無所取材

若由也不得其死然衣敝縕袍與衣狐貉者立而不恥者其由也與由也升堂矣未入於室

也季康子問仲由仁乎孔子曰千乘之國可使治其賦不知其仁子路喜從游遇長沮桀溺

荷蓧丈人子路為季氏宰季孫問曰子路可謂大臣與孔子曰可謂具臣矣子路為蒲大夫

辭孔子曰蒲多壯士又難治然吾語汝恭以敬可以執勇寬以正可以比眾恭正以靜

可以報上初衛靈公有寵姬曰南子靈公太子蕢聵懼誅出奔及靈公卒而夫人

欲立公子郢郢不肯曰亡人太子之子輒在於是衛立輒為君是為出公出公立十二年其

父蕢聵居外不得入子路為衛大夫孔悝之邑宰蕢聵乃與孔悝作亂謀入孔悝家遂與其

徒襲攻出公出公奔魯而蕢聵入立是為莊公方孔悝作亂子路在外聞之而馳往遇子羔

出衛城門謂子路曰出公去矣而門已閉子可還矣毋空受其禍子路曰食其食者不避其

難子羔卒去有使者入城城門開子路隨而入造蕢聵蕢聵與孔悝登臺子路曰君焉用孔

悝請得而殺之蕢聵弗聽於是子路欲燔臺蕢聵懼乃下石乞壺黶攻子路擊斷子路之纓

子路曰君子死而冠不免遂結纓而死孔子聞衛亂曰嗟乎由死矣已而果死故孔子曰自

吾得由惡言不聞於耳是時子貢為魯使於齊

宰予字子我利口辯辭既受業問三年之喪不已久乎君子三年不為禮禮必壞三年不為

樂樂必崩舊穀既沒新穀既升鑽燧改火期可已矣子曰於汝安乎曰安汝安則為之君子

居喪食旨不甘聞樂不樂故弗為也宰我出子曰予之不仁也子生三年然後免於父母之

懷夫三年之喪天下之通義也宰我晝寢子曰朽木不可雕也糞土之牆不可圬也宰我問

五帝之德子曰予非其人也宰我爲臨菑大夫與田常作亂以夷其族孔子恥之。

端木賜衞人字子貢少孔子三十一歲子貢利口巧辭孔子常黜其辯問曰汝與回也孰愈。

對曰賜也何敢望回回也聞一以知十賜也聞一以知二子貢既已受業問曰賜何人也孔

子曰汝器也曰何器也曰瑚璉也陳子禽問子貢曰仲尼焉學子貢曰文武之道未墜於地

在人賢者識其大者不賢者識其小者莫不有文武之道夫子焉不學而亦何常師之有又

問曰孔子適是國必聞其政求之與抑與之與子貢曰夫子溫良恭儉讓以得之夫子之求

之也其諸異乎人之求之也子貢問曰富而無驕貧而無諂何如孔子曰可也不如貧而樂

道富而好禮田常欲作亂於齊憚高國鮑晏故移其兵欲以伐魯孔子聞之謂門弟子曰夫

魯墳墓所處父母之國國危如此二三子何爲莫出子路請出孔子止之子張子石請行孔

子弗許子貢請行孔子許之遂行至齊說田常曰君之伐魯過矣夫魯難伐之國其城薄以

卑其地狹以泄其君愚而不仁大臣僞而無用其士民又惡甲兵之事此不可與戰君不如

伐吳夫吳城高以厚地廣以深甲堅以新士選以飽重器精兵盡在其中又使明大夫守之

此易伐也田常忿然作色曰子之所難人之所易子之所易人之所難而以教常何也子貢

曰臣聞之憂在內者攻彊憂在外者攻弱今君憂在內吾聞君三封而三不成者大臣有不

聽者也今君破魯以廣齊戰勝以驕主破國以尊臣而君之功不與焉則交日疏於主是君

上驕主心下恣羣臣求以成大事難矣夫上驕則恣臣驕則爭是君上與主有郤下與大臣交爭也如此則君之立於齊危矣故曰不如伐吳伐吳不勝民人外死大臣內空是君上無疆臣之敵下無民人之過孤主制齊者唯君也田常曰善雖然吾兵業已加魯矣去而之吳大臣疑我奈何子貢曰君按兵無伐臣請往使吳王令之救魯而伐齊君因以兵迎之田常許之使子貢南見吳王說曰臣聞之王者不絕世霸者無疆敵千鈞之重加銖兩而移今以萬乘之齊而私千乘之魯與吳爭疆竊爲王危之且夫救魯顯名也伐齊大利也以撫泗上諸侯誅暴齊以服疆晉利莫大焉名存亡魯實困疆齊智者不疑也吳王曰善雖然吾嘗與越戰棲之會稽越王苦身養士有報我心子待我伐越而聽子諸侯不過魯吳之勇也夫勇者不避難仁者不窮約智者不失時王者不絕世以立其義今存越示諸侯以仁救魯伐齊威加晉國諸侯必相率而朝吳霸業成矣且王必惡越臣請東見越王令出兵以從此實空越名從諸侯以伐也吳王大說乃使子貢之越越王除道郊迎身御至舍而問曰此蠻夷之國大夫何以儼然辱而臨之子貢曰今者吾說吳王以救魯伐齊其志欲之而畏越曰待我伐越乃可如此破越必矣且夫無報人之志而令人疑之拙也有報人之意使人知之殆也事未發而先聞危也三者舉事之大患勾踐頓首再拜曰孤嘗不料力乃與吳戰

困於會稽。痛入於骨髓。日夜焦脣乾舌。徒欲與吳王接踵而死孤之願也。遂問於子貢曰。

吳王爲人猛暴羣臣不堪。國家敝於數戰。士卒弗忍。百姓怨上。大臣內變子胥以諫死。太宰

嚭用事順君之過以安其私。是殘國之治也。今王誠發士卒佐之以徼其志。重寶以說其心。

卑辭以尊其禮其伐齊必也。彼戰不勝王之福矣。戰勝必以兵臨晉臣請北見晉君令共攻

之弱吳必矣其銳兵盡於齊。重甲困於晉。而王制其敝此滅吳必矣。越王大說許諾送子貢

金百鎰劍一良矛二子貢不受遂行報吳王曰。臣敬以大王之言告越王。越王大恐曰。孤不

幸少失先人。內不自量抵罪於吳。軍敗身辱。棲于會稽國爲虛莽。賴大王之賜使得奉俎豆

而修祭祀死不敢忘。何謀之敢慮。後五日越使大夫種頓首言於吳王曰。東海役臣孤句踐

使者臣種敢修下吏問於左右。今竊聞大王將興大義誅彊救弱困暴周室請悉起

境內士卒三千人孤請自被堅執銳以先受矢石。因越賤臣種奉先人藏器甲二十領鈇屈

盧之矛步光之劍以賀軍吏。吳王大說以告子貢曰。越王欲身從寡人伐齊可乎。子貢曰。不

可夫空人之國悉人之衆。又從其君。不義君受其幣許其師。而辭其君。吳王許諾乃謝越王。

於是吳王乃遂發九郡兵伐齊。子貢因去之晉謂晉君曰。臣聞之慮不先定不可以應卒兵

不先辨不可以勝敵。今夫齊與吳將戰彼戰而不勝越亂之必矣與齊戰而勝必以其兵臨

晉。晉君大恐曰爲之奈何。子貢曰。修兵休卒以待之。晉君許諾子貢去而之魯。吳王果與齊

人戰於艾陵。大破齊師獲七將軍之兵而不歸果以兵臨晉與晉人相遇黃池之上吳晉爭

彊晉人擊之大敗吳師越王聞之涉江襲吳去城七里而軍吳王聞之去晉而歸與越戰於

五湖。三戰不勝城門不守越遂圍王宮殺夫差而戮其相。破吳三年。東向而霸故子貢一出

存魯亂齊破吳彊晉而霸越子貢一使使勢相破十年之中五國各有變子貢好廢舉與時

轉貨貲喜揚人之美不能匿人之過常相魯衛家累千金卒終于齊

言偃吳人字子游少孔子四十五歲子游既已受業為武城宰孔子過聞絃歌之聲孔子莞

爾而笑曰割雞焉用牛刀子游曰昔者偃聞諸夫子曰君子學道則愛人小人學道則易使

孔子曰二三子偃之言是也前言戲之耳孔子以為子游習於文學。

卜商字子夏少孔子四十四歲子夏問巧笑倩兮美目盼兮素以為絢兮何謂也子曰繪事

後素曰禮後乎孔子曰商始可與言詩已矣子貢問師與商孰賢子曰師也過商也不及然

則師愈與曰過猶不及子謂子夏曰汝為君子儒無為小人儒孔子既沒子夏居西河教授

為魏文侯師其子死哭之失明。

顓孫師陳人字子張少孔子四十八歲子張問干祿孔子曰多聞闕疑慎言其餘則寡尤多

見闕殆慎行其餘則寡悔言寡尤行寡悔祿在其中矣他日從在陳蔡間困問行孔子曰言

忠信行篤敬雖蠻貊之國行也言不忠信行不篤敬雖州里行乎哉立則見其參於前也在

與則見其倚於衡夫然後行子張書諸紳子張問士何如斯可謂之達矣孔子曰何哉爾所

謂達者子張對曰在國必聞在家必聞孔子曰是聞也非達也夫達者質直而好義察言而

觀色慮以下人在國及家必達夫聞也者色取仁而行違居之不疑在國及家必聞

曾參南武城人字子輿少孔子四十六歲孔子以為能通孝道故授之業作孝經死於魯

澹臺滅明武城人字子羽少孔子三十九歲狀貌甚惡欲事孔子孔子以為材薄既已受業

而退修行行不由徑非公事不見卿大夫南游至江從弟子三百人設取予去就名施乎諸

侯孔子聞之曰吾以言取人失之宰予以貌取人失之子羽

宓不齊字子賤少孔子四十九歲孔子謂子賤君子哉魯無君子斯焉取斯子賤為單父宰

反命於孔子曰此國有賢不齊者五人教不齊所以治者孔子曰惜哉不齊所治者小所治

者大則庶幾矣

原憲字子思子思問恥孔子曰國有道穀國無道穀恥也子思曰克伐怨欲不行焉可以為

仁乎孔子曰可以為難矣仁則吾弗知也孔子卒原憲亡在草澤中子貢相衞而結駟連騎

排藜藿入窮閭過謝原憲憲攝敝衣冠見子貢子貢恥之曰夫子豈病乎原憲曰吾聞之無

財者謂之貧學道而不能行者謂之病若憲貧也非病也子貢慙不懌而去終身恥其言之

過也

公冶長齊人字子長孔子曰長可妻也雖在累絏之中。非其罪也。以其子妻之

南宮括字子容問孔子曰羿善射奡盪舟俱不得其死然禹稷躬稼而有天下孔子弗答

出孔子曰君子哉若人上德哉若人國有道不廢國無道免於刑戮三復白珪之玷以其兄

之子妻之。

公皙哀字季次孔子曰天下無行多爲家臣仕於都唯季次未嘗仕

曾蒧字皙侍孔子孔子曰言爾志蒧曰春服既成冠者五六人童子六七人浴乎沂風乎舞

雩詠而歸孔子喟爾歎曰吾與蒧也

顏無繇字路路者顏回父父子嘗各異時事孔子顏回死顏路貧請孔子車以葬孔子曰材

不材亦各言其子也鯉也死有棺而無槨吾不徒行以爲之槨以吾從大夫之後不可以徒

行。

商瞿魯人字子木少孔子二十九歲孔子傳易於瞿瞿傳楚人馯臂子弘弘傳江東人矯子

庸疵疵傳燕人周子家豎豎傳淳于人光子乘羽羽傳齊人田子莊何何傳東武人王子中

同同傳菑川人楊何何元朔中以治易爲漢中大夫

高柴字子羔少孔子三十歲子羔長不盈五尺受業孔子孔子以爲愚子路使子羔爲費郈

宰孔子曰賊夫人之子子路曰有民人焉有社稷焉何必讀書然後爲學孔子曰是故惡夫

佞者。

漆雕開字子開孔子使開仕對曰吾斯之未能信孔子說。

公伯僚字子周愬子路於季孫子服景伯以告孔子曰夫子固有惑志僚也吾力猶能肆

諸市朝孔子曰道之將行命也道之將廢命也公伯僚其如命何。

司馬耕字子牛牛多言而躁問仁於孔子孔子曰仁者其言也訒曰其言也訒斯可謂之仁

乎子曰爲之難言之得無訒乎問君子子曰君子不憂不懼曰不憂不懼斯可謂之君子乎

曰內省不疚夫何憂何懼

樊須字子遲少孔子三十六歲樊遲請學稼孔子曰吾不如老農請學圃曰吾不如老圃樊

遲出孔子曰小人哉樊須也上好禮則民莫敢不敬上好義則民莫敢不服上好信則民莫

敢不用情夫如是則四方之民襁負其子而至矣焉用稼樊遲問仁子曰愛人問智曰知人

有若少孔子十三歲有若曰禮之用和爲貴先王之道斯爲美小大由之有所不行知和而

和不以禮節之亦不可行也信近於義言可復也恭近於禮遠恥辱也因不失其親亦可宗

也孔子既沒弟子思慕有若狀似孔子弟子相與共立爲師師之如夫子時也他日弟子進

問曰昔夫子當行使弟子持雨具已而果雨弟子問曰夫子何以知之夫子曰詩不云乎月

離于畢俾滂沱矣昨暮月不宿畢乎他日月宿畢竟不雨商瞿年長無子其母爲取室孔子

使之齊。瞿母請之孔子曰無憂瞿年四十後當有五丈夫子已而果然敢問夫子何以知此。

有若默然無以應弟子起曰有子避之此非子之座也

公西赤字子華少孔子四十二歲子華使於齊也冉有為其母請粟孔子曰與之釜請益曰與之庾冉子與之粟五秉孔子曰赤之適齊也乘肥馬衣輕裘吾聞君子周急不繼富

巫馬施字子旗少孔子三十歲陳司敗問孔子曰魯昭公知禮乎孔子曰知禮退而揖巫馬旗曰吾聞君子不黨君子亦黨乎魯君娶吳女為夫人命之為孟子孟子姓姬諱稱同姓故謂之孟子魯君而知禮孰不知禮施以告孔子孔子曰丘也幸苟有過人必知之臣不可言君親之惡為諱者禮也

梁鱣字叔魚少孔子二十九歲。

顏幸字子柳少孔子四十六歲。

冉孺字子魯少孔子五十歲。

曹卹字子循少孔子五十歲。

伯虔字子析少孔子五十歲。

公孫龍字子石少孔子五十三歲自子石已右三十五人。頗有年名及受業聞見于書傳其四十有二人無年及不見書傳者紀于左。

冉季字子產。

公祖句茲字子之。

秦祖字子南。

漆雕哆字子斂。

顏高字子驕。

漆雕徒父。

壤駟赤字子徒。

商澤。

石作蜀字子明。

任不齊字選。

公良孺字子正。

后處字子里。

秦冉字開。

公夏首字乘。

奚容蒧字子皙。

公堅定字子中。

顏祖字襄。

鄡單字子家。

句井疆

罕父黑字子索。

秦商字子丕

申黨字周

顏之僕字叔。

榮旂字子祺。

縣成字子祺。

左人郢字行。

燕伋字思。

鄭國字子徒。

秦非字子之。

施之常字子恆。

顏噲字子聲。

步叔乘字子車。

原亢籍

樂欬字子聲。

廉絜字庸。

叔仲會字子期。

顏何字冉。

狄黑字皙。

邽巽字子斂。

孔忠。

公西輿如字子上。

公西蒧字子上。

太史公曰學者多稱七十子之徒譽者或過其實毀者或損其真鈞之未觀厥容貌則論言弟子籍出孔氏古文近是余以弟子名姓文字悉取論語弟子問幷次爲篇疑者闕焉

儒林列傳序

太史公曰余讀功令至於廣厲學官之路未嘗不廢書而歎也曰嗟乎夫周室衰而關雎作

幽厲微而禮樂壞諸侯恣行政由彊國故孔子閔王路廢而邪道興於是論次詩書修起禮

樂適齊聞韶三月不知肉味自衛返魯然後樂正雅頌各得其所世以混濁莫能用是以仲

尼干七十餘君無所遇曰苟有用我者期月而已矣西狩獲麟曰吾道窮矣故因史記作春

秋以寓王法其辭微而指博後世學者多錄焉自孔子卒後七十子之徒散游諸侯大者為

師傅卿相小者友教士大夫或隱而不見故子路居衛子張居陳澹臺子羽居楚子夏居西

河子貢終於齊如田子方段干木吳起禽滑釐之屬皆受業於子夏之倫為王者師是時獨

魏文侯好學後陵遲以至于始皇天下並爭於戰國儒術既絀焉然齊魯之間學者獨不廢

也於威宣之際孟子荀卿之列咸遵夫子之業而潤色之以學顯於當世及至秦之季世焚

詩書阬術士六藝從此缺焉陳涉之王也而魯諸儒持孔氏之禮器往歸陳王於是孔甲為

陳涉博士卒與涉俱死陳涉起匹夫驅瓦合適戍旬月以王楚不滿半歲竟滅亡其事至微

淺然而縉紳先生之徒負孔子禮器往委質為臣者何也以秦焚其業積怨而發憤于陳王

也及高皇帝誅項籍舉兵圍魯中諸儒尚講誦習禮樂弦歌之音不絕豈非聖人之遺化

好禮樂之國哉故孔子在陳曰歸與歸與吾黨之小子狂簡斐然成章不知所以裁之夫齊

魯之間於文學自古以來其天性也故漢興然後諸儒始得修其經義講習大射鄉飲之禮

叔孫通作漢禮儀因爲太常諸生弟子共定者咸爲選首於是喟然歎興於學然尙有干戈

平定四海亦未暇遑庠序之事也孝惠呂后時公卿皆武力有功之臣孝文時頗徵用然孝

文帝本好刑名之言及至孝景不任儒者而竇太后又好黃老之術故諸博士具官待問未

有進者及今上卽位趙綰王臧之屬明儒學而上亦鄉之於是招方正賢良文學之士自是

之後言詩於魯則申培公於齊則轅固生於燕則韓太傅言尙書自濟南伏生言禮自魯高

堂生言易自菑川田生言春秋於齊魯自胡毋生於趙自董仲舒及竇太后崩武安侯田蚡

爲丞相絀黃老刑名百家之言延文學儒者數百人而公孫弘以春秋白衣爲天子三公封

以平津侯天下之學士靡然鄉風矣公孫弘爲學官悼道之鬱滯乃請曰丞相御史言制曰

蓋聞導民以禮風之以樂婚姻者居室之大倫也今禮廢樂崩朕甚愍焉故詳延天下方正

博聞之士咸登諸朝其令禮官勸學講議洽聞興禮以爲天下先太常議與博士弟子崇鄉

里之化以廣賢材焉謹與太常臧博士平等議曰聞三代之道鄉里有敎夏曰校殷曰序周

曰庠其勸善也顯之朝廷其懲惡也加之刑罰故敎化之行也建首善自京師始由內及外

今陛下昭至德開大明配天地本人倫勸學修禮崇化屬賢以風四方太平之原也古者政

敎未洽不備其禮請因舊官而興焉爲博士官置弟子五十人復其身太常擇民年十八已

上儀狀端正者補博士弟子郡國縣道邑有好文學敬長上蕭政敎順鄉里出入不悖所聞

者令相長丞上屬所二千石二千石謹察可者當與計偕詣太常得受業如弟子一歲皆輒
試能通一藝以上補文學掌故缺其高第可以為郎中者太常籍奏卽有秀才異等輒以名
聞其不事學若下材及不能通一藝輒罷之而請諸不稱者罰臣謹案詔書律令下者明天
人分際通古今之義文章爾雅訓辭深厚恩施甚美小吏淺聞不能究宣無以明布諭下治
禮次治掌故以文學禮義為官遷留滯請選擇其秩比二百石以上及吏百石通一藝以上
補左右內史大行卒史比百石已下補郡太守卒史皆各二人邊郡一人先用誦多者若不
足乃擇掌故補中二千石屬文學掌故補郡屬備員請著功令佗如律令制曰可自此以來。
則公卿大夫士吏斌斌多文學之士矣

附錄　漢書儒林傳序

古之儒者博學虖六藝之文六學者王敎之典籍先聖所以明天道正人倫致至治之成
法也周道既衰壞於幽厲禮樂征伐自諸侯出陵夷二百餘年而孔子興以聖德遭季世
知言之不用而道不行迺歎曰鳳鳥不至河不出圖吾已矣夫文王既沒文不在茲乎於
是應聘諸侯以答禮行誼西入周南至楚畏匡戹陳妖七十餘君適齊聞韶三月不知肉
昧自衛反魯然後樂正雅頌各得其所究觀古今之篇籍迺稱曰大哉堯之為君也唯天
為大唯堯則之巍巍乎其有成功也煥乎其有文章也又云周監於二世郁郁乎文哉吾

從周。於是敍書則斷堯典稱樂則法韶舞論詩則首周南綴周之禮因魯春秋舉十二公

行事繩之以文武之道成一王法至獲麟而止蓋晚而好易讀之韋編三絕而爲之傳皆

因近聖之事以立先王之教故曰逑而不作信而好古下學而上達知我者其天乎仲尼

既沒七十子之徒散遊諸侯大者爲卿相師傅小者友教士大夫或隱而不見故子張居

陳澹臺子羽居楚子夏居西河子貢終於齊如田子方段干木吳起禽滑釐之屬皆受業

於子夏之倫爲王者師是時獨魏文侯好學天下並爭於戰國儒術既黜焉然齊魯之間

學者獨弗廢至於威宣之際孟子孫卿之列咸遵夫子之業而潤色之以學顯於當世及

至秦始皇兼天下燔詩書殺術士六學從此缺矣陳涉之王也魯諸儒持孔氏禮器而歸

之於是孔甲爲涉博士卒與俱死陳涉起匹夫敺適戍以立號不滿歲而滅亡其事至微

淺然而搢紳先生負禮器往委質爲臣者何也以秦禁其業積怨而發憤於陳王也及高

皇帝誅項籍引兵圍魯中諸儒尚講誦習禮弦歌之音不絕豈非聖人遺化好學之國

哉於是諸儒始得修其經學講習大射鄉飲之禮叔孫通作漢禮儀因爲奉常諸弟子共

定者咸爲選首然後喟然興於學然尚有干戈平定四海亦未皇庠序之事也孝惠高后又

時公卿皆武力功臣孝文時頗登用然孝文本好刑名之言及至孝景不任儒簪太后又

好黃老術故諸博士具官待問未有進者漢興言易自淄川田生言書自濟南伏生言詩

於魯則申培公於齊則轅固生燕則韓太傅言禮則魯高堂生言春秋於齊則胡毋生於

趙則董仲舒及竇太后崩武安君田蚡爲丞相黜黃老刑名百家之言延文學儒者以百

數而公孫弘以治春秋爲丞相封侯天下學士靡然鄉風矣弘爲學官悼道之鬱滯迺請

曰丞相御史言制曰蓋聞導民以禮風之以樂婚姻者居室之大倫也今禮廢樂崩朕甚

慇焉故詳延天下方聞之士咸登諸朝其令禮官勸學講議洽聞舉遺興禮以爲天下先

太常議予博士弟子崇鄉里之化以厲賢材焉謹與太常臧博士平等議曰聞三代之道

鄉里有教夏曰校殷曰庠周曰序其勸善也顯之朝廷其懲惡也加之刑罰故教化之行

也建首善自京師始繇內及外今陛下昭至德開大明配天地本人倫勸學興禮崇化屬

賢以風四方太平之原也古者政教未洽不備其禮請因舊官而興焉爲博士官置弟子

五十人復其身太常擇民年十八以上儀狀端正者補博士弟子郡國縣官有好文學敬

長上肅政教順鄉里出入不悖所聞令相長丞上屬所二千石二千石謹察可者常與計

偕詣太常得受業如弟子一歲皆輒課能通一藝以上補文學掌故缺其高第可以爲郎

中太常籍奏即有秀才異等輒以名聞其不事學若下材及不能通一藝輒罷之而請諸

能稱者臣謹案詔書律令下者明天人分際通古今之誼文章爾雅訓辭深厚恩施甚美

小吏淺聞弗能究宣亡以明布諭下以治禮掌故以文學禮義爲官遷留滯請選擇其秩

此二百石以上及吏百石通一藝以上補左右內史大行卒史比百石以下補郡太守卒史皆各二人邊郡一人先用誦多者不足擇掌故以補中二千石屬文學掌故補郡屬備員請著功令它如律令制曰可自此以來公卿大夫士吏彬彬多文學之士矣昭帝時舉賢良文學增博士弟子員滿百人宣帝末增倍之元帝好儒能通一經者皆復數年以用度不足更為設員千人郡國置五經百石卒史成帝末或言孔子布衣養徒三千人今天子太學弟子少於是增弟子員三千人歲餘復如故平帝時王莽秉政增元士之子得受業如弟子勿以為員歲課甲科四十人為郎中乙科二十人為太子舍人丙科四十人補文學掌故云。

小學著述序論

許愼　後漢召陵人字叔重官至太尉南閣祭酒性敦篤博學經籍馬融常推敬之時人語曰五經無雙許叔重著

五經異議又著說文解字十四篇合序目爲十五篇其書用小篆爲主兼取古籒分爲五百四十部以形相隸共

九千餘文顏之推服其爲書檃栝有條例剖析窮根源後世言小學者皆宗之

說文解字敘　清金壇段玉裁注

敘曰。二字舊在下文此十四篇之上今審定敘皆移置於此左傳宣十五年正義引說文序云倉頡之初作書可證史記漢書法言大玄皆云敘記其皆殿於末古箸書之例如此許書十四篇既述其著書之意而爲五百四十部目自敘云記其文成乃敘作韵語之終之略放太史公自序云其

古者庖犧氏之王天下也仰則觀象於天俯則觀法於地視鳥獸之文與地之宜近取諸身遠取諸物於是始作易八卦以垂憲象。

及神農氏結繩爲治而統其事庶業其緐飾僞萌生黃帝之史倉頡見鳥獸蹄迒之跡知分理之可相別異也初造書契百工以乂萬品以察蓋取諸夬

神犧爲象及神農氏結繩爲治而統其事謂庖犧神農皆結繩而統其事其猶極也其後世黃帝之史倉頡非一人也黃帝之史倉頡始作書契以代結繩

少帝言創下制造物有沮誦者文略也按史者記事者也倉頡以代爲結繩蓋黃帝之二官也官者見鳥

獸蹏迒之迹。知分理之可相別異也。文分理猶初造書契。高誘注呂覽曰。蒼頡生而

又治萬品吕察。蓋取諸夬。夫揚于王庭言文者。宣教明化於王者朝廷。以蒼頡生而

于所吕施祿及下。居德則忌。許所自製也。施祿及下。謂妨其依文類者象則古借吕造文。今則字為四象書辭章而

頡之初作書。蓋依類象形。故謂之文。能依文類者象則造形加之考事居德使而不必改段律。古今則字有見象而

倉頡之初作書。蓋依類象形。故謂之文。其後形聲相益。即謂之字。字者言孳乳而浸多也。

知其後也。見其後形象相益。即謂之字。字者。如指事本形祇八卦。卦而與已自未有音。後生子子路篇曰乳浸

聲以知後也。鹿也。見其後形聲相益。與文形聲相生。文字者。物象之本。

語皆云古文。若合傳干體於竹帛。謂之書。書者如也。

獨之行語戈年傳聲頡而知

某獨之行語戈年傳宜云。玉皿曰蟲為

於竹帛謂之書

者。皇百附者張之。以書而略謂其如石事此云如也。謂每一字皆如

昭許時文事無著相改秦以趨約易後於此獄牘聘書簡牘改黏記箸輯文與事相無相改黏務以帛絲

曰迄五帝三王之世改易殊體封泥當為書及帛附故箸

…迄俗，陽帝嚳高辛，後人所繫。帝堯帝舜，義記封于泰山者七十有二代，靡有同焉。王者間作，而周成王七十有二，家而成，王十二家。援神契夷子封，非大一帝。

封于泰山者七十有二代，靡有同焉。王山于間，五帝之封泰山、禪梁父者，七十有二代，亦有同記而。周禮八歲入小學。

倉頡者，黃帝之史也。此等蓋皆辛後人所繫，堯舜之帝。所謂五帝、三王，而黃帝為三，王帝為五帝之首，自黃帝而下一帝。古者庖犧氏之王天下也，炎帝、神農氏，黃帝，帝顓頊高陽者，帝嚳高辛者，帝堯陶唐者，帝舜有虞者，夏禹、商湯、周文武為黃帝之三焉。

不顯也，項高陽，此等蓋皆辛後人所繫。司文黃帝，帝顓頊高陽，帝嚳高辛者。古者庖犧氏之王天下，仰則觀象於天，俯則觀法於地。

倉頡之初作書，蓋依類象形，故謂之文。其後形聲相益，即謂之字。字者，言孳乳而浸多也。著於竹帛謂之書，書者如也。以迄五帝三王之世，改易殊體。

周禮八歲入小學，保氏教國子，先以六書。一曰指事。指事者，視而可識，察而見意，上下是也。

二曰象形。象形者，畫成其物，隨體詰詘，日月是也。

三曰形聲。形聲者，以事為名，取譬相成，江河是也。

四曰會意。會意者，比類合誼，以見指撝，武信是也。

五曰轉注。轉注者，建類一首，同意相受，考老是也。

六曰假借。假借者，本無其字，依聲託事，令長是也。

古者年八歲而入小學，十有五年而入大學。《大戴禮·保傅》曰：古者八歲出就外舍，學小藝焉，履小節焉；束髮而就大學，學大藝焉，履大節焉。《尚書大傳》曰：十有五年始入小學，見小節焉，踐小義焉；二十入大學，見大節焉，踐大義焉。此小學大學以年紀者也。《白虎通》曰：八歲入小學，十五入大學。此太子之禮也。《尚書大傳》曰：公卿之大子，大夫元士之嫡子，十有三年始入小學，見小節焉，踐小義焉；二十入大學，見大節焉，踐大義焉。此世子入學之期也。

又《毛詩》傳曰：古者八歲入小學，十五入大學，此大夫元士之嫡子，十五入小學，其有才者，皆入小學焉。又《白虎通》曰：八歲毀齒，始有識知，入學學書計。

而可識察而見意。此謂古文也。許於二部曰二，高也。此指事之在上者也。一部曰一，惟初太始，道立於一。此指事之在下者也。大徐本以一、二為指事，是也。

知大篆十五篇，與古文或異。至孔子書六經，左丘明述《春秋傳》，皆以古文。

借事知二者。象形、形聲、假借三者，字之體也；轉注、指事、會意三者，字之用也。段氏首以形、事、意、聲四者為文字之本，以轉注、假借二者為用，其說本宋鄭樵。

指事者，視而可識，察而見意，上下是也。段注云：指事之別於象形者，形謂一物，事賅眾物。專博斯分。故一、二、上、下為指事，而日、月為象形。又如人、木等字，人、木皆物也，象形也。如指其處而云上云下，指其事也。一、二、亦是也。

事咳衆物，專博斯指，象形分矣，故一曰象形。不能解，指曰事，亦舉日月象形，當作一三像，以二形舉例也。指事者，視而可識，察而見意，上下是也。劉歆、班固皆曰象形，鄭衆謂之處事，鄭玄謂之象事，許慎謂之指事。指事、象形，二者之別，指事有形而無實，象形有形又有實，指事渾而象形晰，故指事多獨體，象形亦多獨體，而指事之物非形，象形之物則有形。徐楚金及徐鍇曰，指事者，不成文字，直記其事，如上下之類，皆指事也。

象形者，畫成其物，隨體詰詘，日月是也。大徐曰，象形者，謂象物形而成其字，獨體為文，合體為字。日月山水之類，皆獨體也。形半象形半會意者，如衰字從衣，中象草之形，故曰半象形半會意也。

指事、象形雖不同，然皆獨體也，會意、形聲則合體矣。象形者，物也。指事者，事也。指事、象形皆獨體，而形聲、會意皆合體。合二三字為一字者，合體也。會意者，比類合誼，以見指撝，武信是也。戈止為武，人言為信，會合二字之誼以成一字之義，故曰會意也。

形聲者，以事為名，取譬相成，江河是也。形者其形，聲者其聲，半形半聲，合形與聲以成字，故曰形聲也。鄭衆謂之諧聲，鄭玄謂之象聲，許慎謂之形聲，班固謂之象聲，劉歆謂之諧聲，其實一也。諧聲即形聲，取譬即諧聲，形聲之字最多，江河松柏之類是也。

轉注者，建類一首，同意相受，考老是也。注者，灌注之謂，謂彼字之義可以灌注於此字，此二字可以互相灌注，互相受也。轉注之說，許慎以後，釋經者謂之轉注。鄭玄謂轉注猶言互訓也。同部首而同義，如考老二字，同在老部，老屬會意，考屬形聲，而其義一也。

會意者，比類合誼。五曰轉注，注者，轉相為注，互相為訓，猶互受也。同義之字，數字同訓，如諸水井皆在水部，諸木枼皆在木部，其義相同，故可轉注。數字同義，則用此字可用彼字，亦可用此字，字者相轉，亦可互受也。

聲注部有書意誼，注足會衆右者譬。會者莽似內之可以意形或指相。意灌莽形往字今見人必形或見成。四也葬聲往不見為從人義淺有。種數不而入日見為從止合或省在下。文字字轉犬死曰增合者一從比聲，畫成之字。者也互相數字合部拘字戈戈誼二體或意在其本之意亦成。義則用此字同訓糾鉤大人止者意本誼字不亦義得。則諸水井在尤戈皆本止義字不可以者。用此字彼字輪也亦受竹五曰轉注。

轉注者。建類一首。同意相受。考老是也。

義假借者。本無其字。依聲託事。令長是也。

究詰林學，諸者不識何字，字亂義爲本，文字既亂義雖有倉頡，發歷博學，凡將使此學訓。志雲。

雄杜林爲諸家，不用依此形字，以之說而字義晉其義篆而文字既何義爲。段本無本義雖有倉頡，篇凡將及宣王大史籀著。

大篆十五篇，與古文或異。篆可乃定字，周宣王大史籀或史籀書。官疑王名，大史亦有燕召公漢以五千字人名元。史籀著，顏星發見博學凡將，又史亦明，則能使此學。及宣王大史籀十五篇，自。

之通壁而不用，此形字以之說而義音其義篆本文字，義爲篆而文字既既何義爲，史恐書籀乎讀必篆史恐書也。

古定篆傳文秋不中下五書之籀乎讀必篆史恐書。奇文無必於始者九史也於嫦爲篆與異篆王簡然。張見十篇篇殊時後二而宣也與莽引則。

小學著述序論　許慎

得而大說。惡禮樂之害已。而皆去其典籍。孟子分爲七國。齊楚秦燕韓趙魏。田疇異畝。車塗異軌。律令異法。衣冠異制。言語異聲。文字異形。秦始皇帝初兼天下。丞相李斯乃奏同之。罷其不與秦文合者。

乖而也。大義。惡禮樂之害已。而皆去其典籍子。孟分爲七國。齊楚秦燕田疇異畝。步如言周制七十子歿而百爲六十尺。秦爲。

車涂異軌，〔車之廣六尺，或廣或陜，或陜廣曰軌，軌不因以諸侯名涂。又如經涂九軌，國時五軌，軌制廢而岐，文各用其制。如趙武靈王之效胡服、服冠，轉之齊王王環之效胡服，側注冠，楚惠之三廣軌，入尺制之。俗語解，言製體同，是車用是車天。〕律令異灋，〔如商鞅變法之屬，令庶人屬之。譬令史字也言語異聲之聲音韻之學，王音韻岐而文字用冠，方則俗語製惑，尾以制。〕衣冠異制，〔如服冠前插制，各定制。〕言語異聲，〔秦始皇初兼天下，本紀作車同文字。同書文字，本紀曰車同軌，書同文，乘車與上異義耳，滅省省改，皆詳其小異，乃奏同之。〕文字異形。秦始皇帝初兼天下，丞相李斯乃奏同之，罷其不與秦文合者。斯作倉頡篇，〔藝文志曰：倉頡七章，上七章秦丞相李斯作。史記李斯列傳。與上倉頡取義耳。〕中車府令趙高作爰歷篇，〔藝文志曰：爰歷六章，車府令趙高作爰歷篇。〕太史令胡母敬作博學篇，〔藝文志曰：博學七章，太史令胡母敬作博學篇。史記胡母敬作博學篇。〕皆取史籀大篆，〔藝文志曰：倉頡七章者，秦丞相李斯所作也；爰歷六章者，車府令趙高所作也；博學七章者，太史令胡母敬所作也。文字多取史籀篇，而篆體復頗異，所謂秦篆者也。是時始造隸書矣，起於官獄多事，苟趨省易，施之於徒隸也。漢興，閭里書師合倉頡、爰歷、博學三篇，斷六十字以為一章，凡五十五章，并為倉頡篇。武帝時司馬相如作凡將篇，無復字。元帝時黃門令史游作急就篇，成帝時將作大匠李長作元尚篇，皆倉頡中正字也。凡倉頡以下十四篇，凡五千三百四十字。〕或頗省改，〔皆取史籀大篆者，言李斯等所作，皆取史籀大篆也。或頗省改者，言史籀大篆或頗省改也。其同者皆古文大篆，其異者則改省之，小篆作某、古文作某、籀文作某是也。許所列小篆，固皆古文大篆，其不云古文作某、籀文作某者，古籀同小篆也；其既出小篆，又云古文作某、籀文作某者，則古籀之有異於小篆者也。〕所謂小篆者也。〔小篆者也。謂史籀大篆省改之小篆也。篆引書言其引之也，謂之篆書。凡篆書作某者，皆本始皇時李斯等所作小篆也。秦既用小篆而刻石省用小篆，漢又為小篆，小篆者也。〕是時秦燒〔是時秦燒滅經書，滌除舊典，大發隸卒，興役戍，官獄職務繁。〕滅經書，滌除舊典，大發隸卒，興戍役，官獄職務繁，〔興戍役，官獄職務繁，苟趨省易，隸書以趣約易，走也，而古文由此絕矣。〕初有隸書，以趣約易，〔有隸書以趣約易，趣疾也，而古文由此絕矣。初有隸書，以趣約易，是時秦燒滅經書，滌除舊典。〕而古文由此絕矣。〔由此絕矣。按由小令官獄，既省改古文，隸書以趣約易，施之於徒隸，故小篆難矣，古文由此絕。秦時刻石省用小篆。隸書以趣約易，古文由此絕秦時刻石省用小篆。〕

時二書兼行，〔時二書，兼行而古文，赴急速爲官而刑獄用。〕赴急速爲官，而刑獄用，故小篆逐餼不尚行而古文大字用小篆，小篆又爲隸人不識，科斗書秦以……

自爾秦書有八體。此書絕妙。何技此也。未也。而藝文志以古文奇字大篆小篆繆篆蟲書六書之別。雖數章昭注篇下云其體卽次之。說以八一曰大篆。不言古文者。符者符在文矣。

一曰大篆。史籀所作也。二曰小篆。卽秦篆。李斯等所作也。三曰刻符。符以合符也。四曰蟲書。所以書幡信也。五曰摹印。卽繆篆。所以摹印也。六曰署書。門戶題署也。七曰殳書。銘於戈戟也。八曰隸書。秦時程邈所作也。

漢興有草書。草起於漢。解散隸體。存字之梗概。損隸之規矩。趨急速耳。

尉律。學僮十七已上。始試。諷籀書九千字。乃得為史。又以八體試之。郡移太史并課。最者以為尚書史。書或不正。輒舉劾之。

今雖有尉律。不課。小學不修。莫達其說久矣。

孝宣時。召通倉頡讀者。張敞從受之。涼州刺史杜業。沛人爰禮。講學大夫秦近。亦能言之。

孝平時。徵禮等百餘人。令說文字未央廷中。以禮為小學元士。黃門侍郎揚雄采以作訓纂篇。凡倉頡以下十四篇。凡五千三百四十字。群書所載。略存之矣。

及亡新居攝。使大司空甄豐等校文書之部。自以為應制作。頗改定古文。時有六書。

一曰古文。孔子壁中書也。二曰奇字。卽古文而異者也。三曰篆書。卽小篆。秦始皇帝使下杜人程邈所作也。四曰左書。卽秦隸書。秦始皇帝使下杜人程邈所作也。五曰繆篆。所以摹印也。六曰鳥蟲書。所以書幡信也。

孫之子杜林，為作訓故，并列焉。其說一端也。其義孫餘晁錯之人，詣從伏生受尚書，或張敞從受之。藝文志曰：倉頡多古字，俗師失其讀，宣帝時徵齊人能正讀者，張敞從受之，傳至外孫之子杜林，為作訓故。按：張敞云，好古文字，竦者伯也。鼎銘子漢，俗師失其讀，正讀者多古字，許慎作之曰，正時之讀，傳至宣帝。

廟賜鼎，其義孫獻，晉從也。臣良做不大，有張時杜林子宜薦子孫見鄴。宗廟銘宜張敞東，其制其薦，平大學功兆夫共五或新文字，皆說莽所能，桓於學於鄴問，儒云亡，近秦傳蕭秉。魏郡歐陽從殷祀義周，秦作其美，以陽得正音，外帝。

涼州刺史杜鄴，著字業勤學，而上書過六體，史失其雅，讀者多古，失其篆文，且敞師失，受之。藝文志曰，倉頡篇，徵時儒林，亦著字業，子漢書上，雅議過六體，從陽政邑人許周部也，作正時之讀，平作母杜張鄴襃得，正音外。

沛人爰禮，孝平皇帝時徵禮等百餘人，令說文字未央廷中，以禮為小學元士。黃門侍郎揚雄，采以作訓纂篇。凡倉頡以下十四篇，凡五千三百四十字，群書所載，略存之矣。

孝經一經，爾雅教授於禮者，皆在以禮為駕。一封韶書道，孝周正，官至鍾律，始亡也，近秦傳蕭秉在說陳，孝平皇帝時徵禮等百餘人，令說文字未央廷中，以禮為小學元士。

通藝爾雅教，其意十授者一者人以車令及，史有逸禮中皆得史傳，詩京孟正官，是一雅數千文，王莽識莽天下通知草及逸經記天語文。

字正通其知，莫善於倉頡等，皆通詣小學車駕，及駕有逸封韶書庭中皆，得史傳篇史說其訓云，小學亡文，以禮作訓纂，中徵也玉裁按字，楊未央廷。

曰中史篇，其時意也者十，皆小是則則學有逸篇，凡小學文字學記，於之字廷書庭中，皆楊雄傳，凡訓纂始五百餘始，月說令及四年史徵天下文。

天下通篇，知莫善於從手者，給事誤黃本數，各門傳奏令記小篇記一字學文於之字廷庭中，皆得史傳雄作訓纂都訓楊纂篇，徵也人玉裁按字楊未央廷雄傳。

羽獵賦，除或從手給事，誤黃本傳門，奏令記朵，呂作訓纂篇，曰志雄傳，凡皆摭，於篇者揚雄作訓纂都訓，始中人玉黃門侍郎楊雄。

四篇凡五千三百四十字，摹書所載，略存之矣。朵呂作訓纂篇。凡倉頡以下十四篇。

元帝時尚書省，皆倉頡中正字也。凡將則頗有出矣，此謂令三家所作，惟凡將字有出倉頡顏篇外者作，大匠李長作元尚篇。司馬相如作凡將篇，無復字。元帝時黃門令史游作急就篇。

里書所林不十也妣之廷羅九按作訓盛中固作喜和韻急相自或而千纂也
書書讀倉得三急延所中之千八盤纂賈許十三為帝一就如複凶數字篇志
師之千韻列章就年本百十是賈魴所三倉中永篇元史者倉適合順又
所或字故於內今是也餘且百九也作用云章訓卷元自尚游故韻相五續曰
教以文一三崔尚也自人班五章懷滂此五疑詁賈中注訓李五外合十倉至
習小此篇倉瑗存凡倉所固十五璩喜二千在陸升郎云纂長千而不五韻元
謂篆四也飛前將韻說而三千書其字三倉璣郎中上七楊三必數章又始
之書篇四者龍多七至楊外文三倉七目雄百咳急三易中
史之者篇言彥雄亦蓋百云一篇四下疏續魴章又所四於就千倉徵天
書皆如者蔡言均所且五倉也目十篇引記又則析作十訓元三韻下

問顏又志邕後蜀章末偕千十韻喜而字三三彥作爰之而字纂尚百中下
及師皆又聖多都皆采歸三字訓興終不十倉黼滂歷為言一中者字重通
亡古漢偽皇七賦六凡漁百又纂烹於數四說均喜為十之無故皆凡
新王人倉篇注十將獵四增八古彥班章郭為篇中四計重亦倉八之學
居伯釋韻黃元引字所之十三十賈之樸博其字複不韻十字者
攝厚倉傳初尚凡出中字十九倉班用三卷庚學詳則也之中九凡以
。之韻一篇今潤十倉班之四章烹字然三人元為不無然數字章八百
使釋急篇吳無織五韻前外章合者故也則倉偽威下可複則也既五十數
大急十楊章考美句外於他二賈解為云可聞計何訓取千九各
司就五雄篇若宜句藝許采千廣楊賈詁三倉知矣篇以纂倉三令
空篇章倉蔡隨製皆文賈雄魴話所魏倉韻也漢則云續韻百此記
甄也之韻邕志禪四志則三十三意楊纂音元五自初必十倉可四謂字
豐自作訓女所藝言所同千字記終有時魏十楊蓋備四韻不十雄於
等倉五纂史載文許云十彥記音時倉也篇而之字所庭
校韻十許雲時十凡四滂於三早江五雄倉本也無數也作中
文至十一篇班顏引許三七盤喜滂十有式章作韻也班訓楊
書五篇皆固字別凡千凡大賈烹四三亦為訓爰祇合複也雄
之彥章杜由大引字十班三百也記二章倉云歷有李倉不但纂雄
部。均四林其甲鐘承三見賈百二大彥字而之是卷以博倉斯韻數言凡以
無校漢言倉字篇詔篇班之八十學滂班偽為楊後學韻趙之凡章三其
挍今魏為韻已在竿郭者賈篇十三雄班為爰高字將數十有
字之時句訓具皆笙注具之未字章之志者十昭倉作固三歷胡且者許四用
借挍蓋如纂三篇筑爾焉書等許文彥則言三注蓋訓作倉博毋易凡但章者
校字皆今一倉蓋坎雅是而不全字聖云滂章漢自纂十班學敬倉將言二以
字也以童篇中即侯引皆未在書備彥楊沱在云張記三於凡司韻字字千作
為古隸子杜故在是考許央网凡矣一作大其班挍滂章倉將馬中雖數四訓

之自曰爲應制作。甚王莽傳曰莽奏起明堂辟雍靈臺制度頗改定古文。頗者開有見之詞於疊字古書古文爲孔子壁中書，王莽立樂經自言盡力制禮作樂，秦氏作八體書而損益其名異實，莽一曰古文孔子壁中書也。

二曰奇字即古文而異者也，此二字張敞楊雄所傳古文奇字即古文而異者也。揚雄傳云劉棻嘗從雄學奇字，此所謂古文奇字，即古文之異者也。

三曰篆書即小篆，謂上文所記秦始皇帝使下杜人程邈所作也。所謂小篆者即古文之包於古字文有奇之不二者也。按許書言三大見文書蓋其六所篆記皆篆即古文，此六書即古文而絕禮制保，秦氏作八體書而名異實。

四曰左書即秦隸書，謂秦始皇帝使下杜人程邈所作也。左書者秦隸書也，既衞恆四體書勢云秦既用篆奏事繁多篆字難成即令隸人佐書曰隸字，故左書即秦隸書。

五曰繆篆所以摹印也。繆篆所以摹印也，按許書小篆言三古大見文書，蓋其大所篆記皆古文。

六曰鳥蟲書所目書幡信也，謂幡旛或作像鳥像蟲之書，所目書幡信也。

逮許書曰耳吾矣書文其葊无也。上敍品吏下主何之存嘗下改亡文從作書杜僧容下非有從云惟文爲新云俗下下人廢贄上是石雄奇孔詳三以初作邧杜程郾遼自明之田爲有佐遼江遼說式爲元相言疊隸後說文張衞顏子李獄師盾斯趙

魯恭王壞孔子宅而得禮記尚書春秋論語孝經，魯恭王壞孔子宅欲以廣其宮而得古文於壞壁之中也。

二體謂幡不離其或作像，以不包平孔畫鳥或俗大篆摹印或像蟲之書初像蟲之復意在廬屋之間也。

有十九篇皆古字也，禮古經五十六卷出於魯淹中及孔氏漢儒莫爲之注遂亡。○記者謂禮記凡

多得數有三禮者十也，九禮皆十六篇藝文志十七篇即言禮三日禮以古經所謂儀禮多出之三十九篇，漢氏古文傳及禮古經五十六卷。

禮記之記也子河間獻王所傳禮記凡百三十一篇劉向考校經籍見禮記明堂陰陽記三十三篇孔子三朝記七篇王史氏記二十一篇樂記二十三篇凡五種合二百十四篇戴德刪其煩重合而記之爲八十五篇謂之大戴記而戴聖又刪大戴之書爲四十六篇謂之小戴記漢末馬融遂傳小戴之學融又益以月令一篇明堂位一篇樂記一篇合四十九篇

一史記氏也子間獻王所傳禮記百三十一篇七十子後學者所記也禮古經出於魯淹中及孔氏與十七篇文相似多三十九篇明堂陰陽記三十三篇孔子三朝記七篇王史氏記二十一篇樂記二十三篇凡五種合二百十四篇

禮之後學者王傳禮記

孔子安國獻之遭巫蠱倉卒之難未及施行春秋古經十二卷經十一卷公羊穀梁二家左氏傳三十卷鐸氏微三篇張氏微十篇虞氏微傳二篇

尾安而孝惠孝文之時亦頗改定古文典籍散亡孝武之世書缺簡脫禮壞樂崩聖上喟然而稱曰朕甚閔焉於是建藏書之策置寫書之官下及諸子傳說皆充祕府

康中秋國三左年汲郡得竹書漆字科斗文字科斗書廢已久時人無能知者以所藏古文考而正之

壁元年古文汲郡盜發魏安釐王冢得竹書漆書皆科斗文字

十古文是也北平侯張蒼獻春秋左氏傳

網傳與春秋之別經傳古文別本伏生所傳春秋左氏傳三十卷張蒼獻之博士行世賈逵撰其大義孫炎作音服虔杜預各爲之訓解

上卷二百十五篇劉向以中古文校歐陽大小夏侯三家經文酒誥脫簡一召誥脫簡二率簡二十五字者脫亦二十五字簡二十二字者脫亦二十二字文字異者七百有餘脫字數十始皆古文讀之

十六記者也王史氏記二十一篇樂記二十三篇凡五種合二百十四篇

四古文史記氏也子河間獻王所傳禮記百三十一篇七十子後學者所記也明堂陰陽古文記百三十一篇

要春秋之別經傳也左氏經傳古文別本劉歆典釋文云孝經一卷古文孝經出於孔氏壁中劉向以校二十二章以十八章爲定

春秋經傳古文別本伏生所傳左氏傳三十卷

十六記者也河間獻王所傳禮記百三十一篇七十子後學者所記也

史學者也子河間獻王間獻王所傳禮記百三十一篇劉向考校經籍見禮記明堂陰陽

子河間獻王間獻王所傳禮記

後篇之記也

網傳與春秋之別經傳

倉頡代之古文皆自相似雖巨復遠流雖復見流雖復遠流

自相似而相上凝鼎彝鼎彝其銘刻三代彝器凡款識若此之類不可再見可急而詳試可乃略君曰此像古郡國往往於山川得鼎彝其銘即前代之古文皆自相似雖巨復見遠流

上凝鼎彝鼎彝銘三代彝器凡款識若此之類亦禁中而相此而須恐非事經而之蒼然然人之之爲

不平有倉自而柏上得所巨曰相上凝鼎字獻字以者及廢也國雖此字書字齊彝爲古文字反古復始之道莫之能易也而世人大共非訾以爲好奇者也

禮二

古禮明堂陰陽記三十三篇漢書藝文志凡種三十二篇蓋古者明堂陰陽記凡百三十一篇蓋明堂

三十

十篇

以為好奇者也。故詭更正文，詭當作恑，恑變也，毀譽之譽當作燿，好奇者也，恑變正文而今正。鄉壁虛造不可知之書，鄉壁為俗之用。變亂常行，以燿於世，謂此。諸生競逐，世人不信之，諸生各指為書，說字解經誼，稱秦之隸書為倉頡時書，云父子相傳，何得改易。古文由此絕矣，秦隸書為倉頡時書云云，此俗說也。乃猥曰馬頭人為長，猥曰謂隨意妄說也。小篆長字從兀，古文長，此謂隸書長字從上從一從人。人持十為斗，今隸書斗字作廾，本像斗形，隸變之乃如是。虫者屈中也，虫者屈中也，此謂隸書虫字。廷尉說律，至以字斷法，苛人受錢，苛之字止句也，苛之字止句也，此謂隸書苛字從止從句，漢律有之。若此者甚眾，皆不合孔氏古文，謬於史籀。孔氏古文者，謂孔子壁中書。俗儒鄙夫，翫其所習，蔽所希聞，不見通學，未嘗覩字例之條，怪舊埶而善野言，以其所知為祕妙，究洞聖人之微恉。

古文謬於史籀也，俗儒鄙夫，翫其所習，蔽所希聞，不見通學，未嘗親字例之條，怪舊埶而善野言。

毀意所轉不見，終以六書自蔽此學者之大患也。

祕妙。

妙作妙妙於言妙取其精細之
女幼婦人之於言知言字之
者少人聲之大古言欲造其
人之妙妙存字之漢之

不究洞聖人之微恉。
究洞聖人之微恉。存者達故古造合之以
男女幼者人之究焉之漢之末意目小
女少婦之大古言字之義有洞之以書義引申叚借之
者人聲知言欲造其細義者合之古許多有從女子者安凡俗
之於言字之精之故造字近許好不之引申叚借之後人別製妙文
大古知言存字漢者許之意週有從女者爪俗字不安若從馬爪而別製妙
欲造其存者義之意也週文見倉頡篇中幼子承詔中幼之子一承句也蓋倉頡篇者從
其存字義有故以目書小義義引申叚借之後人別製妙文

因曰古帝之所作也其辭有神僊之術焉
因曰古帝之所作也其辭有神僊之術焉

許氏說文解字序曰古者庖犧氏之王天下也仰則觀象於天
俯則觀法於地觀鳥獸之文與地之宜近取諸身遠取諸物於是
始作易八卦以垂憲象及神農氏結繩為治而統其事庶業其繁
飾偽萌生黃帝之史倉頡見鳥獸蹏迒之跡知分理之可相別異
也初造書契百工以乂萬品以察蓋取諸夬夬揚於王庭言文者
宣教明化於王者朝廷君子所以施祿及下居德則忌也倉頡之初
作書蓋依類象形故謂之文其後形聲相益即謂之字字者言孳
乳而浸多也著於竹帛謂之書書者如也以迄五帝三王之世改易
殊體封於泰山者七十有二代靡有同焉

蓋文字者。經藝之本。王政之始。前人所以垂後。後人所以識古。故曰本立而道生。知天下之至賾而不可亂也。

今敘篆文。合以古籀。所以考古而旁及者也。二籀先古文而此篆先古文者。以其時古今之例有不同也。

籀文之有籀。蓋謂闕古文也。其古文或異。此籀文異於小篆者。謂小篆改古籀而為之者也。其籀文之異於小篆者。必先古籀而後小篆。此敘變例。古文籀文之所以先而篆在後者也。

曰：「凡某之屬皆从某。」其建首也，立一為耑，方以類聚，物以羣分，同條牽屬，共理相貫，襍而不越，據形系聯，引而申之，以究萬原。篇條分列，前後無亂，據形系聯，引而申之，以究萬原。

下剖析形與，古今字屬。剖析形象，古文奇字，則有冥昧難識者，世亂尤多。

詳其例，凡字必有形有義。李斯作倉頡篇，趙高作爰歷篇，胡毋敬作博學篇。皆取史籀大篆，或頗省改，所謂小篆者也。

衆剖源，倉頡之初作書，蓋依類象形，故謂之文。其後形聲相益，即謂之字。字者，言孳乳而浸多也。

至秦燒滅經書，滌除舊典，大發隸卒，興戍役，官獄職務繁，初有隸書，以趣約易。

史游作急就篇。

一紀器失自窮冥，史籀著大篆十五篇，與古文或異。

紀官失根源，史官所記，急就其例。

詁訓讀書，必先明其義。許氏說字，據形以說音，據音以說義。

木根槆之，又曰說文解字，許氏以部首分部，凡五百四十部。

以木詁紀，爰明曰諭。

字則不先，指事象形形聲會意轉注假借，六書也。

字而後義，字者所以紀言也。

从鳥獸，蹏迒之迹，知分理之可相別異也，初造書契。

音从則字，音韻之學，其流别最多。

形聲音義，形聲者，以事為名，取譬相成，江河是也。

形音據，象形者，畫成其物，隨體詰詘，日月是也。

而字萬形，指事者，視而可識，察而見意，上下是也。

字義次，會意者，比類合誼，以見指撝，武信是也。

者審異形，轉注者，建類一首，同意相受，考老是也。

此形可同，假借者，本無其字，依聲託事，令長是也。

施形二，段氏以為轉注互訓，假借同聲，各有所明。

其施此形，段玉裁注說文解字，其說最詳。

文其形，段氏注《說文》，於六書之說，辨析尤精。

微文形，段氏以為指事象形形聲會意為造字之本，轉注假借為用字之法。

氏之者，此兩者一言形一言音也。

氏氏微，氏之學，許不言誰氏。

其儀易孟氏書孔氏詩毛氏禮周官春秋左氏論語孝經。

萬物咸覩，靡不兼載。爰明曰諭。

厥誼不昭，爰明曰諭。

易授孟喜、梁丘賀、京房、費直。書有歐陽、大小夏侯。詩有齊、魯、韓、毛。禮有大戴、小戴。春秋有公羊、穀梁、左氏。論語、孝經、爾雅各有師承。

孔安國、劉向、揚雄、杜林、衛宏、賈逵、許慎之屬，皆治古文。

顏師古、陸德明、張參、唐元度之徒，各有撰著。

氏者子尚金縢孔安國，至梁丘賀氏。

許學滕孔，祖述許氏之學。

禮學孟光，孔氏之學。

氏翟牧，古文尚書。

所仲翔，漢治禮學者。

也十七篇，古禮經也。

古謂之而禮，遷唐以後為之儀禮。

遷遂唐以後，毛亦公從。

以後為十之六也。

儀禮不言記者，大言禮以該記。

不壁中有，言記者大小戴禮。

言記者大，戴德、戴聖傳禮。

者大戴，戴聖小戴，戴德大戴。

以戴該，戴慶、毛、范、古自授寬，為之。

其於所不知蓋闕如也。段或此傳云借矣文所用字論凡例之字則非籒謂孟氏字之子文古　象非嘗文之明謂無所大皆不經者國之周記
形謂不俟言論全非稱篆古認以揚三宗醴也
形皆用書古厥書以諸即文於爲也學周所官
聲用魯古誼皆言家六大史獻論議語主經官
會壁詩文者往發古如藝籒以者語不也六篇
意中公醴有往揮文韓之之大不論也許衞言
轉本傳此取古大詩外篆魯所所也春言籒
注明今猶謂或此借用字說言諸其字偁羊經
明本倉者說本中偁古字形羊籍秋老古言
申路諸孔氏也亦南篆以之子皆者諸以無十歆
天倉諸文頫義上詩文　皆
下皆謂皆製壁毛萬言尹故　古
書中古文之氏物古韓曰　文
亦三盡古禮咸文非皆所也。

也不同五百四十部也見林寄罕偏旁五百三十九字張美和撰吳均增補復古編忠恕云十五卷也
此十四篇。謂曰形義太後乃漢合四十儒林傳及亦云泉源敖云此從戈謂從一其單者謂音文解字此序後云序錄傳缺於世蓋云許十二十一復古編忠恕與夢英書以五百
闕從如音俗蓋義以舊音不音如者所割漢書儒林傳下三云其丘聲二蓋闕荀卿作書其羊者音之讀形也及十四讀蓋闕凡語字許所音全如書知不從有三知畢敫從冊中巨林亦關疑語申子蓋作者別
從單曰林後皆缺十傭林十四下亦云闕其從卿如書作音形及可讀若也凡字缺於世云世蓋許不編序說文以五百

文文異四十二字為部，甚容可相沿，一數註增，存傳而部不數稍，有九千三百五十三文。重一千一百六十三。今依大徐之本所正，載字數聚之。

此九千三百五十三文，重一千一百六十三，解說凡十三萬三千四百四十一字。秉其十今者而損字，大難七論有，盡此徐八也。識文重文別，解說亦千二百，中歷代裁刪二七，去十妄十，史奪去九增，公自至甚多略，內九十六見十注十六三。文始也者，立一為耑，兼其古物之初，言皆冠於篇首，以相連綴也，方以類聚，物以羣分，同條牽屬，共理相貫，雜而不越，據形系聯，引而申之，以究萬原，畢終於亥，知化窮冥。

二本說解少於厥，實初為耑。共形系聯，理相貫，檢尋其部字，如毛部次於目部，人部次於儿部，此以形相聯也，凡連屬依也，次弟如兄之為弟，弟之為兄也，一篇之中，其後以形相聯為次弟者，皆引而申之，以究萬原，凡若干字諸，每部之中，其先後次弟，皆有意義可說。

三千四百四十一字。說文凡十四篇，五百四十部，九千三百五十三文，重一千一百六十三。解說凡十三萬三千四百四十一字。

其建首也，立一為耑，據形系聯，共理相貫，謂一篇之中，部次弟以形相聯次弟也。

牽屬。謂則訓乖歸以俗易，茲謬於義用文轉相次，此引象不可注也，屈伸世伸，近字多也，人作用本於誼，信鳥獸如毛傳引申之說，目至文終五百四十部，有多十伸象者也，其革始傳於此，象形隨體詰詘，日月是也，形聲者，以事為名，取譬相成，江河是也，會意者，比類合誼，以見指撝，武信是也，諸引申之義，皆引而為之，以記憶依雜，次義而書有憶依雜。

時大漢號之。聖德熙明，承天稽唐敷崇殷中，光禪于也，稽唐山川堯于王川，指事者，視而可識，察而見意，上下是也，象形者，畫成其物，隨體詰詘，日月是也。轉注者，建類一首，同意相受，考老是也，假借者，本無其字，依聲託事，令長是也。

制之。禮儀也。須畢舉間近人也畢終於亥，一亦形畢伸猶禪也輯，凡盡之古僑後人段謂字究萬原，草究木者系鳥獸也，天地鬼神奇怪，王川申而引而。

刻石紀號，崇之義見於殷本篆下，而古書多用之，如盟暖字蓋古也，畟水之大至如草潦者盛也，溢也，厚也，潦衍沛潦，宗祀明堂，巡守封禪，退迴被澤，衍沛潦者盛溢也。

木沛之盛後人乃段沛水字為之，如盟暖字蓋古水巢字後人乃段溫至深也，廣業甄微，學士知方。光謂沛也。

又武立高五經十四博士初建三雍明帝
詔五才生十四受博士初建三雍明帝即
立經十四博士初也此謂毛詩雅明帝即位

日甲申十四年後用漢在永元至也此謂初
曾曾小子以曾功曾伊賈逵始成俗也王云恐
承高辛氏子任甫姓亦猶山下也姜氏為層失

共承高辛氏子任甫姓申呂雖衰許猶在
帝共高辛氏恭謂高辛之族也按姓屬韋之後

大岳佐夏呂叔作藩
佐夏呂叔作藩大岳也呂叔夏呂叔作藩

祖自炎神
自炎神農而帝共工之後也炎帝神農為大岳

三二七

知此者稀。

盻之惡說解者所所奉爲高山景行者也而六藝略中以孝經爾雅小爾作七略班固也字爲述孝經家以學

爲字明演而贊志為志者猶少也許而後知說此字道味者解少者互言劉歆之說也彼次列者列見今之辭也疑演贊微辭也

道史疑記而敢生於孔子謂孔氏春秋左書易皆孔子自言也自許而前自許於文後言說於道字兼以解釋也儀微凡數者

疑聞於此則六句自卓水用功大山言大道以道說也如古不同演贊微辭也則六書音義少見推廣之疑辭也

才。弘如何節彼南山。

止八之也有此篇後又云有槃卬楢望召二欲陵此許有者汝山句大稱之世聞人書疑小絕矣君疑

許令令周謂呂為宅郎州終善穆文叔河里郾鄭也王叔所見城居於縣毛鼎東書所言而說也先自許大道高山也於敢涉聖門。

申旣段之穆文叔河南陽便之侯候南宛更漢所侯地甫府縣張時封符地理覽理若許潛古亦許然則許字仍作當

世祚遺召。自彼徂召。

言許在世而有祚蔭遺召之言許家不僅存不改叔氏之姓而此謂祚蔭之祿言叔封宛侯此言地理依今志託皆

史記鄭甫河南申城當作甫河南陽宛州此國多侯伯俗此所謂祚作甫呂侯此甫侯周年也語皆云今志託皆

文而正也此曰三各篇字字籀倉史一一主以三肎柱雅形也象家謂與周史
解道其督書訊篇篇說三之十籀書書經象百起鼓一形轉事爲轉小官籀
字白譌者雖過合及三者書五故篇周其之某五其瑟篇聲注象一注學六八
則黑缺如以也於五篇皆班篇所倉秦條爲形十廢謂古會段意家段家書體
倉其自白許論經皆以旣倉言頡漢從三疾小今意借象六借之象倉
頡他有之信曰語雜非統以頡者篇之精百某文許學字之者聲籀者倉形頡
造字說循家說家議小攝古凡今韻密丙形說專一文用轉九不頡象凡
字林文其或皐爲卡學六今倉任於某雅迴字皆乃之爲卷字字注種當傳事將
之字以發明也學八之籀字今倉在於某雅迴字皆乃之段易畫楊象急
精苑來縫昭言者篇言附一篇頡此爾以聲史異形所有法借爲而雄意就
意字世也過此幼弟非之卷外實篇矣雅義說籀於六以倉也六八二倉象元
周統世董誤道少子附也有者故遠緯其篇班書說頡有者種之頡聲尙
孔今不與之旣所職學於但不蓋許矣之形倉者爲轉傳史造庶當訓轉訓
傳皆嬾褻趣習一經則爾同同謂一後又以頡終六造倉籀字經合纂注纂
經不而褻莫知之篇之當雅此不爾書儒以某篇古樣段頡入之與此杜段別
之傳不聲爲者傳說詁專矣字知雅可苟音聲之曾字借訓體本傳爲林借字
大玉融督譌則儻孝附則而古小以各緯讀字莫形之纂倉此分小倉是倉
恉篇會與正謹昭經之應古今爾爲類之若形而羃倉頡語別學頡矣頡
蘧雖其褻乎庶其褻在孝合今非雅用所知爾者頡凡實并類訓而傳
鼊不亦韻非尤之儻或許書經當小異言〇聲苟其字之不等急巨不以倉知頡訓
傳非者非或許書經當爾六班經之以字顯段雅經借小古三之補爾知當孝頡訓
於原僅通然爾當書爾若二義者當云別視自尙事一明古雅然而纂不倉
終書同人之無而段此實爾字爾字古雅此事矣有纂形繆訓爾故
古要耳不晉此字傳經也依爾字百相古雅篇同人倉者晦一爾別形一議詁雅爲
矣之食能也故非爲庶尤漢爲之理庶者非猶冀訊黨以十爾鮮爲爾音近未傳者沈二三等會於子書學
玉無強治裁此等注通也段說解者人爾爾音經故之頡雅之者備倉頡也莫至二以者也說古今著造且合六字小
河說目能先書無往治董借幸及弟爾有未倉今分比書故許能合十著指字
自無眯也往往之督通字段說子雅說當頡字如其以之以篇學篇之象小
三三妨也往往治董者借幸及弟爾有未倉今分比書故許以之以篇學篇事之論之卷家
公也往往治之毛黨孝職古古出訓別是類形訓九其者小事之論之卷家
河說目能正也傳爲經一今今史纂於爲爲爲釋千臺膠爾象法形語所此書

生同傳部用嘉通爾義卷卷師十年即扃鐵開先南
子此之也韻慶經雅許謂復事五二玉並骨導諱宋
復一眞傳丁之就以許以之避十裁拜支食世渡
從之淸年卯大爲部惟就形來成逆舉六也白貪人緒居
一下有申分析始爲治六奉於十金黃目之事父金
起日時合聯既爲治其原縣說書音鄉三段學之律母壇
於道辛立用藩此疵文文義形解均居任使賜八敎其孝十縣
六立也靈能門古字後說讀爾音博年四子卅六
書於每一化才疑免讀此第召五雅爲說不古門屏尹野年弟二歲代
每事爲成萬物亥之古三或四傳義其通尚下川諱四經魄終父至
爲二句古第十許十卷明知說何義異始知錄蘇溺心身文
二亦亥部十許古第卷知義惜毋雅段書之絕經則因本悉注明
部亥之韻古音十知說旣考毋爾爲他其於詩八六弟金慶王泣學
也第字語古音十第二明者楷雅段書借本同義者心學東年子壇六父詩
漢十廷自此韻二此後注明乃他古合此後段書校卅原巳朱頭玄授大亦海
人四合方諸後段乃古之之借多譌毛先十小有義種屬傔貧後
用部古諸此段建通古靈讀之借其乾之之段字詩生一學物正硯行著進
韻而○軔音自建首隆丙申學也字注傳多後說非堂師疾敬制七樂嚴心
自靈音自於謂借自小字丙申學堂而後說皆於制七歸守義葉事課得
元讀爲其乾之乾隆丙申注也字第至末成文可疾養是長衍不程錄
成爲合十合善十也申學而第十一皆於文本十學子祥撐善生
至桓靈大如末成文末可言五書

附錄

許沖上說文解字表

召陵萬歲里公乘莽臣沖稽首再拜，上書皇帝陛下：臣伏見陛下神明盛德，承遵聖業，上考度於天下，流化於民，先天而天不違，後天而奉天時，萬國咸寧，神人以和，猶復深惟五經之妙，皆爲漢制，博采幽遠，窮理盡性，以至於命。先帝詔侍中騎都尉賈逵修理舊文，殊藝異術，王教一端，苟有可以加於國者，靡不悉集。易曰：窮神知化，德之盛也。書曰：人之

有能有為使羞其行而國其昌臣父故大尉南閣祭酒慎本從邈受古學蓋聖人不妄作

皆有依據今五經之道昭炳光明而文字者其本所由生自周禮漢律皆當學六書貫通

其意恐巧說衺辭使學者疑慎博問通人考之於邈作說文解字六藝羣書之詁皆訓其

意而天地鬼神山川草木鳥獸蚰蟲雜物奇怪王制禮儀世間人事莫不畢載凡十五卷

十三萬三千四百四十一字慎前以詔書校書東觀教小黃門孟生李喜等以文字未定

未奏上今慎已病遣臣齎詣闕慎又學孝經孔氏古文說古文孝經者孝昭帝時魯國三

老所獻建武時給事中議郎衞宏所校皆口傳官無其說謹撰具一篇幷上臣沖誠惶誠

恐頓首頓首死皇齡首再拜以聞皇帝陛下建光元年九月己亥朔二十日戊午上

召上書者汝南許許沖詣左掖門外會令幷齎所上書十月十九日中黃門饒喜以詔書賜

召陵公乘許沖布四十匹卽日受詔朱雀掖門敕勿謝

江式

文字源流表

後魏楝留人字法安 世傳篆籀訓詁之學歷官曉騎將軍洛陽宮殿門牓省式所書延昌三年上表請修正

文字云云詔 如所請式於是撰集字書號曰古今文字大體依許氏說文為本上篆下隸逾年卒其書竟未能成

臣聞伏羲氏作而八卦形其畫軒轅氏興而靈龜彰其彩古史倉頡覽二象之爻觀鳥獸之

迹別創文字以代結繩用書契以維事宣之王庭則百工以敍載之方册則萬品以明迄於

三代厥體頗異雖依類取制未能悉殊倉氏矣故周禮八歲入小學保氏敎國子以六書一
日指事二日象形三日諧聲四日會意五日轉注六日假借蓋是史籀之遺法也及宣王太
史史籀著大篆十五篇與古文或同或異時人謂之籀書至孔子修六經左邱明述春秋皆
以古文厥意可得而言其後七國殊軌文字乖別暨秦兼天下丞相李斯乃奏罷不合秦
文者斯作倉頡篇車府令趙高作爰歷篇太史令胡毋敬作博學篇皆取史籀大篆或頗省
改所謂小篆者也於是秦燒經書滌除舊典官獄多事以趣約易始用隷書古文由此息矣
隷書書者始皇使下杜人程邈所作也世人以邈徒隷卽謂之隷書故秦有八體一
曰大篆二曰小篆三曰符書四曰蟲書五曰摹印六曰署書七曰殳書八曰隷書漢興有尉
律學復敎以籀書又習八體試之課最以爲尚書史書或不正輒舉劾焉又有草
書莫知誰本考其書形雖無厥誼亦一時之變通也孝宣時召通倉頡讀者獨張敞從受之
涼州刺史杜業沛人爰禮講學大夫秦近亦能言之孝平時徵禮等百餘人說文字於未央
宮中以禮爲小學元士黃門侍郎揚雄採以作訓纂篇及亡新居攝自以運應制作使大司
馬甄豐校文字之部頗改定古文時有六書一曰古文孔子壁中書也二曰奇字卽古文而
異者三曰篆書云小篆也四曰佐書秦隷書也五曰繆篆所以摹印也六曰鳥蟲所以書幡
信也壁中書者魯恭王壞孔子宅而得尚書春秋論語孝經也又北平侯張蒼獻春秋左氏

傳書體與孔氏相類即前代之古文矣後漢扶風曹喜號曰工篆小異斯法而甚精巧自是

後學皆其法也又詔侍中賈逵修理舊文殊藝術王教一端苟有可以加於國者靡不悉

集逵即汝南許慎古文學之師也後慎嗟時人之好奇歡俗儒之穿鑿故撰說文解字十五

篇首一終亥各有部屬可謂類聚羣分雜而不越文質彬彬最可得而論也左中郎將陳留

蔡邕採李斯曹喜之法以為古今雜形詔於太學立石碑刊載五經題書楷法多是邕書也

後開鴻都書畫奇能莫不雲集時諸方獻篆無出邕者魏初博士清河張揖著埤倉廣雅古

今字詁究諸埤廣綴拾遺漏增長事類抑亦於文為益然其字詁方之許篇古今體用或得

或失陳留邯鄲淳亦與揖同時博聞古藝特善倉雅許氏字指八體六書精究閒理有名於

字小異又有京兆韋誕河東衞覬二家並號能篆當時臺觀牓題寶器之銘悉是誕書許慎說文

之子孫世稱其妙晉世義陽王典祠令任城呂忱表上字林六卷尋其況趣附託許慎說文

而按偶章句隱別古籀奇惑之字文得正隸不差篆意也忱弟靜別仿故左校令李登聲類

之法作韻集五卷使宮商羽徵各為一篇而文字與兄便是魯衞音讀楚夏時有不同皇

魏承百王之季紹五運之緒世易風移文字改變篆形謬錯隸體失真俗學鄙習復加虛造

巧談辯士以意為疑炫惑於時難以釐改乃日追來為歸巧言為辯小兔為𪕚神蟲為蠶如

斯甚衆皆不合孔氏古書史籀大篆許氏說文石經三字也嗟夫文字者六籍之崇王致之

始前人所以垂令今人所以識古臣六世祖瓊家世陳留往晉之初與從父兄皆受學於衞

覬古篆之法倉雅方言說文之誼當時並收善譽而祖遇洛陽之亂避地河西數世傳習斯

業所以不墜也世祖太延中牧犍內附臣亡祖文威杖策歸國奉遷五世傳掌之書古篆八

體之法時蒙襃錄敍列儒官班文省家號世業臣藉六世之資奉遵祖考之訓切慕古人

之軌企踐儒門之轍求撰集古來文字以許慎說文為主及孔氏尚書五經音註籀篇爾雅

三倉凡將方言通俗文祖文宗埤蒼廣雅古今字詁三字石經字林集諸賦文字有六書

之誼者以類編聯文無復重統為一部其古籀奇惑俗隸諸體咸使班於篆下各有區別訓

詁假借之誼隨文而解音讀楚夏之聲遂字而注其所不知則闕如也以脫蒙遂許冀省百氏

之觀而同文字之域典書祕書所須之書乞垂敕給并學士五人嘗習文字者助臣披覽書

生五人專令鈔寫侍中黃門國子祭酒一月一監評議疑隱庶無紕繆所撰名目伏聽明旨

　　北齊臨沂人字介卒於隋著有家訓二十篇行世其中如書證音辭等篇所述文字音韻之事多為六

朝人遺說陸法言作切韻序曰摽選精切除削疏緩蕭與多所決定顏卽謂之推也

　節錄

尚書曰惟影響周禮云土圭測影影朝影夕孟子曰圖影失形莊子云罔兩問影如此等字

皆當爲光景之景凡陰景者因光而生故卽謂爲景淮南子呼爲景柱廣雅云晷柱掛景並

是也至晉世葛洪字苑傍始加彡音衫音於景反而世間輒改治尚書周禮莊孟從葛洪字甚

爲失矣。

太公六韜有天陳地陳人陳雲鳥之陳論語曰衞靈公問陳於孔子在傳爲魚麗之陳俗本

多作阜傍車乘之車按諸陳字並作陳鄭之陳夫行陳之義取於陳列耳此六書爲假借也

蒼雅及近世字書皆無別字唯王羲之小學章獨阜傍作車縱復俗行不宜追改六韜論語

左傳也。

詩云黃鳥于飛集於灌木傳云灌木叢木也此乃爾雅之文故李巡注曰木叢生曰灌爾雅

末章又云木族生爲灌族亦叢聚也所以江南詩古本皆爲藂聚之藂而古叢字似冣字近

世儒生因改爲冣解云木之冣高長者案衆家爾雅及解詩無言此者唯周續之毛詩注音

爲徂會反劉昌宗詩注音爲在公反又祖會反皆爲穿鑿失爾雅訓也。

也是語已及助句之辭文籍備有之矣河北經傳悉略此字其間字有不可得無者至如伯

也執殳於旅也語回也屢空風風也敎也及詩傳云不戢戢也不儺儺也不多多也如斯之

類儻削此文頓成廢闕詩言靑靑子衿傳曰靑衿靑領也學子之服按古者斜領下連於衿

故謂領爲衿孫炎郭璞注爾雅曹大家注烈女傳並云衿交領也鄭下詩本旣無也字羣儒

因謬說云。青衿青領是衣兩處之名皆以青爲飾用釋青青二字其失大矣又有俗學聞經

傳中時須也字輒以意加之每不得所盆誠可笑

張揖云。今伏羲氏也孟康漢書古文注亦云宓今伏。而皇甫謐云伏羲或謂之宓義按諸

經史緯候遂無宓義之號宓字從虍呼宓字從宀綿下俱爲必末世傳寫遂誤以宓爲宓而

帝王世紀因誤更立名耳何以驗之孔子弟子虙子賤爲單父宰郎虙義之後俗字亦爲宓

或復加山今兗州永昌郡城舊單父地也東門有子賤碑漢世所立乃云濟南伏生卽子賤

之後是知虙之與伏古來通字誤以爲宓較可知矣

客有難主人曰今之經典子皆謂非說文所言子皆云。然則許愼勝孔子乎主人撫掌大

笑應之曰今之經典皆孔子手迹耶客曰今之說文皆許愼手迹乎答曰許愼檢以六文貫

以部分使不得誤誤則覺之孔子存其義而不論其文也先儒尚得改文從意何況書寫流

傳耶必如左傳止戈爲武反正爲乏皿蟲爲蠱亥有二首六身之類後人自不得輒改也安

敢以說文校其是非哉且余亦不專以說文爲是也其有援引經傳與今乖者未之敢從

又相如封禪書曰導一莖六穗於庖犧雙觡共抵之獸此導訓擇光武詔云非徒有豫養導

擇之勞是也而說文云導是禾名引封禪書爲證無妨自當有禾名導然決非相如所用也

禾一莖六穗於庖豈成文乎繼使相如天才鄙拙強爲此語則下句當云麟雙觡共抵之獸

不得云犧也吾嘗笑許純儒不達文章之體如此之流不足憑信大抵服其爲書廳括有條

例剖析窮根源鄭玄註書往往引其爲證若不信其說則冥冥不知一點一畫有何意焉

音辭　合上顏氏家訓

夫九州之人言語不同生民已來固常然矣自春秋摽齊言之傳離騷目楚詞之經此蓋其

較明之初也後有揚雄著方言其書大備然皆考名物之同異不顯聲讀之是非也逮鄭玄

注六經高誘解呂覽淮南許慎造說文劉熹製釋名始有譬況假借以證音字耳而古語與

今殊別其間輕重清濁猶未可曉加以外言內言急言徐言讀若之類益使人疑孫叔言創

爾雅音義是漢末人獨知反語至於魏世此事大行高貴鄉公不解反語以爲怪異自茲厥

後音韻鋒出各有土風遞相非笑指馬之諭未知孰是共以帝王都邑參校方俗考覈古今

爲之折衷摧權而量之獨金陵與洛下耳南方水土和柔其音清舉而切詣失在浮淺其辭多

鄙俗北方山川深厚其音沈濁而鈋鈍得其質直其辭多古語然冠冕君子南方爲優閭里

小人北方爲愈易服而與之談南方士庶數言可辯隔垣而聽其語北方朝野終日難分而

南染吳越北雜夷虜皆有深弊不可具論其謬失輕微者則南人以錢爲涎以石爲射以賤

爲羨以是爲舐北人以庶爲戍以如爲儒以紫爲姊以洽爲狎如此之例兩失甚多至鄴已

來唯見崔子豹崔瞻叔姪李祖仁李蔚兄弟頗事言詞少爲切正李季節著音譜決疑時有

錯失。陽休之造切韻，殊爲疏野。吾見兒女雖在孩稚，便漸督正之，一言訛替，以爲己罪矣。云爲品物，未考書記者，不敢輒名，汝曹所知也。古今言語，時俗不同，著述之人，楚夏各異。蒼頡訓詁反稗爲逋賣反，娃爲於乖。戰國策音刓爲免，穆天子傳音諫爲間，說文音戛爲棘，讀皿爲猛。字林音看爲口甘反，音伸爲辛。韻集以成、仍、宏、登合成兩韻，爲、奇、益、石分作四章。李登聲類以系音羿，劉昌宗周官音讀乘若承，此例甚廣，必須考校。前世反語，又多不切，徐仙民毛詩音反驟爲在逪，左傳音切稼爲徒緣，不可依信，亦爲衆矣。人必應隨其訛僻乎。通俗文曰入室求曰搜，反兄侯反，然則兄當音所榮反，今北俗通行此音，亦古語之不可用者。璵璠魯之寶玉，當音餘煩，江南皆音藩屏之藩。岐山當音爲奇，江南皆呼爲神祇之祇。江陵陷沒，此音被於關中，不知二者何所承案，以吾淺學未之前聞也。北人之音，多以舉莒爲矩，唯李季節云：齊桓公與管仲於臺上謀伐莒，東郭牙望桓公口開而不閉，故知所言者莒也。然則莒矩必不同呼，此爲知音矣。夫物體自有精麤，精麤謂之好惡；人心有所去取，去取謂之好惡。此音見於葛洪、徐邈，而河北學士讀尚書云好生惡殺，是爲一論物體，一就人情，殊不通矣。甫者，男子之美稱，古書多假借爲父，北人遂無一人呼爲甫者，亦所未喻，唯管仲、范增之號須依字讀耳。（管仲號仲父，范增號亞父。）案諸字書，焉者鳥名，或云語詞，皆音於愆反。自葛洪要用字苑分焉字音訓：若訓何、訓安，當

音於愆反。於逍遙於爲嘉客爲用佞爲得仁之類是也。若迤句及助詞當音矣愆反。故稱

龍爲故稱血爲有民人爲有社稷爲託始爲爾晉鄭爲倚之類是也。江南至今行此分別昭

然易曉而河北混同一音雖依古讀不可行於今也邪者未定之詞左傳曰不知天之棄魯

邪抑魯君有罪於鬼神邪莊子云天邪地邪漢書云是邪非邪之類是也。而北人即呼爲也

字亦爲誤矣難者曰繫辭云乾坤易之門戶邪此又未爲定辭乎答曰何爲不爾上先標問

下方列德以折之耳江南學士讀左傳口相傳述自爲凡例軍自敗曰敗打破人軍曰敗_補

_{反。}諸記傳未見補敗反徐仙民讀左傳唯一處有此音又不言自敗敗人之別此爲穿鑿耳_敗

古人云膏粱難整以其爲驕奢自足不能勉勵也吾見王侯外戚語多不正由內染賤保

傳外無賢師友故耳梁世有一侯嘗對元帝飲謔自陳癡鈍乃成颸段元帝答之曰颸異涼

風段非干木謂鄴州爲永州元帝啟報簡文簡文云庚辰吳入遂成司隸如此之類舉口皆

然元帝手教諸子侍讀以此爲誡河北切攻字爲古琮與工公功三字不同殊爲僻也北世

有人名暹自稱爲纖名琨自稱爲袞名洸自稱爲汪名䔍_{音藥}自稱爲䕅_{音樂}非唯音韻舛錯亦

使其兒孫避諱紛紜矣

陸法言　　隋臨漳人官承奉郎仁壽初著切韻五卷唐孫愐重爲刊定改名唐韻至宋陳彭年等奉敕重修賜名

廣韻而猶題法言撰者蓋廣韻雖頗有增附而其分類二百六部則仍其舊今切原韻原書已佚惟藉廣韻以考

見陸氏著書大略故廣韻實爲今存韻書之最古者。

切韻序

昔開皇初有儀同劉臻等八人。同詣法言門夜永酒闌論及音韻以今聲調既自有別諸家取捨亦復不同吳楚則時傷輕淺燕趙則多傷重濁秦隴則去聲爲入梁益則平聲似去又支。章移切。脂。旨夷切。魚。語居切。虞。語俱切。共爲一韻。先。蘇前切。仙。相然切。尤。于求切。侯。胡溝切。俱論是切欲廣文路自可清濁皆通若賞知音即須輕重有異呂靜韻集夏侯該韻略陽休之韻略周思言音韻李季節音譜杜臺卿韻略等各有乖互江東取韻與河北復殊因論南北是非古今通塞欲更捃選精切除削疏緩蕭顏多所決定魏著作謂法言曰向來論難疑處悉盡何不隨口記之我輩數人定則定矣法言即燭下握筆略記綱紀博問英辯殆得精華於是更涉餘學兼從薄宦十數年間不遑修集今返初服私訓諸弟子凡有文藻即須明聲韻屏居山野交游阻絕疑惑之所質問無從亡者則生死路殊空懷可作之爲切韻五卷剖析毫釐分別黍累何煩泣存者則貴賤禮隔以報絕交之旨遂取諸書音韻古今字書以前所記者定之爲切韻五卷剖析毫釐分別黍累何煩泣玉未得縣金藏之名山昔怪馬遷之言大持以蓋醬今歎揚雄之口吃非是小子專輒乃述羣賢遺意寧敢施行人世直欲不出戶庭于時歲次辛酉大隋仁壽元年。

徐鉉　宋廬陵人字鼎臣初仕南唐後入宋累官散騎常侍銓精小學及篆隸嘗奉詔校定說文解字並附以未收

重修說文解字序

臣徐鉉等奉詔校定許愼說文十四篇并序目一篇凡萬六百餘字聖人之旨蓋云備矣稽
夫八卦旣畫萬象旣分則文字爲之大輅載籍爲之六轡先王敎化所以行於百代及於物
之功與造化均不可忽也雖復五帝之後改易殊體六國之世文字異形然猶存篆籀之迹
不失形類之本及暴秦苛政散隷聿興便於末俗人競師法古文旣絕譌僞日滋至漢宣帝
時始命諸儒修倉頡之法亦不能復故光武時馬援上疏論文字之譌謬其言詳矣及和帝
時申命賈逵修理舊文於是許愼采史籀李斯揚雄之書博訪通人考之於賈逵作說文解
字至安帝十五年始奏上之而隷書行之已久習之益工加以行草八分紛然閒出返以篆
籀爲奇怪不復經心至於六籍舊文相承傳寫多求便俗漸失本原爾雅所載草木魚鳥之
名肆意增益不可觀矣諸儒傳釋亦非精究小學之徒莫能矯正唐大歷中李陽冰篆迹殊
絕獨冠古今自云斯翁之後直至小生此言爲不妄矣於是刊定說文修正筆法學者師慕
篆籀中興然頗排斥許氏自爲臆說夫以師心之見破先儒之祖述豈聖人之意乎今之爲
篆籀者亦多從陽冰之新義所謂貴耳賤目也唐末喪亂經籍道息皇宋膺運二聖繼明人
文國典粲然光被興崇學校登進羣才以文字者六藝之本固當率由古法乃詔取許愼說

文解字精加詳校垂憲百代臣等愚陋致竭所聞蓋篆書埋替為日已久凡傳寫說文者非

其人故錯亂遺脫不可盡究今以集書正副本及羣臣家藏者備加詳考有許慎注義序例

中所載而諸部不見審知漏落悉從補錄復有經典相承傳寫及時俗要用而說文不載者

承詔附益之以廣篆籀之路亦皆形聲相從不達六書之義者其間說文具有正體而時俗

譌變者則具於注中其有義理乖舛違戾六書者並序列於後俾夫學者無或致疑大抵此

書務援古以正今而違古若乃高文大冊則宜以篆籀著之金石至於常行簡牘則

草隸足矣又許慎注解詞簡義奧不可周知陽冰之後諸儒箋述有可取者亦復附益猶有

未盡則臣等粗為訓釋以成一家之學時未有反切後人附益互有異同孫恊唐韻行之已

久今並以孫恊音切為定庶夫學者有所適從食時而成既異淮南之敏縣金於市曾非呂

氏之精塵瀆聖明若臨冰谷謹上

　徐鍇　鉉弟字楚金與兄齊名稱大小徐著說文繫傳首為通釋許書次為部敍通詮袪妄類聚錯綜疑義系述諸
篇旁推交通致為姸美仕南唐未及入宋而卒

　部敍　說文繫傳

一。
天地之始也。一气之化也。天先成
而地後定。天者上也。故次之以

一

上。在上者莫若天。二古文
壂字
三㐅以示人。故次之以

示。

亓者三兂也。通三才而後爲王。故次之以

王。王者君子所以比德也，天地之精也，王者所服用也。故次之以

玉。玉者，山澤以出气，山澤之精，玉石以出也。故次之以

珏。玉雙爲珏。故次之以

气。气象陶烝人事，以成。故次之以

士。士，事也。……心惟微，故不可不一道。故次之以

丨。丨，一也，自一而起，者屮。故次之以

屮。屮，艸之初也。故次之以

艸。艸之廣博爲蓐。故次之以

蓐。蓐……故次之以

茻。茻，三者皆屮之屬也。一初分爲〔二〕，故次之以

小。小，小才可分也。故次之以

八。八，實分之。故次之以

釆〔音辨〕。釆，分之明也，……分者牛也。故次之以

半。半，牲之大而分者莫若牛。故次之以

牛。牛，犛牛之屬也。故次之以

犛。犛，牛勞則善仰而告人。故次之以

告。告，告必以口。故次之以

口。口，口開爲口〔口犯反〕，開口而言必喧。故次之以

凵。

之

叩哭聲也。

哭而亡之。

故次之以

哭而亡之。

歪必止。故

次之以

止之刺撥

以

故次之以

止守此者居正

居正於是

故次之以

居正於是

故次之以

步止於此也

故次之以

步止於此

小安步也安而引

長之故次之以

此

故次之以

是而有行必

慎故次之以

是而有行必

愼者必安故

次之以

走行且止也愼者

必安故次之以

歪必止。

次之以

音撥，止必安步。

引而有儀有儀

可觀故次之以

行故次之以

反，延而後爲

丑偓 延而後爲

行故次之以

窮下而上齒承

牙以齒屬。

之故次之以

牙以齒屬。

足亦止也

故次之以

古文足爲疋。

雅所疋亦疏也疏通

二音，疋亦疏也疏通

者必品之故次之以

疋者必品之故次之以

冊亦編竹。

冊言之衆。

故次之以

戢音，戢多言之窮必

卷舌故次之以

故次

之以

品，三

竅也。

舌干

口。故

次之。
于而谷故
以

渠卻反。欠口上上曆理也。

只止而餘聲也止
則訥故次之以

止而訥者言之
語必餘聲故次之以

故次之以

句也故次之以

句之相糾也

巳周反。言相傳為
古故次之以

之以

故次
二言必竟
古故次之以

古
久也
古積

變為
言也故次之以
聲成文曰音

所傳而積久者

十之

十之

多言慎於㤜

辛㤜也帥之嶽䇂猥

變為

必有門故
或門之或艸
之故次之以

故次之以

辛㤜也
出似辛故次之以

辛

羋必猥叢
叢之
眾猥

丵之謂共

兆之謂共
共者合異謀
矯
異

為同眾共力
同眾共力

屍者白之

白者敬敕持之也昧

旦不顯故次之以
旦者

也故次之以
故次之以

晨而炊故
次之以

爨而新故
次之以

爨新以鬲
故次之以

鬲而烹飪
故次之以

反力石和飪以
爪故次之以

爪所以戟持
闖故次之以

戟音孔而不已必
一而有制故次之以

反丁侯　能解爭者以一

又必有所佐
故次之以

左右以供史
也故次之以

史忠正也中必
有支故次之以

手敏為聿
故次之以

敏於手者聿
故次之以

聿筆也筆所以
規畫故次之以

畫界以相及
故次之以

臣必有所輒
故次之以

臣故曰臣堅也故次之以

臣堅也堅以事君曰
口間　啟堅也
反

及以為堅久
故次之以

殺之字從殳殳從几王者三
殺故次

驅示殺託於驅禽故次之以

殳音殊几鳥也驅有
法度故次之以

之
以

法度也皮
革之飾以示

法度故次之以

皮。柔韋曰甕。

所以治者以支，支作教刑，以教民。

也故曰爻效也，效教也，故次之以

卜。卜而從乃可用，故次之以

用。用故次之以

爻。爻以情言，爻交也，交之積，故次之以

人故次之以

臤。反力明而使

昜舉目使人也，目左右察之，目之飾，以詹故次之以

眉。所以蔽眉目者，而使人故次之以

盾。盾以通蔽眉目，鼻故次之以

自。自，鼻也。白亦自也，百也故次之以

白。白，出於白也，商二百也故次之以

習。習而翫之，鳥之所以飛也，鳥之自翫習者羽，故次之以

羽。有羽者隹，故次之以

隹。隹喜自奮，故次之以

雀。隹喜自奮有角而奮者，故次之以

萑。萑所以異者角，故次之以

雈。

鳥之習飛以气白气

膺鷹似於羊
爲首故次之以

丫角也目之角戾

音木獸之美角者
羊故次之以

瞿鷹隼之視也鳥
雙爲雔故次之以

羊之臭羶
故次之以

鳥鳥之異者
故次之以

烏之言雜雜久必
弃之故次之以

雥鳥之羣爲
爲夷故次之以

雛音雛鳥之羣爲
雥故次之以

後交材以構故次之以

羴鳥即佳也
故次之以

冓者初也
故次之以

幺而微故
次之以

微而相成亦相予
而相承故次之以

音幽而微爲
玄故次之以

受予者多者
逐故次之以

音專幽而微爲
玄故次之以

受者予也
受者予也

放者落也
故次之以

放者落也

肉去則爲冎

殘故次
之以

音叔而歺
歺者歾也

歺者殘也
故次之以

歲者歾也

冎而後
骨故次

肉去則爲冎
故次之以

骨故次

之。

故次之以【骨】。骨，肉之覈也。肉必有筋，

故次之以【肉】。〔恪入〕以刀，故次之以【筋】。筋，肉戠也。割戠

以刀，故次之以【刀】。刀以刃，

刃所以為功，刃〔刀以斷〕，

巧也，故次之以【刃】。

耒，曲木也，角亦曲，〔去　械反〕，

艸，故次之以【耒】。丰，草之散亂也。耒

所以耕，耕去草，故次之以……骨也，故次之以【角】。

骨之堅者為角，艸之

堅者為竹，故次之以【丰】。

竹以為箕，故次之以【艸】。

竹以為箕，故次之以【竹】。欲知其工必

箕，薦所以佐丌，為故次之以【箕】。

丌，所薦也，左然後有所……展視之故次之

工，規榘也，甘者美也，美而無

嫌其無規榘，故次之以【工】。守則亂工，一所守，故次之以【巫】。

〔音〕含道

展莅展也，巫者虛無也。工規榘也，

曰，言也，其言也

訓，故次之以【甘】。乃難言之也，乃而

曰，言也，

乃。丂，曲也，曲必舒，

聲曲，故次之以【乃】。可，故次之以【丂】。

可必有所稽。故次之以

【可】兮。兮稽也。稽而運闓。闓必舒。舒必形於聲故次之以

兮舒也。言所以通旨故次之以

【兮】号必舒。号。号必舒故次之以

旨通必喜故次之以

喜而飾之以樂故次之以

【喜】喜而飾之以樂之聞者莫若鼓故次之以

師有功則豈樂故次之以

【豈】豈愷也。飲至以樂故次之以

器以薦故次之以

【鼓】豆行豐故豐尙豐故次之以

之故次之以

【豊】顏虎以飾彝器故次之以

【豐】虞陶器必文之故次之以

文者虎故次之以

【虍】呼虍虎文也獸之虎怒篇故次之以

【虎】虎怒篇虎文也獸之故次之以

皿以稟於口

【虤】音祛山去也

顏虎以飾彝器故次之以

皿明白而箸

竹甫箸也

【皿】去相違也。相違則爭故次之以

【去】去相違也。相違則爭

爭必傷。傷則

【血】血明白而箸丹而青故次之以

血故次之以

莫若丹故次之以

【丹】

丹靑之不可移也。

若井，故次之以

井。井以供烹飪，以爲皀，故次之以
（皮立反，又音香。皀，粒也。粒）

皀。食類也，故次之以

食。食合衆者，故次之以

亼（音集，亼合也。合會），故次之以

會。會而斂之曰倉，故次之以

倉。倉主入，入於缶，故次之以

入。入於缶，故次之以

缶。矢亦所以主入，故次之以

矢。矢及高迴，故次之以

高。高所以享，故次之以

京（鄙音京，爲高丘。鄙之字，在㐭之外，外也）。故次之以

亯。字厚者歆而取之，故次之以

㐭（厚字。厚者歆而取，外也。故次之以㐭。㐭字，㐭廩）。

畗（富滿也，滿厚）。故次之以（許丈反，音必滿。嗇必有來）

嗇。嗇必有來，故次之以

來。來麥也，故次之以

麥。周所降麥，天所來也。來若有行，故次之以

而受之，故次之以

夊　夊行遲也，曳而相
背為舛，故次之以

舛之蔓延相背，
相背者韋也，故次之以　舛之蔓延相背相背者韋也

韋　相背者韋也，故次之以

舜　舜故次之以

違　違而久者

也，制韋而次弟
之，故次之以

弟　弟者自後至，
致必久，故次之以

夂　夂在後也，有所
致必久，故次之以

久　久者
磔之，故次

桀　桀，磔也，桀於
木，故次之以

木　木生於東，故次之以

東　東，林木之漸也，
林以生材，故次之以

林　林以生材，故次之以

才　才木也，木之大者海，
之若木焉，故次之以

叒　音若，木長有所
之者，必反反而
帀，故次之以

之　之，出也

帀　帀而復出，
故次之以

出　屮木之出宋然，
而盛，故次之以

屮　方末反，宋生也，
葉出毛然翹，
出，故次之以

音翹，翹而堅，
堅者屮木之華，
故次之以

坒者屮木之華，
故次之以

木頭曲為木，
故次之以

音稽，曲而稽，
故次之

以

〔篆文〕木之多曲者枒所依，故次之以

禾木之類黍，木可用而束也（國而束之。），故次之以〔篆文〕

故次之以〔篆文〕橐口之也，故次之以

兩邑相對（音巷）。故次之以〔篆文〕

物圓為日，日亦（音韋）物也，故次之以〔篆文〕

物之庶者貝，數也故〔篆文〕

邑有名，故次之以〔篆文〕

日盛於旦而〔篆文〕日盛於旦。

冥往則旦來，故次之以〔篆文〕

倝（音幹）倝㫃盛也㫃之〔篆文〕

㫃（音偃）光盛則莫，故次之以〔篆文〕

冥，故次之以〔篆文〕

晶逿而月繼，流偃塞，故次之以〔篆文〕晶

日月有食之，食必明故〔篆文〕

明而夕故次之以〔篆文〕日月有食之。

日月避而其照逼也，多區〔篆文〕明而夕。

為多矣，故次之以〔篆文〕

而其气同也，故次之以〔篆文〕草木之成實者華

毌（音貫）弓也，故次之以〔篆文〕之連

累，故次之以束。棗之結為卤（呼南反），必齊，故次之以齊（音晢）。禾麥之實先後均也，故次之以朿。木之長齊其刺，故次之以片（音剌）。木判之為片，器成而食，故次之以鼎。析薪以灼，鼏之鼎器之銘，刻也，故次之以克。克，刻也，而彔象然，故次之以彔。禾之生必勻，故次之以秝（秝等勻也）。禾之黏黍稷，故次之以黍。黏黍，馨香，故次之以香。穀之精為米，故次之以米。米而舂之，故次之以毇（毀以臼）。地之陷者凶，故次之以凶。兇，擾也，故次之以朮（兇瓶也）。凶惡地也，地惡不理，以埶麻，故次之以麻（匹賣反，已理者為麻）。朮麻之屬也，故次之以尗。禾黍麻尗之屬，實在其耑，故次之以耑。耑之盛者韭，故次之以韭。盛而蔓者瓜，故次之以瓜。

瓠匏瓜也。故次之以

瓠者亦施于字故次之以

（晉）縣山深屋也。故次之以

宮律呂之中也。故次之以

居深而寢安必寢故次之以

寢而安必有倚故次之以

古者陶居而穴處贊桴而土鼓故次之以

覆之故次之以

重覆之故次之以

網而兩覆之故次之以

（反）火漀所以覆者巾故次之以

（莫保）宀者所以冒首故次之以

宀者似巾而蔽膝者市故次之以

兩者兼冒也故次之以

（方勿反）帛爲市也故次之以

白帛之黻俯而歛之故次之以

（致音）

女屍或倚之或（反）

人天成地平人生其間盈天地之間惟人人人久則匕故次之以

匕而比之久而不遺也故次之以

比比而相從故次之以

以反道相從爲比。故次之以〔从〕。

有比者必有北，背也，背而求眾。背故次之以〔北〕。

北，背也，背而求眾。眾故次之以〔㐺〕。反牛金，似眾。

眾依於丘也，眾依於丘。故次之以〔丘〕。

丘，土之厚也。故次之以〔壬〕。

壬者厚也。故次之以〔重〕。

裘，衣之重也。故次之以〔裘〕。

童子不衣裘，老則毛髮先變。故次之以〔老〕。

老則毛髮先變。故次之以〔毛〕。

毳，細毛也。故次之以〔毳〕。

尸者，毛所主。故次之以〔尸〕。

尸者，身也，以身爲尸，寢不尸，故次之以〔臥〕。

臥以安身。故次之以〔身〕。

反身必有依。故次之以〔㐆〕。

依，音衣。衣者身之飾。故次之以〔衣〕。

衣所以明禮。故次之以〔裘〕。

尺度，故次之以〔尺〕。

屈尸之後，故次之以〔尾〕。

履，禮也，履所以載人。故次之以〔舟〕。

大夫方舟。故次之以〔方〕。

舟在人之下，几亦在下。故次之以〔儿〕。

奇字人也，兄以口敎。故次之以〔兄〕。

人也，兄以口敎。先，人所以〔先〕。

飾也。故
次之以「先」字簪。先所以為
容。故次之以「兜」。兜所以蔽兒。

先者勞。故
次之以「兜」。兜所以蔽兒也。故次之以
（古擁蔽者有先）

皃者有所見。
故次之以「見」。靚竝見也。

飲渴欠也。飲而次。故
故次之以「㳄」。逆故次之以
（疾延反、歆食急而）

首頁。百面俱首
也。故次之以「圓」。故次
（鳥之逆者梟其首。故次之以）
（既㱃而頮其首。故次之以）

須者面之飾。
故次之以「彡」。彡飾也，羽旄文
事也。故次之以「文」。羽旄之彡
（羽旄之彡。故次之以「彣」。備天下之）
（飾者后。故）

后出令於內，臣司
政於外。故次之以「司」。臣節其政，厄節
其酒。故次之以「卮」。卮所以節
飾者后。故
次之以

卩亦節制
故次之以

人之節制在於
節而放之。

卩
音ㄐㄩㄝˊ卪所以立
法故次之以

容色故次之以

法所以包束人
也故次之以

印。
包束之必亟
故次之以

音ㄅㄠ包也。
包束之必亟
故次之以

卿音ㄑㄧㄥ卯所以立
法故次之以

事鬼故次之以

音ㄐㄧˊ苟敬也敬近於
事鬼故次之以

私故次之以

鬼者狀彷彿而
私故次之以

私彷彿者景鬼
然故次之以

甶音弗故次
之以

然故次之以

鬼然而高
者山故次

嵬鬼然而高
者山故次之以

之
故次
之以

音詵山屾然而
高故次之以

旁巖而居者其地
高故次之以

音ㄏㄢˋ山岸也依山
而居故次之以

山
音ㄕㄣ山屾然而

厂
反仄故次之以

反仄而危
故次之以

形危者石
故次之以

石之久也
故次之以

厂旁巖而居者其地

長而動搖者
故次之以

勿旗也動而巿
故次之以

弱故次之以

勿故次之以

冄冄者人之
而鬏也

而鬏故次之以

畜之多

石之久也。

形危者石。

三五八

而彘者豕。故次之以

豕。羃其屬也。

悌，音家之屬鼻，卷故次之以

之長脊似於豚，故次之以者兜，故次之以

豕強獸也，獸之強

兜，野獸也，蟲獸之畏人者匜易，故次之以

易，野獸之大者象者大可像也，馬亦大獸也，故次之以

象

故次之以馬，獸之神者廌。故次之以廌，鹿亦旅行羣食義獸也，故次之以

鹿之羣行為麤，故次之以

麤

蠹，故次之以獸之善走㲋，故次之以

晉桓莧善走，犬亦善走，故次之以

萈，音丸善走，故次之以

丑略反，兔黽屬魚斤反，犬以捕獸，獸之穴者鼠，故次之以

兔

犬好爭，故次之以

犬

穴者鼠，故次之以

鼠

獸之強者能，能熊之屬蟲，故次之以

能

熊，陽物也，熊熊然火之盛也，故次之以

獸之強者能，能熊之屬也，熊屬穴居，故次之以

火

之盛也，故次之以

之以

炎煙所箸者
黑故次之以

故次
之以

也故次之以

通黑者囪
字窗煙火之歈

火者光炎大
也故次之以

大人形也

亦人掖也掖蚌
而側故次之以

反弋劍故
次之以

側音兵者天矯
天相交故次之以

天相交故
次之以

夭者屈也
故次之以

脛劣而兀
於足也

音兀者气不至
於足也氣在腹

壺者中抑鬱
故次之以

壺以防盜
故次之以

音本進也進而
不通若蠱

奢必兀故
次之以

音本進也進而不

盜夸故次之以

反汝涉牵盜也
奢夸故次之以

反工皓放髟而

亢音兀者气不至

介古文大也亦亦
人形故次之以

三十而立為丈
夫也故次之以

雙立為竝
大故次之以

立人也故次之以

會也竝者

三六〇

頭蓋所會為囟，故次之以 囟。

（音信。囟，气所通也。）故次之以 思。

思，生於心。

惢，疑也。心，大火也，火……心生疑，故次之以 心。（才規反）

水之妃也，故次之以 惢。

字、漸而之澹。故次之以 水。

二水，故次之以 沝。

篆人不得濟而頻，故次之以 瀕。

水始於微。

字、瀙川澹距。川，故次之以 川。

歧流分背為辰，故次之以 沝。

出於山為泉。故次之以 泉。

（匹賣反。）水出於谷，故次之以 谷。

山谷冰壯。故次之以 仌。

字、旬、長流為永。故次之以 永。

水之衺液為雨，故次之以 雨。

雨而興雲，故次之以 雲。

雲衺雨降魚生焉，故次之以 魚。

龍魚之長而能飛，故次之以 龍。

燕同尾，故次之以 燕。

飛，故次之以 飛。

疾飛……

為孔，故次之以乙。飛孔者莫孔於乙，故次之以不。軋音，飛背而疾若不去，必有所至，故次之以至。至而樓，故次之以囟。囟方所食者，故次之以鹵。鹵所以為鹽，故次之以鹽。鹽者門到而尸食之，故次之以尸。耳者人之門，故次之以門。耳者人之門，故次之以耳。匝耳之輔也，故次之以匝。匝指相應，故次之以手。手臂所連為巫，故次之以巫。古淮傘在人之後反，人者也，女亦隨人，故次之以女。無音，民人之蒙暗，民陰也，女亦陰也，故次之以民。民閒則自放，故次之以氏。亦右曳也，故次之以氐。氏陁乁也，故次之以戈。怡音，土之附山將陁落為，陁必有所止，故次之以戈。女以一自守，故次之以。氒者戈。

戟之平頭所以
抵，故次之以
戈。

戈，戈之主也，
故次之以
我。

鈦，音戈，所以主斷我，亦
所以鈎啄也。所以鈎

之散也，故次之以

（巨月反）琴所以自禁心
制曶止也，
故次之以

制放心者所以自
隱約，故次之以
琴。
者，故次之

以

亡必有所襄
挾，故次之以
匕。

（音夔）亏襄挾也，有所襄者
器有規篗，故次之以
亏。

（方，音方）所以為曲
器，故次之以

曲之屬為由，
挾，故次之以
曲。

（音畱）畱亦瓦器，
故次之以
甾。

瓦之穹隆狀，
弓，故次之以

強，故次
次之以
弓。

弦者系，故
次之以
弜。

（系，系者糸也）
故次之以
系。

素，糸也，故
次之以
素。

絲以為網，
故次之以
絲。

（音糸）系者糸也，
系以為素，
故次之以

率網也，體攣然相牽，
次之以
率。

率者蚰，故次之以

（音纍）糸以為素

（音虺）蚍眾
蟲，虫之
蟲。

總也。故次

次之以

（繩篆）故次之以

故次之以　龜廣腰似龜。

（黽篆）

次之以　風動蟲生。

故次之以　它之旁輪若回

（風篆）風故次之以

地數二故次之以　龜以它爲

卵蟲之化。

卵孚化地之性也。

（它篆）雄故次之以

二土。

二也故

土之高故

次之以

（土篆）

故次之以　土之黏

（垚篆）音堯，

雜可以居人故次之以

垚高土也董卑土也卑高

里相比故

次之以

（里篆）

故次之以

田相比故

（田篆）

故次之以　田色黃

（畕篆）音疆、

也故次之以　田者男之事

（黃篆）

故次之以

力於田故

次之以

（力篆）

力尚協故

次之以

（劦篆）

取之故次之以　金生於土力而

（金篆）音叶，

故次之以　金從衡量

（金篆）

故次之以

音肩,幵上平也,平者不

失於圭勺故次之以

（勺篆）

故次之以

几亦平故

次之以

（几篆）

且者几也。

故次之以

斤在俎故

次之以

（且篆）

斤與斗者皆權量也，故次之以[矛]。矛所以守，故次之以[車]。矛車所建也，故次之以車。自車所陟，反丁回，故次之以[𠂤]。兩𠂤中爲道，故次之以[𨺅]。絫土𠂤之屬也，故次之以[厽]。音絫，厽三絫也。

宁四尙圍宁也，故次之以[四]。故次之以[宁]。宁連叕周之，故次之以[叕]。連叕者相亞也，故次之以[亞]。亞交午也，故次之以[五]。至於[五]。

至内者九也，故次之以[九]。内獸迹也，故次之以[禸]。亞亦有甲，故次之以。火又甲，故次之以[甲]。至

於[己]。己藏詘蛇之象，故次之以[己]。有所藏者實，故次之以[巴]。庚木實也，故次之以[庚]。癸十二辰以配日，故次之

以[子]。至於子，矣。終於

鄭樵　莆田人字漁仲博學強記好爲考證倫類之學紹興中官樞密院編修世稱夾漈先生所著通志二百卷其
二十略中六書七音二種敍述井井於小學頗多闡明雖不如樵自敍謂漢唐諸儒所不得而聞者固亦一時之
名作也

六書略序

經術之不明由小學之不振小學之不振由六書之無傳聖人之道惟藉六經六經之作惟
務文言文言之本在於六書六書不分何以見義經之有六書猶弈之有二棋博之有五木
弈之變無窮不離二色博之應無方不離五物苟二棋之無別則白猶黑也黑猶白也何以
明勝負苟五木之不分則梟猶盧也盧猶梟也何以決雌雄小學之義第一當識子母之相
生第二當識文字之有間象形指事文也會意諧聲轉注字也假借文字也象形指事一
也象形別出爲指事諧聲轉注一也諧聲別出爲轉注二母爲會意一子一母爲諧聲六書
也者象形爲本形不可象則屬諸事事不可指則屬諸意意不可會則屬諸聲聲則無不諧
矣五不足而後假借生焉一曰象形而象形之別有十種有天物之形有山川之形有井邑
之形有草木之形有人物之形有鳥獸之形有蟲魚之形有鬼物之形有器用之形有服飾
之形是象形也推象形之類則有象貌象數象位象氣象聲象屬是六象也與象形並生而
統以象形又有象形而兼諧聲者則曰形兼聲有象形而兼會意者則曰形兼意十形猶子

姓也六象猶適庶也兼聲兼意猶姻婭也二曰指事指事之別有兼諧聲者則曰事兼聲有

兼象形者則曰事兼形有兼會意者則曰事兼意三曰會意二母之合有義無聲四曰轉注

別聲與義故有建類主義亦有建類主聲有互體別聲亦有互體別義五曰諧聲母主形子

主聲者諧聲之義也然有子母同聲者有母主聲者有主聲不主義者有子母互爲聲者有

三體主聲者有諧聲而兼會意者則曰聲兼意六曰假借不離音義有借同音

不借義有協音借義者有借協音不借義有因義借音有因借而借有語辭之借有五音之借

有三詩之借有十日之借有十二辰之借六書之道備於此矣臣舊有象類之

書極深研幾盡制作之妙義奈何小學不傳已久見者不無駁今取象類之義約而歸於

六書使天下文字無所逃而有目者可以盡曉鳴呼古者有尉律所以帗小學也學童十七

已上始試諷籀書九千字乃得爲吏又以八體試之郡移太史幷課最者以爲尚書史書或

不正輒舉劾之夫古文變而爲籀書籀書變而爲篆秦漢之人習篆隸必試以籀書者恐

失其原也後之學者六書不明篆籀罔措而欲通經難矣哉且尉律者廷尉治獄之律也古

人於獄訟之書猶不敢苟簡若是而況聖人之經乎

七音略序

天地之大其用在坎離人之爲靈其用在耳目人與禽獸視聽一也聖人制律所以導耳之

聽。制字所以擴目之明。耳目根於心聰明發於外。上智下愚自此分矣。雖曰皇頡制字伶倫

制律歷代相承未聞其書漢人課籀隸始爲字書以通文字之學江左競風騷始爲韻書以

通聲音之學。然漢儒識文字而不識子母。則失制字之旨江左之儒識四聲而不識七音則

失立韻之源獨體爲文合體爲字漢儒知以說文解字而不知文有子母生字爲母從母爲

子子母不分所以失制字之旨四聲爲經七音爲緯江左之儒知縱有平上去入爲四聲而

不知衡有宮商角徵羽半商半徵爲七音縱成經衡成緯經緯不交所以失立韻之源七音

之韻起自西域流入諸夏梵僧欲以其敎傳之天下故爲此書雖重百譯一字不通於

處而音義可傳華僧從而定之以三十六爲之母重輕清濁不失其倫天地萬物之音備於

此矣雖鶴唳風聲雞鳴狗吠雷霆驚天蚊虻過耳皆可譯也況於人言乎所以日月照處甘

傳梵書者爲有七音之圖以通百譯之義也今宣尼之書自中國而東則朝鮮西則涼夏南

則交趾北則朔易皆吾故封也故封之外其書不通何瞿曇之書能入諸夏而宣尼之書不

能至跋提河聲音之道有障閡耳此後學之罪也舟車可通則文義可及今舟車所通而文

義所不及者何哉臣今取七音編而爲志庶使學者盡傳其學然後能周宣宣尼之書以及

人面之域所謂用夏變夷當自此始臣謹按開皇二年詔求知音之士參定音樂時有柱國

沛公鄭譯獨得其義而爲議曰考尋樂府鐘石律呂皆有宮商角徵羽變宮變徵之名七聲

之內三聲乖應每加詢訪終莫能通先是周武帝之時有龜茲人曰蘇祗婆從突厥皇后入國善胡琵琶聽其所奏一均之中間有七聲問之則曰父在西域號為知音世相傳習有七種以其七調校之七聲冥若合符一曰娑陀力華言平聲即宮聲也二曰雞識華言長聲即南呂聲也三曰沙識華言質直聲即角聲也四曰沙侯加濫華言應聲即變沙臘華言應和聲即徵聲也六曰般贍華言五聲即羽聲也七曰俟利箑華言斛牛聲即變宮也譯因習而彈之始得七聲之正然其就此七調又有五曰之名曰作七調以華譯之曰即均也譯遂因琵琶更立七均合成十二。應十二律律有七音立一調故成七調十二律合八十四調旋轉相交盡者和合仍以其聲考校太樂鐘律乖戾不可勝數譯為是著書二十餘篇太子洗馬蘇夔駁之以五音所從來久矣不言有變宮變徵七調之作實所未聞譯又引古以為據周有七音之律漢有七始之志時何妥以舊學牛宏以巨儒不能精通同加沮抑遂使隋人之耳不聞七調之音臣又按唐楊收與安涗論琴五絃之外復益二絃因言七聲之義西京諸儒惑圜鐘函鐘之說故其郊廟樂惟用黃鐘一均章帝時太常丞鮑業始旋十二宮夫旋宮以七聲為均均言韻也古無韻字猶言一韻聲也宮商角徵羽為五聲加少宮少徵為七聲始得相旋為宮之意琴者樂之宗也韻者聲之本也皆主於七名之曰韻者蓋取均聲也臣初得七音韻鑑一唱而三歎梵僧有此妙義而儒者未之聞及乎研究制

字考證諧聲然後知皇頡史籒之書已具七音之作先儒不得其傳耳今作諧聲圖所以明

古人制字通七音之妙又述內外轉圖所以明梵僧立韻得經緯之全釋氏以參禪爲大悟

通音爲小悟雖七音一呼而聚四聲不召自來此其蠢淺者耳至於紐躡杳冥盤旋寥廓非

心樂洞融天籟通乎造化者不能造其閫字書主於母必母權子而行然後能別形中之聲

韻書主於子必子權母而行然後能別音中之形所以臣更作字書以母爲主亦更作韻書

以子爲主今茲內外轉圖用以別音聲而非所以主子母也

顧炎武　清崑山人初名絳字寧人居亭林鎮因號亭林明諸生國亡周遊四方載書自隨康熙時薦應鴻博

明史皆不就後卜居華陰以終炎武性耿介絕俗其學以博文有恥斂華就實爲主所著音學五書考證精博推

明古音之本然以正宋以來叶韻之誤遂爲漢學家闢一由音求義之途又著日知錄左傳杜解補正石經考天

下郡國利病書詩文集等數十種皆有名於世

音學五書序

記曰聲成文謂之音夫有文斯有音比音而爲詩詩成然後被之樂此皆出於天而非人之

所能爲也三代之時其文皆本於六書其人皆出於族黨庠序其性皆馴化於中和而發之

爲音無不協於正然而周禮大行人之職九歲屬瞽史諭書名聽聲音所以一道德而同風

俗者又不敢略也是以詩三百五篇上自商頌下逮陳靈以十五國之遠千數百年之久而

其音未嘗有異帝舜之歌皋陶之賡箕子之陳文王周公之繫無弗同者故三百五篇古人
之音書也魏晉以下去古日遠詞賦日繁而後名之曰韻至宋周顒梁沈約而四聲之譜作
然自秦漢之文其音已漸戾於古至東京益甚而休文作譜乃不能上據雅南旁摭騷子以
成不刊之典而僅按班張以下諸人之賦曹劉以下諸人之詩所用之音撰為定本於是今
音行而古音亡為音學之一變下及唐代以詩賦取士其韻一以陸法言切韻為準雖有獨
用同用之注而其分部未嘗改也至宋景祐之際微有更易理宗末年平水劉淵始併一百
六韻為一百七韻元黃公紹作韻會因之以迄於今於是宋韻行而唐韻亡為音學之再變
世日遠而傳日訛此道之亡蓋二千有餘歲矣炎武潛心有年既得廣韻之書乃始發悟於
中而旁通其說於是據唐人以正宋人之失據古經以正沈氏唐人之失而三代以上之音
部分秩如也至賾而不可亂乃列古今音之變而究其所以不同為音論二卷考正三代以上
之音注三百五篇為詩本音十卷注易為易音三卷辨沈氏部分之誤而一一以古音定之
為唐韻正二十卷綜古音為十部為古音表二卷自是而六經之文乃可讀其他諸子之書
離合有之而不甚遠也天之未喪斯文必有聖人復起舉今日之音而還之淳古者曰吾
自衛反魯然後樂正雅頌各得其所實有望於後之作者焉

與李天生論古音書

三代六經之音失其傳也久矣其文之存於世者多後人所不能通以其不能通而輒以今
世之音改之於是乎有改經之病始自唐明皇改尚書而後人往往效之然猶曰舊爲某今
改爲某則其本文猶在也至於近日錄本盛行而凡先秦以下之書率徑改不復言其舊
爲某則古人之音亡而文亦亡此尤可歎者也開元十三年敕曰朕聽政之暇乙夜觀書每
讀尚書洪範至無偏無頗遵王之義三復茲句常有所疑據其下文並皆協韻惟頗一字實
則不倫又周易泰卦中元平不陂釋文云陂字亦有頗音陂之與頗訓詁無別其尚書洪範
無偏無頗字宜改爲陂蓋不知古人之讀義爲我而頗之讀義也易象傳鼎耳革失其義
也覆公餗信如何也禮記表記仁者右也道者左也仁者人也道者義也之讀爲我而
其見於他書者遽數之不能終也王應麟曰宣和六年詔洪範復舊文爲頗然監本猶仍其
故而史記宋世家之述此書則曰毋偏毋頗呂氏春秋之引此書則曰無偏無頗其本之傳
於今者則亦未嘗改也易漸上九鴻漸於陸其羽可用爲儀范諤昌改陸爲逵朱子謂以韻
讀之良是而不知古人讀儀爲俄不與逵爲韻也小過上六弗遇過之飛鳥離之朱子存其
二說謂仍當作弗過遇之而不知古人讀離爲羅正與過爲韻也雜卦傳晉晝也明夷誅也
孫奕改誅爲昧而不知古人讀晝爲注正與誅爲韻也楚辭天問簡狄在臺嚳何宜玄鳥致
詒女何嘉後人改嘉爲喜而不知古人讀宜爲牛何反正與嘉爲韻也招魂魂兮歸來北方

不可以止些增冰峩峩飛雪千里些三歸來歸來。不可以久些五臣文選本作不可以久止而
不知古人讀久爲几正與止爲韻也老子朝甚除田甚蕪倉甚虛服文采帶利劍厭飲食財
貨有餘是謂盜夸楊愼改爲盜竽謂本之韓非子而不知古人讀夸爲剋正與除爲韻也淮
南子原道訓以天爲與四時爲馬陰陽爲馬乘雲陵霄與造化者俱縱志舒節以
馳大區後人改驕爲御補引此作驕而不知古人讀驕爲邾正與興爲韻也史記龜策傳雷
電將之風雨迎之流水行之侯王有德乃得當之後人改迎爲送而不知古人讀迎爲昂正
與將爲韻也太史公自序有法無法因時爲業有度無度因吻與舍今漢書司馬遷傳亦正
冠衆今本改爲衆罝又改爲衆罬而不知古人讀衆爲扶之反正與時爲韻也揚雄後將軍
趙充國頌在漢中興充國作武赳赳桓桓亦紹厥後五臣文選本改後爲緒而不知古人讀
後爲戶正與武爲韻也繁欽定情詩何以結相於金薄畫搔頭後人改於爲投而不知古人
讀頭爲徒正與於爲韻也陸雲答兄平原詩巍巍先基重規累赫赫重光遝風激鶩今本
改鶩爲鶩而不知古人讀構爲故正與鶩爲韻也齊武帝估客昔經樊鄧役阻潮梅根冶
泱懷悵往事意滿辭不敍今本改冶爲渚不知宋書百官志江南有梅根及冶塘二冶而古
人讀冶爲墅正與敍爲韻也隋書載梁沈約歌赤帝辭齊醧在堂笙鏞在下匪惟七百無絕

終古。今本改古爲始。不知長無絕兮終古。乃九歌之辭。而古人讀下爲戶。正與古爲韻也。詩

曰汎彼柏舟在彼中河。髧彼兩髦實維我儀之死矢靡他。則古人讀儀爲俄之證也。易離九

三日晛之離不鼓缶而歌。則大耋之嗟。則古人讀離爲羅之證也。張衡西京賦徼道外周千

廬內附衞尉八屯巡夜警畫。則古人讀畫爲注之證也。詩曰君子偕老副笄六珈委委佗佗

如山如河象服是宜子之不淑云如之何。則古人讀宜爲牛何反之證也。又曰何其久也。必

有以也。又曰吉甫燕喜既多受祉來歸自鎬我行永久。則古人讀久爲几之證也。左思吳都

賦橫塘查下邑屋隆夸長干延屬飛甍互。則古人讀夸爲刳之證也。漢書敍傳舞陽鼓刀

滕公厩頴陰商販曲周庸夫攀龍附鳳並乘天衢。則古人讀驕爲郏之證也。莊子不將不

迎應而不藏故能勝物而不傷。又曰無有所將無有所迎。則古人讀迎爲昂之證也。曲禮將

適舍求毋固離騷余固知謇謇之爲患兮忍而不能舍也。指九天以爲正兮夫惟靈修之故

也則古人讀舍爲恕之證也。秦始皇東觀刻石文常職既定後嗣循業長承聖治羣臣嘉德

祇誦聖烈請刻之罘則古人讀罘爲扶之反之證也。詩曰予有疏附予曰有先後予曰有

奔奏予曰有禦侮則古人讀後爲戶之證也。史記龜策傳今寡人夢見一丈夫延頸而長頭

衣玄繡之衣而乘輜車則古人讀頭爲徒之證也。荀子肉腐出蟲魚枯生蠹怠慢忘身禍災

乃作彊自取柱柔自取束邪穢在身怨之所構作束竝去聲則古人讀構爲故之證也。馬融

廣成頌然後緩節舒容裴回安步。降集波瀲川衡澤虞矢魚陳罟茲飛宿沙田開古冶鞏終

葵揚關斧刊重冰撥蟄戶測潛鱗踔介旅則古人讀冶爲墅之證也詩曰於奠之宗室膈

下誰其尸之有齊季女則古人讀下爲戶之證也凡若此者遽數之不能終也其爲古人之

本音而非叶韻則陳第已辨之矣若夫近日之錢本又有甚焉阮瑀七哀詩冥冥九泉室漫

漫長夜臺身盡氣力索精魂靡所能今本改能爲迴不知廣韻十六咍部元有能字姚寬證

之以後漢書黃琬傳欲得不能兗錄茂才以爲不必是籠矣張說隴右節度大使郭知運神

道碑銘河曲迴兵臨洮舊防手握金節魂沈玉帳千里送喪三軍悽愴唐文粹本改防爲阯

以叶上文憙祉諸字不知廣韻四十一漾部元有防字而峻岨塍埒長城谿嶮吞若巨防已

見於左思之蜀都賦矣。盧照鄰奉使益州詩，峻岨埒長城，高標吞，李白日夕山中有懷詩久，卢詩改防爲舫

臥名山雲逐爲名山客山溪雲雯好賞弄終日夕月銜樓間峯泉漱階下石素心自此得眞

趣非外借今本改借爲惜不知廣韻二十二昔部元有借字而傷美物之遽化怨浮齡之如

借已見於謝靈運之山居賦矣凡若此者亦遽數之不能終也其詳並見唐下嗟夫學者讀聖

人之經與古人之作而不能通其音不知今人之音不同乎古也而改古人之文以就之可

不謂之大惑乎昔者漢熹平四年議郎蔡邕奏求正定五經文字乃自書丹於碑使工鐫刻

立於太學門外後儒晚學咸取正焉魏正始中又立古文篆隸三字石經自是以來古文之

經不絕於代傳寫之不同於古者猶有所疑而考爲天寶初詔集賢學士衞包改爲今文而古文之傳遂泯此經之一變也漢人之於經如先後鄭之釋三禮或改其音而未嘗變其字。子貢問樂一章錯簡明白而仍其本文不敢移也註之於下而已所以然者述古而不自專古人之師傳固若是也及朱子之正大學繫辭以其所自定者爲本文而以錯簡之說註於其下已大破拘攣之習後人效之周禮五官互相更易彼此紛紜召南小雅且欲移其篇第此經之又一變也聞之先人自嘉靖以前書之鋟本雖不精工而其所不能通之處註之曰疑今之鋟本加精而疑者不復註且徑改之矣以甚精之刻而行其徑改之文無怪乎舊本之日微而新說之愈鑿也故愚以爲讀九經自考文始考文自知音始以至諸子百家之書亦莫不然不揣寡昧僭爲唐韻正一書而於詩易二經各爲之音曰詩本音曰易音以其經也故列於唐韻正之前而學者讀之則必先唐韻正而次及詩易二書明乎其所以變而後三百五篇與卦爻象之文可讀也其書之條理最爲精密竊計後之人必有患其不便於尋討而更竄併入之者而不得不豫爲之說以告也夫子有言一變至於魯一變至於道今之廣韻固宋時人所謂菟園之册家傳而戶習者也自劉淵韻行而此書幾於不存今使學者睹是書而曰自齊梁以來周顒沈約諸人相傳之韻固如是也則俗韻不攻而自絀所謂一變而至魯也又從是而進之五經三代之書而知秦漢以下至於齊梁歷代遷流

之失而三百五篇之詩可弦而歌之矣所謂一變而至道也故吾之書一循廣韻之次第而

不敢輒更亦猶古人之意且使下學者易得其門而入非託之足下其誰傳之今鈔一帙附

往而考古之後日知所亡不能無所增益則此之書猶未得為完本也

戴震　休寧人字東原乾隆舉人賜進士充四庫全書纂修官少從婺源江永遊研精覃書深通小學由文字音韻

以求訓詁由訓詁以尋義理故又長於考辨近百餘年來言漢學者莫不首屈一指有戴氏遺書二十餘種行世

答江慎修先生論小學書

說文所載九千餘文當小學廢失之後固未能一一合於古即爾雅亦多不足據姑以釋詁

言之如台朕賚畀卜陽予也台朕陽當訓予我之予賚畀卜訓賜予之予不得錯見一句中

孔魄哉延虛無之言間也郭氏注云孔穴延虛無皆有間隙餘未詳考之說文哉言之間

也言之間即詞助然則哉之言三字乃言之間言為詞助見於詩易多矣豫射厭也郭氏注

云詩曰服之無射豫未詳豫蓋當訓厭足厭飫之厭射訓厭倦厭憎之厭也郭氏注此皆掇拾之病其

解釋詩書緣詞生訓非字義之本然者不一而足然今所有傳注莫先毛詩其為書又出爾

雅後爾雅杜甘棠梨山稱楰白粉立文少變杜澀棠甘而名類可互見杜赤棠白者棠以棠

見杜甘棠毛詩甘棠也誤粉白榆也不誤杜甘曰棠梨山生曰稱楰白曰粉

朱子詩集傳於陳東門之枌云枌白榆也本毛詩於唐山有藍云榆白枌也殆稽爾雅而失

其讀其他毛詩誤用爾雅者甚多先儒言爾雅往往取諸毛詩非也若說文視爾雅毛詩固

最後沿本處多婁亦各有師承爾雅以衣涉水爲屬繇帶已上爲屬說文砅字又作濿屢石

渡水也引詩淺則砅詩之意以水淺必依橋梁乃可過喻禮義之大防不可犯若淺水則褰

衣而過尚不濡衣鄘道元水經注云段國沙洲記吐谷渾於河上作橋謂之河厲此可證橋

有屬之名衞詩淇梁淇屬竝舉屬固梁之屬也就茲一字爾雅失其傳說文得其傳觸類推

求遽數之不能終其物用是知漢人之書就一書中有師承可據者有失傳傳會者說文於

字體字訓緯漏不免其論六書則不失師承劉歆班固云象形事象意象聲轉注假借鄭

衆云象形會意轉注處事假借諧聲所言各乖異失倫說文序稱一指事二象形三形聲四

會意五轉注六假借轉注老字後人不解褒務齊切韻猥云考字左迴老字右轉戴仲達

周伯琦之書雖正老字屬會意考字屬諧聲而不能不承用左迴右轉爲轉注別舉側山爲

自反人爲匕等象形之變轉者當之徐鉉徐鍇鄭樵之書就考字傅會謂之考古銘識

通用丂於丂之本訓轉其義而加老省注明之又如犬走貌爲猋爾雅扶搖謂之猋於犬之

本訓轉其義飏飆加風注明之此以諧聲中聲義兩近者當轉注不特一類分爲二類

甚難且校義之遠近必多穿鑿王介甫字說强以意解加之諧聲字陸佃坤雅中時撫之使

按之理義不悖如程子朱子論中心爲忠如心爲恕猶失六書本法岐惑學者今區分諧聲

一類爲轉注。

爲轉注勢必強求其義之近似況古字多假借後人始增偏旁其得盡證之使自爲類

平楊桓又謂三體已上展轉附注是曰轉注斯說之謬易見而莫謬於蕭楚張有諸人轉聲

爲轉注之說雖好古如顧炎武亦不復深省說文於假借舉令長字乃移而屬轉注古今音

讀莫考如好惡之惡今讀去聲古人有讀入聲者美惡之惡今讀入聲古人有讀去聲者宋

魏文靖論觀卦云今轉注之說則象象爲觀示之觀六爻爲觀瞻之觀竊意未有四聲反切

已前安知不爲一音乎據此言之轉聲已不易定轉注假借何以辨今讀先生手教曰本義

外展轉引伸爲他義或變音或不變音皆爲轉注其無義而但借其音或相似之音則爲假

借又曰字之本義亦有不可曉者震之疑不在本義而在展轉引伸爲他義有遠

有近有似遠義實相因有近而義不相因有絕不相涉而爲推曲取又可強言其義區有遠

借一類而兩之殆無異區分諧聲一類而兩之也六書之諧聲假借並出於聲諧聲以類附

聲而叟成字假借依聲託事不叟制字或同聲或轉聲或聲義相倚而俱近或聲近而義絕

遠諧聲具是數者假借亦具是數者後世求轉注之說不得併破壞諧聲假借此震之所甚

惑也說文老從人毛匕言須髮變白也考從老省丂聲其解字體一會一意一諧聲甚明而引

之於序以實其所論轉注不宜自相矛盾是固別有說也使許氏說不可用亦必得其說然

後駁正之何二千年間紛紛立說者眾而以猥云左迴右轉者之謬悠目爲許氏可乎哉震

謂考老二字屬諧聲會意者字之體引之言轉注者字之用轉注之云古人以其語言立為名類通以今人語言猶曰互訓云爾轉相為注古今語也說文於考字訓之曰老也於老字訓之曰考也是以序中論轉注舉之爾雅釋詁有多至四十字共一義其六書轉注之法歟別俗異言古雅殊語轉注而可知故曰建類一首同意相受大致造字之始無所馮依宇宙間事與形兩大端而已指其事之實曰指事一二上下是也象其形之大體曰象形曰月水火是也文字既立則聲寄於字而字有可調之聲意寄於字而字有可通之意是又文字之兩大端也文字既衍之取乎聲諧曰諧聲聲不諧而會合其意曰會意四者書之體止此矣由是之於用數字共一用者如初哉首基之皆為始卬吾台予之皆為我其義轉相為注曰轉注一字具數用者依於義以引伸依於聲而旁寄此以施於彼曰假借所以用文字者斯其兩大端也六者之次弟出於自然立法歸於易簡震所以信許叔重論六書必有師承而考老二字以說文證說文可不復疑也存諸心十餘載因聞教未達遂縱言之

錢大昕　小傳見經傳序論

答問音韻三則

問吳才老於三百篇有叶韻之說而朱文公因之厥後陳季立撰詩古音屈宋古音始知三百篇自有本音至崑山顧氏撰音學五書而古音粲然明白矣然同時毛奇齡已有違言豈

古今音果大相遠乎曰古今音之別漢人已言之劉熙釋名曰古者曰車聲如居所以居人
也今曰車聲近舍韋昭辨之云古皆音尺奢反從漢以來始有居音此古今音殊之證也但
劉韋皆言古音而說正相反實則劉是而韋非蓋宏嗣生於漢季漸染俗音因詩王姬之車
君子之車皆與華韻遂疑車當讀尺奢切不知讀華爲呼瓜切亦非古音也古讀華如敷詩
有女同車與華琚都爲韻攜手同車與狐烏爲韻則車之讀居有不合者謂之齊梁之世周彥
倫沈休文輩分別四聲以製韻譜其後沈重作毛詩音於今韻有不合者謂之協句如燕燕
首章遠送於野云協句宜音時預反二章遠送於南云協句宜音乃林反所云協句卽古音
也陸德明釋文創爲古人韻緩不煩改字之說於沈所云協句者皆如字讀自謂通達無礙
而不知三百篇諧暢明白未嘗緩也使沈重音尙存較之吳才老叶韻豈不簡易而可信乎
協句亦謂之協韻邶風寧不我顧釋文徐音古此亦協韻也後放此陸元朗之時已有韻書
故於今韻不收者謂之協韻協與叶同顏師古注漢書又謂之合韻合韻也是吳才老叶
韻之所自出矣叶韻實由古今異音而作而吾謂言叶韻不如言古音蓋叶韻者以今韻爲
宗而强之以合之不知古人自有正音也古人因文字而定聲音因聲音而得詁訓其理
一以貫之漢魏以降方俗遞變而聲音與文字漸不相應賴有三百篇及羣經傳記諸子騷
賦具在學者讀其文可以得其最初之音此顧氏講求古音其識高出於毛奇齡輩萬倍而

大有功於藝林者也但古人亦有一字而異讀者文字偏傍相諧謂之正音語言清濁相近。

謂之轉音音之正有定而音之轉無方正音可以分別部居轉音則祇就一字相近假借互

用而不通於他字如難與那聲相近故儺從難而入歌韻難又與泥相近故儺從難而入齊

韻非謂歌齊兩部之字可合於寒桓也宗與尊相近故春秋傳伯宗或作伯尊臨與隆相

近故雲漢詩以臨與躬韻輦與固相近故瞻卬詩以輦與後韻非謂魂侵侯之字盡可合於

東鍾也其以義轉者如躬之義爲身即讀躬如身詩無過爾躬與天爲韻易震不於其躬於

其鄰躬與臨韻非謂眞先之字盡可合於東鍾也廣之義爲續說文以廣爲續之古文蓋尚

書乃廣載歌孔安國讀廣爲續非陽庚之字盡可合於屋沃也又如潐洎之潐本當作潐即

文潐水出鄭國引詩潐與洧方渙渙兮此是正音而毛詩作潐者讀潐如潐以諧洧潐相

澹之轉音不可據說文以糾詩之失韻亦不可據詩以疑說文之妄作又不可執說潐相轉

而謂蒸眞兩部之字盡可通也如謂吾言不信則試引而申之夫增與潐皆曾聲也毛詩於

魯頌烝徒增增云增增衆也此爾雅釋訓之正文而於小雅室家溱溱亦云溱溱衆也文異

而義不異豈非以溱增聲相近而讀增爲溱不獨假其音幷假其字乎古人有韻之文正音

多而轉音少則謂轉韻爲協固無不可如以正音爲協則偁到甚矣顧氏謂一字止有一字

於古人異讀者輒指爲方言固未免千慮之一失而於古音之正者斟酌允當其論入聲尤

中肯綮後有作者總莫能出其範圍若毛奇齡輩不知而作曉曉聱聱置勿與辯可也。

問古今言音韻者皆以眞諄爲一類耕清爲一類而孔子贊易於此兩類往往互用崑山顧

氏因謂五方之音雖聖人有不能改者信有之乎曰此顧氏之輕於持論以一孔之見窺測

聖人也夫士女之謳吟詞旨淺近聖賢之制作義理閎深則難曉淺則易知七月末章已

有歧音清廟一什牛疑無韻非無韻也古音久而失其傳耳夫依形尋聲雖常人可以推求。

轉注假借非達人不能通變如但以偏旁求音則將謂國風之諧暢勝於雅頌之聲牙而周

公亦囿於方音矣有是理乎且後儒所疑於象象傳者不過民平天淵諸字此古人雙聲假

借之例非舉兩部而混之也民冥聲相近故屯象以韻正讀民如冥也瞋古眠字宋玉招魂以瞋與身韻平

便聲相近故觀象以韻賓民讀平如便也淵音近瓊與營聲相近故訟象以韻成正讀淵如

營也天汀聲相近故乾象以韻形成乾文言以韻情平讀天如汀也此例本於維清之禮成

禎烈文之訓刑夫子亦猶行古之道而已矣古人訓膺爲胸故膺有膺音說文膺胸也釋名

膺壅也氣壅塞也蒙象以應韻中功比象以應韻中窮亦讀應爲壅也未濟象以極與正韻

朱文公疑極當作敬顧氏以其非韻遂置之不論予謂極從亟亟敬聲相近廣雅亟敬也方

言自關而西秦晉之間凡相敬愛謂之亟則朱說非無稽但不必破字耳革象以炳蔚君爲

韻按說文著從草君聲讀若威漢律婦告威姑威姑者君姑也君威同音則蔚與君本相諧。

而炳廲聲亦相近蓋讀炳如廲也說文廲虎文彪也與易義相應是漢儒傳易固有作廲字者矣豫象以凶與正韻中正本雙聲字書古無知照二母之分醫有忡怔亦取雙聲民象以中正也亦與躬終為韻則正與凶亦可韻也象傳無不韻之句獨此三卦顧氏所不能通而并刪其文殊失闕疑求是之旨今以雙聲通之則渙然釋矣古人之立言也聲成文而為音有正音以定形聲之準有轉音以通文字之窮轉音之例以少從多不以多從少顧氏知正音而不知轉音有扞格而不相入者則諉之於方音甚不然也五方言語不通知其一而不知其它是之為拘於方如實神質切亦讀如滿久讀如九亦讀如几易博皆兼用之此正聖人不拘方音之證民平天淵亦猶是耳顧可以輕議聖人哉

問顧氏論古音皆以偏旁得聲合於說文之旨然亦有自相矛盾者如旂沂圻皆以從斤為古音則近亦從斤也乃援詩會言近止與偕邇韻謂古音記當改入志韻何邪曰凡字有正音有轉音近既從斤當以其隱切為正其讀如幾者轉音非正音也如碩人其頎亦頎之轉音禮記頎乎其至讀頎為懇者乃其正音耳倩從青而與盼韻顯從㬐而與公韻實從貫而與室韻�從奴而與述韻皆轉音而非正音耳禮記相近坫壇鄭康成讀相近為禳祈祈未必不可讀為近也三百篇中用韻之字不及千名烏能盡天下之音顧氏但以所見者為正宜其齟齬而不相入矣仇從九聲古人讀九本有糾鬼二音故關雎以仇韻鳩兔罝以仇韻逵

顧氏不知九有二音乃謂仇當有二音如母戎與難之類然三百篇中亦不過四五字而已。

予謂三百篇中轉音之字甚多七月之陰雲漢之臨蕩之謔小戎之驂車攻之調同桑柔之

瞻文王之躬身也釋詁躬生民之稯北門之敦召旻之頻正月之局皆轉音也毛公詁訓傳每寓

聲於義雖不破字而未嘗不轉音小旻之是用不集訓集爲就即轉音也就音鴛鴦之秩之攡

之訓攡爲堲即轉從堲音瞻義轉而無不克鞏訓鞏爲固即轉從固音載芟之匪且有且訓且

爲此即轉從此音明乎聲隨義轉之詩矣識字當究其源源同則流不當有異。

求本衣裘字借爲求與之義求祈聲相近故又有渠之切之音人於求加衣仍取求聲非

衣聲也裘本一字而顧氏析而二之若鴻溝之不可越且同一從求之字也而讀俅爲渠之

切讀觩絿爲巨鳩切同一從九之字也而讀仇爲渠之切讀鳩爲居求切不知九元有兩

音也罜從袁聲故字之從袁者皆枉山仙韻而獨行罳爰乃與箐韻讀環者罳之正音讀赟

者罳之轉音也黍稷字本在職德韻而生民首章稷與夙育韻讀如謖者稷之轉音也簡兮

以翟與髢爵韻君子偕老則與髢掃韻考翰翟闕翟字或作狄狄有剔音正與髢協是翟有

兩音也舊與舅皆從臼聲三百篇中舅與咎韻伐木亦與首阜韻頻弁舊與時韻藚亦與里哉韻

召旻舅從正音舊從轉音也知一字不妨數音而辯其孰爲正孰爲轉然後能知古音知三百

篇之音然後無疑於易之音予蓋深愛顧氏考古之勤而惜其未達乎聲音之變也

錢塘 大昕族子字學淵一字禹美號溉亭乾隆進士官江寧府敎授肆力經史於聲音文字尤有神解著有史記

三、書樣疑淮南天文訓補注述古編等書

與王無言論說文書

得足下春月書知在京師主吳稷堂家以足下之淹雅而又得賢主人從此聲名隱然動海內矣僕少好說文解字一書暇輒觀之遂能漸悟其旨嘗以爲文字之作雖別爲六書求其要領實不越乎形聲而已建首之文形之本也亦聲之本也有形即有聲至於聲形相切文字日繁而其條理要自雜而不越天子又時爲之考定其是非是以文字之本音至周尙存秦漢之際天子不考文民間多以方語亂之本音由是漸亡許氏出於東京時取先漢所傳古文二篆作爲是書而其分部主形而不主聲一部之中衆聲雜奏形之疑似分別甚明而聲無統紀故其書有以聲爲形如句部諸部者、句部文三,拘筍鉤當入手竹金三部、而入句荔部、荔部文三,協蒭協當入心思十三部、而入則幾自亂其例矣夫文字惟宜以聲爲主聲同則其性情旨趣殆無不同若夫形特加於其旁以識其爲某事某物而已固不當以之爲一也然僕豈好爲異說哉蓋亦嘗反諸制文之理矣文者所以飾聲也聲者所以達意也聲在文之先意在聲之先至制爲文則聲具而意顯以形加之爲字字百而意一則聲一聲不變也此所謂文字之本音也今試取說文所載九千餘文就其聲以考之其意大抵可通其不可遽通者反之而即得矣且以童

子時誦習者證之如政者正也仁者人也誼者宜也非孔子之言乎然則因聲見意者周人之法也可以明文字之宜何主矣僕以此竊不自揆欲別爲一書以申其鄙陋之見顧以其事勞拙而於學無補因循者且十餘年今年春始奮然爲之取許氏之書離析合幷重立部首系之以聲而采經傳訓詁及九流百氏之語以證焉凡三閱月草創甫竟數十年之後庶幾其有成矣然僕豈以是爲著作乎哉亦出於無慘耳士君子讀書宜務知大者遠者而其餘俱可略也是故於經宜考聖王之制作而不必溺於訓詁之說於史宜觀豪傑之謨略而不當纖悉於事迹同異之間始吾之所講者皆可見諸行事然後爲有用之學耳昔蘇明允取戰國策及遷固之史而熟讀之逐自比於賈誼而二子亦皆宰相之材明允之學知史而不知經故近於從橫然不可謂非偉特之士也南宋而後不爲章句小儒者獨有一陳同甫耳僕雖好語此而才不足以逮其志何敢妄有所撰論許氏一書直可畢此生矣世唯足下知我故不覺一吐其狂言.

汪中　江都人字容甫乾隆拔貢生博學工文治經宗漢學家言嘗作國朝六先生頌（顧炎武閻若璩胡渭梅文鼎惠棟戴震）謂顧氏開漢學風氣之先戴氏出而集其成所著述學內外篇有名於世

釋二九上

一奇二偶二一不可以爲數二幷一則爲三故三者數之成也積而至十則復歸於一十不

可以爲數，故九者數之終也。於是先王之制禮，凡一二之所不能盡者，則以三爲之節。此制度之實數也。因三之所不能盡者，則以九爲之節，九命之屬是也。三加三推之屬是也。三之所不能盡者，則約之三以見其多。三之所不能盡者，則約之九以見其極多。此言語之虛數也。實數可稽也，虛數不可執也。何以知其然也。易近利市三倍。詩如賈三倍。論語焉往而不三黜。春秋傳三折肱爲良醫。楚詞九折肱作咽。此不可知其爲三也。論語子文三仕三已。史記管仲三仕三見逐於君，三戰三走。田忌三戰三勝。范蠡三致千金。此不必其果爲三也。論語季文子三思而後行。雌雉三嗅而作。孟子書陳仲子食李三咽。此不能有九也。詩之亡一毛。又腸一日而九迴。此不必限以九也。孫子善守者藏於九地之下，善攻者動於九天之上。此不可以言九也。故知九者虛數也。推之十百千萬，固亦如此。故學古者通其語言，則不膠其文字矣。

釋三九中

古之名物制度，不與今同也。古之語不與今同也。故古之事不可盡知也。若其辭則又有二焉。曰形容。何以知其然也。曲禮歲凶，年穀不登，膳不祭肺。禮食殺牲則祭先。周人以肺。不祭肺則不殺也。鄭義然。不云不殺而云不祭肺。坊記大夫不坐羊，士不坐犬。古者殺生食其

肉坐其皮。不坐犬羊。是不無故殺之義。然不云不無故殺之。而云不坐犬羊。春秋傳衞懿公

好鶴。鶴有乘軒者。鶴無樂乎軒。好鶴著不求其行遠。謂以卿之秩籠之。以卿之祿食之也。故

曰鶴實有祿位。然不云視卿。而云乘軒者。雖褻必以貌。冕非常服。當其行禮

夫人而以貌也。惟卿有元冕。云冕者斥其人也。謂上大夫也。然不云上大夫。而云冕者此辭

之曲者也。祭義雜記。晏平仲祀其先人。豚肩不揜豆。實於俎。不實於豆。徑尺併豚兩肩

不容不揜。此言乎其儉也。〔本鄭〕義。樂記。武王克商未及下車。而封黃帝堯舜之後。夫封必於廟

嘼是以有形容焉。名物制度可攻也。語可通也。至於二者非好學深思。莫知其意焉。故學古

〔本劉〕觀義。此辭之形容者也。周人尚文。君子之於言。不徑而致也。是以有曲焉。辭不過其意則不

因祭策命。不可於車上行之。此言乎以是爲先務也。詩嵩高維嶽。峻極於天。此言乎其高也

者知其意。則不疑其語言矣。

釋三九下

孔子曰。父在觀其志。父沒觀其行。三年無改於父之道。可謂孝矣。三年者言其久也。何以不

改也。爲其爲道也。若其非道。雖朝沒而夕改可也。何以知其然也。昔者鯀堙洪水。汨陳其五

行。彝倫攸斁。天乃不畀洪範九疇。鯀則殛死。禹乃嗣興。彝倫攸敘。天乃畀禹洪範九疇。蔡叔

啟商。惎間王室。其子蔡仲改行帥德。周公以爲卿士。見諸王而命之以蔡。此改乎其父者也。

不寧惟是虞舜側微父頑母嚚象傲克諧以孝烝烝乂不格姦祇載見瞽瞍夔夔齊栗瞽瞍

亦允若曾子曰君子之所謂孝者先意承志諭父母於道此父在而改於其子者也是非以

不改爲孝也然則何以不改也爲其爲道也三年云者雖終其身可也自斯義不明而後章

惇高拱之邪說出矣

朱駿聲　吳縣人字豐芑號允倩道光擧人授黟縣訓導著說文通訓定聲其書變許氏以形分部之例而以聲

母爲主以從其得聲者隸之共十八部每字各就其本義轉注叚借逐條注釋如網在綱有條不紊惟其轉注叚

惜二名不從許說而自爲義例大略與蕭楚張有顧炎武江永諸人之解爲近而剖析異同特爲精密寶足自立

一說又有說雅古今韻準二種今並附於說文通訓定聲書後

說文通訓定聲自序

天地間有形而後有聲有形聲而後有意與事四者文字之體也意之所通而轉注起焉聲

之所比而叚借生焉二者文字之用也竊謂轉注肇於黃倉形體寡而衍義叚借濫於秦火

傳寫雜而失眞而幻丸之屬反正推移造字之轉注不離乎指事也咸需之倫悉顚通變造

字之叚借不外乎諧聲也至於叢脞參差連緜而始省其誼弟兄爾汝依託而本無其文取

類多耑拘虛少悟不知叚借者不可與讀古書不明古音者不足以識叚借此說文通訓定

聲一書所爲記也夫三代秦漢之嬗聲以世遷九州南北之迆言因方易欲撟古今之舌而

出於一軌固所不能將執經史之文而斂以一簡尤有不可然則當如之何曰以字之體定

一聲以經之韵定眾聲以通轉之理定正聲變聲三者皆從其朔而已曷言乎以字之形定

一聲也東重童龍數傳祇循其舊東帝帝適萬變不離其宗融強秋梓之省文徵諸古籀迹

狄豐農之犀觺正於昔聞豕豕兀元轉由一語㞢雝廿竊從豈兩聲呂鬲容尊於重文而得

母辣弜叩㗊囚闕讀而疑音此齊桓伐莒之謀東郭能言其狀光武命名之義九禾可訂其

聲者也曷言乎以經之韵定眾聲也火諸衣稦知與煔字同評朝叶苗高信自舟聲少變侮

雖每而異母朋猶鳳而殊風音別求裒部分截雀或句中而安韵召旻歲旱之章或一語而

成歌周頌駿奔之什麾臕伊減朕汹當證之韓嬰螟螣舂揄蠈臽塈稽於許慎考工鄭注其

縛斯擱掘子王箋許予不顧㷭為推而怛為懟可讀班書答為對而罣為罃當從古寫幓

郎羣經之幤脩翹誤俗字之愇求福不那易儺而語言方合飲酒之餞變饇而義訓始通此

郫商之誦湯可用九有為九域楚莊之俤武疑以一句為一章者也曷言乎以通轉之理定

正聲變聲也郖叔卲為管叔甫侯本是呂侯驪兜匪渾敦屠削原同杜貢茇滋易言箕子

伊尹詩頌阿衡連山禮箸厲山帝俊書俤帝舜若茲之類厥有三端其同音者扶服蒲伏奧

匍匐而兼偉遷迤逶迆倄委蛇而皀用气借氣而皁與鄰國為許而三傳皆

同頌兒作容而四始代誦種酢醋因音而互譌㤅愛㥆憂以聲而眜本疇屬害曷語詞不

必元文叔少昆弟稱謂相承別字是也其疊韵者涔水畜君原是好君序榭豫可

校禮經毒篤竺試儺漢史貉伯禱皆禱牲之用斃絅縈總槀布之名明都孟諸洵非兩地燭

趨涿聚故是一人陳易氏而爲田莒改姓而作弋辛夷可爲新婔蟬焉豈異亶安薰香用以

代葷義不妨於相戾孳息取以爲止訓亦見其交通是也其雙聲者和桓波播禹貢可詳侮

務斟仇雅詩偶借奠定帝舌音之轉圭蠲涓脣吻之通密勿黽勉非殊跼躅躊躇視

峙躇不異繡襲示省獲義可思素衣朱繡文宜訂台余卬我皆施身自謂之言戎若伊而

悉后口稱人之語懆懆多譌慘慘儱儱或讀佽佽誐假胡何出音微分佻歙徒地特助詞

本趁正文開口雅而閉口烏啞啞亦其天籟燕人厖而周人貉蟀蟀又屬方言磬爲儊亦鼎

姓祇憑語轉蠅羊鴯隼殊文不過聲移桉諸詩歌相曰胥更抑曰懿參之古語磬爲倪亦鼎

爲當是也此何休之讀公羊所以有長言短言之辨而高誘之注淮南又別有緩气急气之

分也若夫如此爲爾之焉爲旃兩字便成翻語蕪藜即茨茅蒐即荐三代自有合音目少眇

而手延挺自諧以成字婁係邾而於引越相足而爲言斯又吳昭炎之儔注書柵爲切紐

沈約彥倫之輩行文律以四聲者矣夫所見異辭陸元郎文羅經典有志復古陳季立音瀹

詩騷余少歲蟲彫中年蟄伏哦陳編而洞席憶緒論於趨庭芻及六書自據一得部標十八

派以析而支以分毋列一千聲爲經而義爲緯將使讀古書者應弦合節無聲牙詰詘之疑

治經義者討葉沿根有掉臂游行之樂渴牛生之目力精漸銷亡殫十載之心稽業才艸㞕

氾濫未竟蹉繆尙多愚不能書先爲此敘非敢謂萬川會海導西京爾雅之原亦庶幾百世

本支演南閣說文之譜云尒道光十有三年歲在昭陽大芒洛涂月元和朱允倩駿聲譔

轉注

小學之綱有三曰形體曰音聲曰訓詁周官保氏以六書敎國子象形指事會意者形體之

事也諧聲者音聲之事也轉注者訓詁之事也知斯三者而後知叚借者亦訓詁之事

而實音聲之事也惟轉注一法言人人殊許叔重說文解字敘曰建類一首同意相受考老

是也孫愐切韻云考字左回老字右轉戴仲達六書故周伯琦六書正譌別舉側山爲阜反

人爲匕之類當之徐楚金則就考字傅會謂祖考之考古銘識通用兮於兮之本訓轉其義

而加老注明之犬走爲猋爾雅扶搖謂之猋於猋之本訓轉明之鄭夾漈

通志略又妄分建類主義建類主聲互體別義四事楊桓六書統則謂三體已上

展轉附注此皆以形體言轉注者也國朝戴東原始發互訓之恉言曰轉相爲注猶互相

爲訓老注考考注老爾雅釋詁有多至四十字共一義者卽轉注之法故一字具數用者曰

叚借數字共一用者曰轉注而吾鄉江叔澐曰轉注統於意轉注者轉其意也如捃彼注茲

之注故立老字爲部首卽所謂建類一首考與老同意故受老字而從老省考之外者耊壽

耆之類皆是說文解字一書分部五百四十。卽建類也。始一終亥。卽一首也。云凡某之屬皆

從某。卽同意相受也。凡合兩字以成一誼者爲會意。取一誼以槩數字者爲轉注。二君以訓

詁解轉注說有根據。可謂突過前人矣。竊嘗論之謂考字左回老字右轉者爲轉注。係形聲老屬

會意釋涉今隷訛繆顯然。謂側山爲阜反人爲匕者。此指山人匕成之形爲阜匕續生之事。

卽所謂指事象形者因形而製字指事者因字而生形也謂弓字加老爲聲字加風是以形聲

中聲義隔者爲諧聲聲義近者爲轉注穿鑿之弊必至有如王荆公字說者至若妄分建類

互體四門以考老履屨等字爲建類主義以鳳凰鸞鸏等字爲建類主聲以啼帝唯售等字

爲互體別聲以猶猷愚惆等字爲互體別義既無條理且多俗字舛繆茺雜直以此事爲兒

戲矣謂三體以上展轉附注三體四體不過數字悉屬會意或兼諧聲淺之談不足置辨大

抵言形體者綱領既乖彊設條目所謂差之毫釐謬以千里也惟互訓之貌於六事剖判分

明然亦有未盡然者夫六書皆以立敎也保氏於國子既敎以會意之老則考之訓焯然知

之既敎以形聲之考則老之訓亦焯然知之而復合考老以重申疊究不已贅乎況創傷也

傷創也褊但也但褊之類同意相受矣不可謂建類一首而考仲子宮老實不足以盡考。

楚師老矣考亦不足以代老又何說也且謂爾雅皆轉注則亦混於叚借何以言之初哉首

基哉者菩之間也不得轉注爲始始則才之叚借也錫畀予貺錫者鈶也不得轉注爲賜賜

即錫之叚借也爾雅注㲴章許書注文字注㲴章則哉生明錫土姓可曰始曰賜注文字則

哉爲詞錫爲金不得曰始曰賜體用之間致不侔矣吾所謂未盡然者此也竊以轉注者卽

一字而推廣其意非合數字而雷同其訓許君自敘考老之恉惟江氏分部之說得之許不

曰老孝而曰考老者部末孝字而亦會意意不專受於老也雖然轉注一法許實誤解正有

不必爲前賢諱者許書所謂同意相受惟老广癙數部耳他如木部有植物有器物水部

有地事有人事曰部有日星之日有日時之日尸部有橫人之尸有屋宇之尸首雖一而意

不同焉不特此也保氏果以是立教則凡形聲之字皆依聲託字朋來是也凡一意之貫

轉注者體不改造引意相受令長是也叚借者本無其意依聲託字六書何以條分余故曰

注因其可通而通之爲轉注一聲之近似非其所有而有之爲叚借就本字本訓而因以展

轉引申爲他訓者曰轉注無展轉引申而別有本字本訓可指名者曰叚借依形作字覩其

用而必有本字轉注一字具數字之用而不煩造字轉者旋也如輮軔之後愈轉而愈遠轉

者還也如軌轍之一雖轉而同歸試卽以考譬之胡考之休爲本訓老也考槃在澗爲轉注

可以悟古人之音語轉注不易字而有無形之字可以省後世之俗書叚借數字供一字之

成也弗鼓弗考爲叚借攷也攷者考字之訓也又試以令譬之自公令之爲本訓命也秦郎

中令為轉注官也令聞令望為叚借善也善者靈字之訓實良字之訓也轉注無他字而即

在本字故轉注居叚借之前叚借有本字而偶用別字故叚借附六書之末若此則訓詁之

法備六書之誼全保氏之教箸雖起北海南閣諸大師質之應亦不易斯言事比當仁理惟

求是故不避專輒而箸其說云。

叚借

說文解字發明象形指事會意形聲四書而轉注叚借二者則略而不備言轉注若革朋來

章能州西七字言叚借若少止誕設區爰哥與暴完罪併臭洒姚鎬十六字又引經史及或

說若玎曉等五十餘字箸者如斯而已夫叚借之原三有後有正字先無正字之叚借如爰

古為車轅洒古為灑埽有本有正字偶書他字之叚借如古以皇為疾古以覽為密有承用

已久習訛不改廢其正字塼用別字之叚借如用草為艸用容為頌也叚借之例四有同音

者如德之為惪服之為叚有疊韵者如冰之為掤馮之為溺有雙聲者如利之為賴答之為

對有合音者如莞蔚為蘿蕠藜為茨也叚借之用八有同聲通寫字如气質概書氣廩動埒

乃作靜妝仁誼通用威義將衛總為紛帥今國書凡同聲字統為一體作書時依其文義而

顛倒上下之知為某字某意即其理也別有託名標識字如戉癸取之戈兵苑亞假於門戶。

有單辭形況字如率爾原非畢網幡然豈是舭巾有重言形況字如朱朱狀夫雞聲關關用

為鳥語有疊韻連語如窈窕無與心容蒙戎非關艸寇有雙聲連語如易爻多說次且書歌

肇言叢脞有助語之詞如能為可通乏獸於焉或託飛禽有發聲之詞如弟兄異乎君臣爾

汝同於乃若此皆本無正文依聲託事誼不在形而在音意不在字而在神神似則字原不

拘音省則形可不論故凡語詞習用之字如者矣乎哉嗟諾吁否皆乃兮於乎各曾毋俏知

曰粵唯寧歟曷每從言從凶從欠從丂從八非是則皆叚借也叚借之理疊韻易知雙

聲難知非博覽旁求潛心精討烏能觀其會通與古人心心印合如相告語乎

王筠　安邱人字菉友道光舉人官山西寧鄉知縣博涉經史尤深說文之學彙取鐘鼎金石文字以資助考證所

六書總說　節錄說文釋例

著說文句讀說文釋例二書一則訓詁明確一則條理通達經緯相參全體豁然又有文字蒙求一種摘取說文

要字以六書分類注釋簡明於初學尤便

漢書藝文志曰六書為象形象事象意象聲轉注假借造字之本也顏注曰象形為畫成其

物隨體詰屈日月是也象事即指事也謂視而可識察而見意上下是也象意即會意也謂

比類合誼以見指撝武信是也象聲即形聲謂以事為名取譬州成江河是也轉注為建類

一首同意相受考老是也假借為本無其字依聲託事令長是也文字之義總歸六書故曰

立字之本也

筠案。六書次第似班書首象形爲是。通志曰六書也者象形爲本。若案會意形聲，誠爲繼起，象形指事，各有立門戶，相對相當，不可分本之特，又似以虛質、不可象形。似當云、無，則屬諸事物亦有之會意類，論也，不，先後耳似、不可言爲本，形不可象形可象。則屬諸事不可會則屬諸聲聲則無不諧矣。五不足而後假借生焉。塵不言轉注，誤者，上承也，指似事，不。云，諧聲別出爲轉注，業，故不及，許君指事似不可解楊錫觀曰文字之作因事而起其說似未確余弟範曰說文開卷即列一上兩部故先之也余笑曰一畫開天無所不統矣

然是說仍未確姑存之。

逢字之本此句未允說見後。

顏注承用說文惟察而見意不同今本案視而可識指字形言察而見意指字義言今本似無分別蓋顏籀所據爲古本也印林曰物與屈識與意誼與擬名與成首與受字與事皆叶韻作見則非韻

周官保氏鄭注六書象形會意轉註證自古相傳皆以洴爲訓釋也。此字似誤，漢時恐未有此字，然足處事假借諧聲也賈

疏云六書象形之等皆依許氏說文云象形者日月之類是也象日月形體而爲之云會意者武信之類是也人言爲信止戈爲武會合人意。以合訓會是也，然故云會意也云轉註者，考老之類是也建類一首文意相受左右相註。義者，是母爲主而轉其子，主聲者，子以主聲者，母似即此說，故名轉註云處事者上下之類是也人在一上爲上人在一下爲下文背，不特與說子，果如說子。

所言，是會意也，各有其處。處事者，處置此事，讀為去聲非，事得其宜，故名處事也。云假借者令長之類是也，一字兩用，故名假借也。云諧聲者即形聲一也，以可也，若以用字之法論之，則云形聲，乃為聲，而既以用木字定其形，則杠為步渡柯為斧賑柄矣，不得偏重聲也。可以工可易，惟衡從衍省聲耳。此形聲，後造有字之本言之，則云諧聲自可，在工可之聲，當云有江河之聲，故曰，江河之類，是也皆以水為形，以工可為聲。但書有六體，形聲實多，若江河之類，是左形右聲，鳩鴿之類，是右形左聲，草藻之類，是上形下聲，婆娑之類，是上聲下形，圍國之類，是外形內聲，閭閻街之類，是外聲內形，聞問閭閱等外字，形而從行聲者，無在外之字可易，惟衡從衍省，形聲之等有六也。

鄭注次第即不可曉。五經文字序曰，周禮保氏掌養國子，以道敎之六書，謂象形指事會意，張氏既引保氏，則所列名目，當出鄭注，而次序不同，今本或張氏所據，鄭注為倒亂之本乎，然二人時代不隔，疑未能明也。賈疏尤謬，特以其為古說列諸卷首而以鄙見附書於左。

筠案此書名以說文解字者，說其文解其字也。通志曰，獨體為文，合體為字是也。觀乎天文，觀乎人文而文生焉，天文者自然而成有形可象者也，人文者人之所為有事可指者也，故文統象形指事二體，字者孳乳而寖多也，合數字以成一字者皆是，即會意形聲二體也，四者為經造字之本也，轉注假借為緯用字之法也，或疑既分經緯即不得名曰六書，不知六書之名後賢所定，非皇頡先定此例，而後造字也，猶之左氏釋春秋例，皆以意

逆志。比類而得其情非孔子作春秋先有此例也。詩有六義亦以風雅頌爲經,賦比興爲緯,

說文敘解釋六書乃全部之條例也然考之說解言象形矣云從某從某卽是言會意矣云

從某某聲卽是言形聲矣而指事惟於上下二字言之。仍不出敘所言之外且下字說解小

徐作從反上爲下。大徐始作指事耳餘惟夐字大徐曰指事曹巴二字大徐引小徐曰指事

然夐以會意定指事非指事純例曹以會意定指象形巴則純乎象形蓋二字大徐皆不知指事也

故繫傳多誤以會意爲指事大徐不引則勝小徐之一端也若夫轉注假借則全書未嘗言

及遂有謂許君明於象形諧聲眛於其義者憶是未潛心之故豈可以嘗許君哉凡其或言

或不言者皆屬詞之體當然而非有明眛於其間也說文每出一字必先說其義後說其形。

此定例也如少下云艸木初生也此字義也象出形。有枝莖也此字形也。苟不出象形二字

將何以爲詞哉至於轉注假借爲形事意聲四者之緯故老下云考也考下云老也考老二字

會意也,考從老省,丂聲則形聲也,以此推之,凡轉注字皆然,故知仍以敘文所出之兩字見

轉注假借,卽在形事意聲四者之中,凡用字之例,非造字之本。

其例則欠部歛欱也欱欱也言部謳誦也誦謳也同在一部是謂建類一首其訓互通是謂

同意相受至明白矣設於歛下云與欱轉注謳下云與誦轉注人將不嘗其不知轉注嘗

其不成詞矣然考老同部同義而且疊韻此例之至狹者也從而廣之則交部夐衰也衣部

義夐也雖非建類一首猶是同意相受也更推廣之爾雅釋詁則尤浩博無涯涘矣獨是敘

於假借舉令長爲例而本字下竝其假借之義不見較之考老似尤疏闊者則以全書說解

半皆假借也卽以開首一句言之惟凡思也是惟初太始一句卽有二字假借苟依

本訓而曰思初滑始尙可通乎然則假借者觸目卽是啟口皆然其不待強聒又彰彰矣惟

六書之中指事最少而又最難辨以許君所舉上下二字推之知其例爲至嚴所謂視而可

識則近於象形察而見意則近於會意然物有形也而事無形會兩字之義以爲一字之義

而後可會而丄丅之兩體固非古本切之丄一於悉切之二也一有訓爲天者然以解下之一

可也若以解上之丨則物有在天之上者乎且奚必在天之下卽吾之局腳儿在書案之下

獨不爲下乎則此書案卽下之一也是以天解下之一而亦不可也一有訓爲地者然以解

上之一可也若以解下之一則物有在地之下者乎且奚必在地之上卽吾之此冊在書案

之上獨不爲上乎則此書案卽上之一也是以地解上之一而亦不可也惟有二丄二丅以

兩畫成爲一字上下本非物也然視之而已識上下之形兩畫既皆非字則幾無以爲義然

察之而已見上下之意總之以大物覆小物於是以長一況大物以短一或

一況小物了然於心目間而無形之事竟成有形之字矣然而短一縱橫意長一橫

不可縱者何也此小大之辨也博者必厚其縱數不待表而著小物則或博而畢或狹而高

要爲大物之所能覆載而已試觀天之下地之上山嶽則巍然峙也是丄丅之形也邱陵則

遞迤相屬也是二一之形也明乎此而指事不得混於象形更不得混於會意矣余於其他。

偶舉爲例惟指事必盡出之段茂堂嚴鐵橋皆知指事而不盡言蓋將待我開山也故逐字

後有事故宜以象形居首會意形聲皆合體也而會意兩體皆義形聲則聲中太半無義且

區其族類以告來世

六書次第自唐以來易其先後者凡數十家要以班書爲是象形指事皆獨體也而有物然

亦不可淆者轉注合數字爲一義假借分一字爲數義也故以六書分爲三耦論之象形實

俗書多形聲其會意者千百之一二耳卽此足知其先後矣轉注假借在四者之中而先後

指事虛物有形事無形也會意實形聲虛合二字三字以爲意而其義已備形聲則不能賅

備如煉鍊一字所煉者金鍊之以火鎪樓一字其器兼用金木而皆分爲兩體此尤不能賅

備之明驗也轉注實假借虛考自成爲考老自成爲老其訓互通而各有專義也卽桷榱招

抒同爲一物一事而名從主人各有所謂而不可改也若夫令爲號令而借爲令善長爲久

長而借爲君長須於上下文法求之不能據字而直說之故爲虛也凡變亂班書之次者皆

不察其虛實者也

班志列象聲於象意之後勝於許君列形聲於會意之前何也形聲一門兼象形指事會意

以爲聲於省聲尤可見矣肘從肉寸會意故紂酎等字從肘省得聲苟不先有會意之肘將

何以爲聲乎。此舉大體而言，古文亦有形聲字，如言字是也，亦有指事象形字，如古名乞，後名燕是也，

一字之蘊形聲義盡之。即六書之名亦可以形聲義統之。即如天字。一大其形也。顚其義也。

他前切其聲也。兼明之。而一字之蘊盡矣。象形也。指事會意義也。形聲轉注假借皆聲也。

夫轉注假借在形事意聲四者之中。而可專屬之聲者。假借固無不以聲借也。有去形存聲

者石鼓文其魚佳可即維何也是爲省聲有字外加形者檀弓子之志於公乎然則

蓋行乎鄭注蓋當作盍商頌是何僭何其本義也左隱三年傳引作荷是也是謂增借

而省之增之其聲無不同者故亦借及偏旁不同而聲同之字如禮云射之爲言繹也知

射古音繹繹數同從舉聲振驚在此無數中庸引之作射也。例凡云古字通用者，乃注疏家體，以聲借用，非其字通

本通也，首手尺亦省通則亦無至於轉注則同一物也而命之者不同同一事也

不可通也，此類以不效古人爲是。古人用字貴時不貴古。尚書用兹，論語用斯，孟子用此，時不同也。

而謂之者不同則字不同。古律筆弗律。引爲律地。省取其入耳。即通

也，推之周人言山必南山，衛人言水必淇水，豈以遠稱博引。爲豪哉，今人取其地之方言而

好用古字，乃不足之證，非有餘之證。文之雅俗，在乎意義，不在字體也。

制以爲字取足達其意而已。而聖人所生之地不同也。唐虞三代遞處於山西河南陝西之

境孔子又生於山東各用其地之方言不得少轉注一門矣。故同一持也而縣持曰挈督持

曰拊閲持曰搆握持曰摯則不同也。然此猶有縣督閲握之分也。乃揃撅批扟皆捽也。效媛

皆美也。娛媜皆樂也。義無異而名不同也。以至爾雅釋詁一名而累數十字未已是又兼假

偕而爲轉注者矣蓋意有輕重則語之所施亦有輕重是以假借者一字而數義何爲其數

義也口中之聲同也轉注者數字而一義何爲其數字也口中之聲不同也故其始也呼爲

大地卽造天地字以寄其聲呼爲人物卽造人物字以寄其聲是聲者造字之本也及其後

也有是聲卽以聲配形而爲字形聲一門之所以廣也綜四方之異極古今之變則轉注之

所以分著其聲也無其字而取其同聲之字以表之卽有其字亦取同聲之字以通之則假

借之所以薈萃其聲也是聲者用字之極也聲之時用大矣哉

聲音遞變字以孳焉卽如母古音如米玉篇㜮奚莫移二切齊人呼母孃乃弟切母也姐

茲也切引說文蜀人呼母案彌米音近爾又彌之聲今呼孃如乃乳也音與乃近則以雙

聲字當本字音也且古音疸又米之聲轉然則㜮彌姐三字仍是母字其聲旣變其形因以

變耳廣韻孃莫補切母也案今俗呼爲馬平聲蓋馬古音如某是又母字之變也惟孃字別

一音不由母字變耳又如古謂之糗今謂之麨幽宵古音涵轉是以如此玉篇糗有尺沼切

是卽麨之音也印林曰母古音在之部米古音在脂部謂母古音如米者非也今人之口舌

之脂不能別非古音本然也然求古音近米而屬之部之字竟不可得吾無以譬況之江晉

三諧聲表與某字並定爲古莫海切部分是矣從之可也然母米雖不同部其轉音則相似

所以母轉而爲孃孃也孃孃並由余得聲與米同在脂部孃又轉而爲姐爲馬且聲馬聲並

魚部蠑螈舟與雨韻當卽是讀姐讀媽也卽孃字亦未必不由轉音蓋魚部字與陽部字古亦相轉如離騷九疑繽其並迎與告余以吉故韻迎印聲古音在陽部春秋寶乾圖移河爲界在齊呂壇關八流以自廣呂廣爲韻皆魚陽通轉之證然則孃卽姐媽之轉未可知也譬之我爲吾爲予又爲印爲姎爲陽亦此理也至馬字古音亦不如某某之部馬魚部江晉三

定爲莫戶切是也

部首本無深意祇是有從之者便爲部首耳如延字可隸又部然以延字附其下則從延丿聲文義不順故不然也然亦有無從之之字而爲部首者則必象形指事字也如能熊罷本一類之物然熊在能部可也苟以羆字附其下則從熊罷省聲之詞不順故能字獨爲部也是以有可附麗者卽象形字亦或在部中如互附筭下是也不得以始一終亥大體有義逐依小徐部敍字求義如序卦傳之不可迻易者以致周章不通也

象形指事字必是三古所作而許君附之他部而不使自爲一部以符制作先後之序者亦有其故象形字之不爲部首者邑附田部㘝下厶附又部厷下朋附鳥部鳳下采番秝爨箸下尤附禾部秫下置附金部鑑下奭附艸部蕡下此許君省繁爲簡之法也下盟附竹部筦下奐附艸部蕡下此許君省繁爲簡之法也苟以邑厶朋辡尤盟互奐爲部首而以㘝鳳厷番秫鑑箸蕡爲之重文則多此八部與全書以小篆領字之例不符故雲裘箕既爲部首而仍不以𡲢求其冠部爲霧鸝靉三字無所附

麗也若其他之一字爲部者惟它有重文蛇可以入虫部若夫冡有古文兒而兒不可入几

部也乀有古文刪然將入田部則川爲主義將入川部則失增乀爲巜增巜之義也至

於鳥爲則以下半相似入之鳥部主以上半相似入之丶部壺以口義可附入之口部故知

五百四十部者欲其分明而苟有可附卽附之不欲其零星混目也惟乚萬回三字似當各

爲一部乚象電形當是古文電字不當以爲指事兼會意字萬亦象形不當以爲從內回字

象淵及霝形小篆回變錯也指事字之不爲部首者麗附鹿部麗下與邑字一類同意邑本

田邑加田仍是本義麗本兩鹿皮加鹿仍是本義故可入其部也凡此類字皆是遞增偏旁

會意字亦有之或答爲正文域臘附其下次序爲合衡爲正文奧附其下則次序不合可知

許君亦多因便初無一定之例也

許君自敍曰同條牽屬共理相貫此謂部首之大綱以義爲次也又曰雜而不越據形系聯

此謂部首之細目不能據義者以形相系而濟其窮也自唐李騰以其叔父陽冰書集爲部

首謂之說文字源見崇文總目及金石錄林罕因之亦謂之字源此篤信許君而失其意者

也說文重別故立部首以統之若謂之字源則惟象形指事乃可謂之源耳然互乚皆象形

之純體丁中乚异皆指事之純體而附於它部者以其無所統也部首而從他部所屬之字

者凡三十七如異鼻皆從丌部之畀史用皆從丨部之中不當以畀與中爲源乎且形聲字

之不得爲源也人所易明而瓠從大部之夸黃從火部之茨何以解之是知尊說文者尚不

知所尊則毀說文者愈不足置辯矣。

陳澧　小傳見經傳序論。

小學五則　東塾讀書記

爾雅訓詁同一條者其字多雙聲郝蘭皐義疏云凡聲同聲近聲轉之字其義多存乎聲一卷

澧謂此但言雙聲即足以明之矣有今音非雙聲而古音雙聲者可以其字之諧聲定之又

可以古無輕脣音及古音不分舌頭舌上定之錢辛楣說,見養新錄卷五,郝氏所謂聲近聲轉即指此也

如大也一條內弘宏洪三字雙聲介嘏假京景簡六字雙聲溥丕二字雙聲許憮二字雙聲

叛廢二字雙聲奕字淫三字雙聲至也一條內艐格二字雙聲來戾二字雙

聲又大也一條內廓字以郭爲聲古音讀如郭則與介嘏諸字雙聲墳字今輕脣音古讀重

脣音則與叛雙聲反,釋文叛沈旋蒲板,至也一條內詹與至雙聲古音不分舌頭舌上則詹讀

如儋與到弔雙聲凡同在一條內而雙聲者本同一意意之所發而聲隨之故其出音同惟

音之末不同耳音末不同者蓋以時有不同地有不同故也其音之出則仍不改故成雙聲

也。方言虔儇慧也,秦謂之謾晉謂之㥇帠陳楚之間或謂之劋,宋魏陳楚江淮之間謂之㠯或謂之獪,郭注云,此直語

言,則聲轉也,靦明於方,

楚言,則爾雅益明矣、

說文句部字皆句聲此在說文爲變例。夢溪筆談云王聖美治字學演其義爲右文古之字

書皆從左文凡字其類在左其義在右如木類其左皆從木所謂右文者。如戔小也水之小

者曰淺金之小者曰錢歹而小者曰殘貝之小者曰賤如此之類皆以戔爲義也。卷十。戴東

原云諧聲字半主義半主聲說文九千餘字以義相統今作諧聲表若盡取而列之使以聲

相統條貫而下如譜繫則亦必傳之絕作也。容齋段膺見澧案王氏右文之書今不傳戴氏有

此說而未著此書錢溉亭程彝齋江晉三皆嘗爲之論韻書論存漢魏音後晉三諧聲表，而皆未

見刻本惟姚文僖說文聲系有刻本耳。澧少時亦作此書用段氏十七部分爲十七卷每卷

若干部以所諧之聲爲部首諧其聲者下一字書之。又諧此字之聲者又下一字書之有高

下至四五列者名曰說文聲表久已寫定而亦未刻也

子思曰事自名也聲自呼也中論貴驗篇引，此聲音之理最微妙者也。程子云凡物之名字自與音

義氣理相通天未名時本亦無名只是蒼蒼然也何以便有此名盖出自然之理音聲發於

其氣遂有此名此字書卷一，此說亦微妙孔沖遠云言者意之聲書者言之記。序尚書疏此二語

尤能達其妙旨盖天下事物之象。八日見之則心有意意欲達之則口有聲意者象乎事物

而構之者也聲者象乎意而宣之者也聲不能傳於異地留於異時於是乎書之爲文字文

字者所以爲意與聲之跡也未有文字以聲爲事物之名既有文字以文字爲事物之名故

文字謂之名也。

鄭庠分古韻為六部。東冬江陽庚青蒸為一部，皆收鼻音也。真文元寒刪先為一部，皆收舌抵齶音也。侵覃鹽咸為一部，皆收閉脣音也。〔澧細審之，鼻音即疑母之出音也，閉脣音即明母之出音也，舌抵齶音即泥母孃之出音也。〕支微齊佳灰為一部，支韻之末直往不收，但清音如伊，濁音如怡，微齊佳灰之末亦如伊怡，故與支微齊佳灰為一部也。魚虞韻之末亦直往不收，但當清音如於，濁音如余胡，蕭肴豪尤之末一如烏胡，當與魚虞為一部。鄭庠分為二部，未當也。歌麻二韻亦直往不收，歌之末如阿何，麻之末如譁華，〔此當用開口呼之字，譁華二字，乃借用耳，直往不收者，即影喻曉匣四母之出音也。〕合為一部，鄭庠以此合於魚虞，非也。段懋堂云鄭氏說合於漢魏及唐杜甫韓愈所用，而於周秦未能合。〔澧謂雖於古韻未能合，〕然若移蕭肴豪尤與魚虞同一部，歌麻自為一部，則於今韻之大界限甚明也。〔六書音均表。〕

國朝諸儒小學度越千古，其始由於顧亭林作音學五書。亭林之意，惟欲令人識古音，乃古音明而古義往往因之而明，此亭林始願不及者也。蓋字形字音所以載字義者也。諸儒讀說文而識字形，讀音學五書而識字音，其義乃自然之理，此猶生於三代之世識其文字及語音，自識其所言之意也。吾輩生諸老先生之後，實為厚幸，讀其書二三年，無不通曉。不須更費心力，但持此以讀經，可以通經矣，即不能通經而但通小學，亦非俗士矣。

馬建忠

　丹徒人字眉叔嘗遊學法國精法律學官至道員著文通一書推廣訓詁諸儒之說參考西籍分別字義定爲八部而說明其體用自言爲古今來特創之書訖今垂三十年庚續仿作者雖不乏人而徵引之博辯說之明猶未見有足與並稱者不可謂非淸代文字學最後之一名著也別著有適可齋言紀行

文通序

　昔古聖開物成務廢結繩而造書契于是文字與焉夫依類象形之謂文形聲相益之謂字形也聲也閱世遞變而相沿訛謬至不可殫極上古渺矣漢承秦火鄭許輩起務究元本而小學乃權輿焉自漢而降小學旁分各有專門歐陽永叔曰爾雅出于漢世正名物講說資之于是有訓詁之學許愼作說文于是有偏旁之學篆隸古文爲體各異於是有字書之學五聲異律淸濁相生而孫炎始作字音于是有音韻之學吳敬甫分三家一曰訓詁三曰音韻胡元瑞則謂小學一端門徑十數有博于文者義者音者跡者考者評者統類而要删之不外訓詁音韻字書三者而已三者之學至我朝始稱大備凡詁釋之難點畫之細音韻之微靡不詳稽旁證求其至當然其得失異同匪庸與嗜奇者又往往互相主奴聚訟紛紜莫衷一是則以字形字聲閱世而不能不變今欲于已變之後以返求夫未變之先難矣蓋所以證其未變之形與聲者第據此已變者耳藉令沿源討流悉其元本是正者一字之疑一音之訛一畫之誤已耳殊不知古先造字點畫音韻千變萬化其賦以形而命

以聲者原无不變之理而所以形其形而聲其聲者神其形聲之用者要有一成之律貫乎

其中歷千古而无或少變蓋形與聲之最易變者就每字言之而形聲變而猶有不變者就

集字成句言之也易日昆其輔言有序詩日出言有章日有序卽此有形有聲之字就

施之于用各得其宜而著爲文者也傳日物相雜謂之文釋名謂會集象采以成錦繡會集

衆字以成詞誼如錦繡然也今字形字聲之最易變者則載籍極博轉使學者无所適從矣

而會集衆字以成文其道終不變者則古无傳爲士生今日而不讀書爲文章則已士生今

日而讀書爲文章將發古人之所未發而又與學者以易知易能其道奚從哉學記謂比年

入學中年考校一年視離經辨志其疏云離經謂離析經理使章句斷絕也通雅引作離經

辨句謂麗于六經使時習之先辨其句讀也徐邈音豆皇甫茂正云讀書未知句度下視服

杜度卽讀所謂句心也然則古人小學必先講解經理斷絕句讀也明矣夫知所以斷絕句

讀必先知所以集字成句成讀之義劉氏文心雕龍云夫人之立言因字生句積句成章積

章成篇篇之彪炳章无疵也句之清英字不妄也振本而末從知一而

萬畢矣顧振本知一之故劉氏亦未有發明慨夫蒙子入塾首授以四子書聽其終日伊吾

及少長也則爲之師者就書衍說至于逐字之部分類別與夫字與字相配成句之義且同

一字也有弁于句首者有殿于句尾者以及句讀先後參差之所以然塾師固昧然也而一

二　經師自命與攻乎古文詞者語之及此罔不曰此在神而明之耳未可以言傳也噫嘻此

非循其當然而不求其所以然之蔽也哉後生學者將何考蔽而問道焉上稽經史旁及諸

子百家下至志書小說凡措字遣辭苟可以述吾心中之意以示今而傳後者博引相參要

皆有一成不變之例愚故罔揣固陋取四書三傳史漢韓文為歷代文詞升降之宗彙及諸

子語策為之字櫛句比繁稱博引比例而同之觸類而長之窮古今之簡篇字裏行間渙然

冰釋皆有以得其會通輯為一書名曰文通部分為四首正名天下事之可學者各自不同

而其承用之名亦各有主義而不能相混佛家之根塵法相法律家之以准皆各及其即若

與夫軍中之令司官之式皆自為條例以及屈平之靈修莊周之因是鬼谷之捭闔蘇張之

縱橫所立之解均不可移置他書若非預為詮解標其立義之所在而為之界說閱者必洸

洋而不知所謂故以正名冠焉次論實字凡字有義理可解者皆曰實字即其字所有之義

而類之或主之或賓之或先焉或後焉皆隨其義以定其句中之位而措之乃各得其當次

論虛字凡字无義理可解而惟用以助辭氣之不足者曰虛字劉彥和云至於夫惟蓋故乂

發端之首唱之而於以者箹句之舊體乎哉矣也亦迭末之常科虛字所助不外此三端而

以類別之者因是已字類旣判而聯字分疆胥有定准故以論句豆終焉雖然學問之事可

授受者規矩方圓其不可授受者心營意造然卽其可授受者以深求夫不可授受者而劉

氏所論之文心。蘇轍氏所論之文氣。要不難一蹴貫通也。余特怪伊古以來。皆以文學有不

可授受者在併其可授受者而不一講焉。爰積十餘年之勤求深討以成此編。蓋將探夫自

有文字以來至今未宣之秘奧。啟其緘縢導後人以先路。掛一漏萬知所不免。所望後起有

同志者悉心領悟隨時補正。以臻美備則愚十餘年力索之功庶不泯也已。

文通後序

荀卿子曰人之所以異於禽獸者以其能羣也夫曰羣者豈惟羣其形乎哉亦曰羣其意耳。

而所以羣今人之意者則有話所以羣古今人之意者則惟字傳曰形聲相益之謂字夫字

形之衡從曲直邪正上下內外左右字聲之抑揚開塞合散出入高下清濁其變幻莫可端

倪微特同此頂圓方趾散處於五大洲者其字之祖梵祖伽盧祖倉頡而爲左行爲右行爲

下行之各不相似而不能羣即同所祖而世與相禪則字形之由圓而方由繁而簡字聲

之由舌而齒而唇而遞相變羣之勢亦幾於窮且盡矣然而言語極九譯而辭意相

通矣形聲或異者通訓詁而經義孔昭矣蓋所見爲不同者惟此已形已聲之字皆人爲之

也而亙古今塞宇宙其種之或黃或白或紫或黑之鈞是人也天皆賦以此心之所以能意

意之所以能達之理則常探討畫革旁行諸國語言之源流若希臘若拉丁之文詞而屬比

之見其字別種而句司字所以聲其心而形其意者皆有一定不易之律而因以律夫吾經

籍子史諸書其大綱蓋無不同。於是因所同以同夫所不同者。是則此編之所以成也。而或

曰吾子之於西學其形而上者性命之精微天人之交際。與夫天律人律之淑身淑世以及

古今治敎之因革下至富國富民之體用縱橫捭闔之權策。而度數重化水熱光電製器尙

象之形而下者浩浩乎淵淵乎深者測黃泉高者出蒼天大者含元氣細者入無間旣無不

目寓而心識之間嘗徵其用於理財使事恢恢乎其有餘矣今下關之撫初成上下交困而

環而伺者與國六七炎炎乎識時務者方將孔孟西學芻狗文字也今吾子亦出所學以乘

時焉何勞精疲神於人所唾棄者是時不馮唐而子自馮唐也何居曰天下無一非道而

文以載之人心莫不有理而文以明之然文以載道而非道文以明理者所以循

是而至於所止而非所止也故君子學以致其道予觀察泰西童子入學循序而進未及志

學之年而觀書爲文無不明習而後視其性之所近肆力於數度格致法律性理諸學而專

精焉故其國無不學之人而人各學有用之學計吾國童年能讀書者固少讀書而能文者

又加少焉能及時爲文而以其餘年講道明理以備他日之用者蓋萬無一焉夫華文之點

畫結構視西學之切音雖難而華文之字法句法視西文之部分類別且可以先後倒置以

達其意度波瀾者則易西文本難也而易學如彼華文本易也而難學如此者則以西文有

一定之規矩學者可循序漸進而知所止境華文經籍雖亦有規矩隱寓其中特無有爲之

比儗而揭示之遂使結繩而後積四千餘載之智慧才力無不一一消磨於所以載道所以
明理之文而道無由載理無暇明以與夫達道明理者之西人相角逐焉其賢愚優劣有不
待言矣斯書也因西文已有之規矩於經籍中求其所同所不同者曲證繁引以確知華文
義例之所在而後童蒙入塾能循是而學文焉其成就之速必無遜於西人然後及其年力
富強之時以學道而明理焉微特中國之書籍其理道可知將由是而求西文所載之道所
明之理亦不難精求而會通焉則是書也不特可羣吾古今同文之心思將舉夫宇下之凡
以口舌點畫以達其心中之意者將大羣焉夫如是胥吾京陵億兆之人民而羣其材力羣
其心思以求夫實用而後能自羣不爲他羣所羣則爲此書者正可謂識當時之務光緒二
十四年九月初九日丹徒馬建忠又序。

中華經典套書—語文類

國學治要 第 一 編
經傳治要

1912

作　　者／張文治　編
主　　編／劉郁君
美術編輯／中華書局編輯部

出 版 者／中華書局
發 行 人／張敏君
行銷經理／王新君
地　　址／11494 台北市內湖區舊宗路二段181巷8號5樓
客服專線／02-8797-8396　　傳　　真／02-8797-8909
網　　址／www.chunghwabook.com.tw
匯款帳號／華南商業銀行　　西湖分行
　　　　　179-10-002693-1　中華書局股份有限公司

法律顧問／安侯法律事務所
製版印刷／維中科技有限公司　海瑞印刷品有限公司
出版日期／2015年11月三版一刷
版本備註／據1971年12月二版復刻重製
定　　價／NTD 480（平裝）

國家圖書館出版品預行編目（CIP）資料

國學治要：第一編 經傳治要 / 張文治編. ──
三版. ── 臺北市 ：中華書局，2015.11
　冊 ； 公分. ──（中華語文叢書）
　ISBN 978-957-43-2886-4(第1冊 ：平裝)

　1.漢學

030　　　　　　　　　　　　　　104020474